노자, 장자 마음으로 깨닫다

老莊心解

범증范曾 지음 / 신의경申宜暻 옮김

노자, 장자 마음으로 깨닫다

老莊心解

學古房

"심해心解"는 내가 노자老子, 장자莊子를 읽고 마음으로 깨달은 바를 기록한 것이다. 형식적이고 정확한 주석도 아니고, 길고 상세한 전기도 아니다. 관심이 가는 곳마다 다른 사람들이 자세히 탐구하지 않았거나 단순히 피했던 측면에 초점을 맞추어 내 생각을 기록했다. 비록 그것이 과거나 현재의 견해와 일치하지 않을 수도 있지만, 노자와 장자에 대한 나의 분석은 때때로 모호했던 본연의 의미를 밝혀 줄 수 있을 것이다. 이것이 내가 조잡하고 제한된 이해에도 불구하고, 이 책을 구성하는 8만여 자를 쓴 이유이다.

역사적으로 노자와 장자는 하나의 학파, 즉 도교道敎로 여겨져 왔지만, 그들 사이의 차이와 갈등은 오랫동안 무시되어 왔다. 문제는 장자가 매우 자존심이 강했기 때문에, 유교儒敎를 그릇된 것으로 여기고, 묵가墨家를 부당하다고 여겼을 뿐만 아니라 노자의 찬양을 자제하고, 노자의 말만을 선호했다. 나는 이 책의 전반에 걸쳐 그 둘의 차이점에 대해 수록했기 때문에, 여기에서 자세한 내용은 생략하도록 하겠다.

이 책의 기초는 8만 자로 구성된 중화서국中華書局이 발행한 《포충재예사총담抱冲斎藝史丛談》 중 예술과 역사에 관한 글집에 나와 있다. 화동사범대학출판사華東師範大學出版社는 두 편의 에세이를 선정하여 자신들만의 안목으로 《노장심해老莊心解》를 출판하였고, 이는 폭넓은 주목을 받으며 여러 번 증판되었다. 지금 다시 중화서국에서 재판하게 되어 그 인연이 매우 깊고, 편집자들께도 이에 깊은 감사의 뜻을 전한다.

范曾Fan Zeng

....
목차

제1부

노자

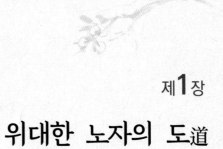

제1장

위대한 노자의 도道

1

문일다聞一多 선생의 산문《용봉龍鳳》에 따르면 용은 하夏 왕조의 토템이 었고, 봉황은 은殷 왕조의 토템이었다. 노자가 하 문화를, 공자가 은 문화를 구현했기 때문에, 후대에서는 항상 봉황과 관련하여 공자를 언급했다.

초楚나라의 광인 접여接興에 관한 이야기에서, 그는 공자 앞을 지나며 "봉 황아, 봉황아! 어찌 너의 덕이 쇠하였느냐?"라고 아이러니한 노래를 불렀다. 장자의《천운天運》에는 "공자가 노자를 만나고 돌아와 사흘 동안 말이 없었 다."라고 기록돼 있다. 그 이유는 노자가 여러 나라를 돌아다니며 정치에 관 해 조언하려는 공자의 끊임없는 노력에 찬성하지 않았기 때문이다. 공자의 제자들이 그에게 물었다. "선생께서는 노자를 만나고 무엇을 조언하셨습니 까?" 공자가 대답하기를, "나는 오늘 비로소 진정한 용을 보았다! 그 원소가 모이면 그의 몸을 이루고, 기가 흩어지면 하늘에 걸려 있는 찬란한 구름이 되었다. 얼마나 아름다운 광경이었는지! 그것은 운기를 타고 천지간에 몸을 가누며, 음양의 요소에서 번성했다. 용과 같은 그의 존재 앞에서, 나는 나의 무지가 얼마나 부끄러웠는지, 어리둥절해 얼떨떨했다. 그런 내가 어찌 그에 게 조언을 한단 말인가!" 이 묘사를 통해 우리는 적어도 전국戰國시대 사람들이 춘추春秋시대의 노자를 어떻게 생각했는지 알 수 있다. 그는 신비롭고 강력한 존재였다. 그는 단순한 인간이 아니라 실제로 장엄한 천신天神, 즉 머리만 보이고 꼬리는 볼 수 없는 진정한 용으로 변했다는 것을 알 수 있다.

그는 우주의 기원을 찾기 위해 광활한 하늘을 우러러보았고, 지상의 모든 만물을 내려다보았다. 그는 삶의 우여곡절, 모든 기복, 그리고 세상의 모든 만물의 진화를 깊이 이해했다. 그는 이성적인 검증이 아닌 직관에 의존했다. 그는 딱딱한 논리보다는 깨달음을 통해 사물을 이해했다. 그는 소박하고, 사치에 치우치지 않았으며, 평범함을 벗어났다. 그는 겸손하고, 온화했으며, 오만과 경솔함을 멀리했다. 그는 우주의 중심에 서서 멀고도 소박한 소리를 내었고, 그의 지혜는 중화 문화의 광대한 영역에 스며들었다.

2

우주의 기원, 이 무한한 공간과 시간의 기원은 어디에서 비롯된 것일까? 노자는 그것이 "무無"에서 비롯됐다고 말한다. "천지의 시작은 무無이다."

그토록 신비롭고 심오한 노자의 대답은 역사상 그 어떤 대답도 능가할 수 없다. 공간과 시간이 없었더라면, 이백李白은 이런 말을 하지 못했을 것이다. "천지는 만물의 여관이고, 세월은 길고 긴 시간 동안 잠시 지나가는 나그네로다." 천지가 없다면 만물은 머무를 곳이 없고, 시간이 없다면 잠시 지나가는 나그네가 있을 수 있겠는가? 그럼 그것은 무엇인가? 그것은 "무물無物"이다. 노자는 이를 "형태 없는 형상, 이미지 없는 이미지無狀之狀, 無象之象"라고 했고, 종잡을 수 없는 아련함 "황홀惚恍"이라고 불렀다. 시간과 공간이 부재하기 때문에, 이 "아무것도 없음의 형상"이라는 것은 위도 없고, 아래도 없으며, 앞도 뒤도 없고, 밝고 어두움도 없다. 오직 그것은 "아련함惚恍"이오, "무無"이다. 그러나 이 "아련함惚恍"은 그 자체로 구성된 세 가지 요소가 있는데, 미래에 대한 가시적이고, 청각적이고, 촉각적인 메시지를 담고 있다. "보려 해도 볼 수 없는 것을 이夷라 하고, 들으려 해도 들을 수 없는 것을 희希라 하며, 애써 잡으려 해도 잡을 수 없는 것을 미微라고 한다." 양진녕楊振寧 선생에 따르면, 이 원소들은 원자(머리카락 한 가닥의 직경에 100만 개의 원자를 배열할 수 있음)의 100만 분의 1 크기에 불과하다. 물론 이것은 모두 나의 추측이지만, 이 추측조차도 100만분의 1원자는 여전히 측정 가능한 분량이기 때문에 노자의 가르침과는 어긋난다. 그래서 노자는 "무無"라는 개념을 내세우면서 "존재하지만 그것은 무형의 존재이다."라는 "유有"의 개념을 더했다. 같은 근원에서 파생된 "유有"와 "무無"는 동일한 개체의 두 가지 다른 이름이다. 그들은 또한 한 가지 공통된 이름을 공유하고 있는데, 그것이 "현玄"이다.

이제 우리는 시간과 공간을 초월한 "황홀惚恍" 속에는 가물가물한 "현玄"이 존재하고, "비존재의 존재無的有"라고 설명하기에는 너무 미묘한 "신비神秘"가 존재한다는 것을 알 수 있다. 이 "비존재의 존재"에는 무엇이 있을까? 정답은 "이夷", "희希", "미微"이다.《노자·14장》

우리는 이 "비존재無"를 "정신精神"이라고 가정하고, 반면 "존재有"라는 것을 "물질物質"이라고 가정해 보자. 노자의 철학에서 가장 심오한 원리는 정신과 물질의 통일이며, 그는 이 원리를 자신의 저서에서 "모든 신비의 문을 여는 가장 심오한 것玄之又玄, 衆妙之門"이라고 언급했다. 여기서 우리는 노자가 이원론자가 아니었기 때문에 유물론적 결정론이나 유심론적 결정론을 사용하여 노자의 사상 범위를 프레임화할 수는 없다. 노자가 명확하게 설명했듯이, 이 정신과 물질은 순차적인 순서가 없다. 서로 다른 이름을 가지고 있을뿐, 하나이고 같은 것이다. 즉 정신은 물질이고, 물질은 영혼이다. 그들의 일반적인 이름은 "현玄"이다.

우리는 이 "현玄"이 어떤 상태에 존재하는지 상상해 보자. 아니, 이런 노력 자체가 노자의 사상에 위배되는 것이다. "현"은 형태가 없기 때문에, 정말 그것의 존재에 대해 말할 방법이 없다. 그것은 시간을 초월한, 공간도 없는 "황홀함"이고, 가장 완전한 공허함이다. 결국 아무것도 없다. 그 비 존재 안에 "이(무형)", "희(침묵)", "미(무한함)"가 존재하는데, 그것 또한 궁극적인 비 존재無이며, 궁극적으로 자취가 없다.

이것뿐 인가? 아니다, 완전한 공허함, 절대적 침묵, 그리고 완전한 형태 없는 공허함 속에서, 아주 희미하게 어떤 메시지, 어떤 동요, 어떤 환상적 이미지들이 있는 것 같다.《노자·21장》

지금 이 순간, 오직 "이 순간"이라는 문구를 쓰기 시작했다. ("지금 이 순간"이나 "그 순간"과 같은 개념이 없었기 때문에, 이 시점 이전에는 "지금 이 순간"과 같은 개념을 사용할 수 없음을 주목하라.) 이 혼합된 존재는 상당한 실질적인 의미를 갖게 되었다. 완전히 독립적이며, 초자연적이거나 신성한 통제로부터 자유롭고, 끊임없이 운동하며, 어디든지 도달하고, 반복적으로 확장하며, 순환하며, 절대 멈추거나 게으르지 않는다. 이것이 우주의 기원이 었음이 밝혀졌다. 이 순간, 오직 이 순간에만 우주의 개념이 생겨났고, 그다음에 공간과 시간의 개념이 뒤따랐다. 이 혼합된 존재는 모든 생명체를 탄생시킨 천지의 어머니였다. 노자는 그 이름을 모른다고 말했다. 왜냐하면 그것에 고정된 이름을 부여하게 되면, 그것에 특별히 집착하게되어 더 이상 "영원불변하는 이름常名"이 아니기 때문이다. 만약 도를 명확하게 말할 수 있다면, 그것은 다른 모든 도를 망라하는 도가 아니라, 개별적이고 특정한 도가 된다.《노자·1장》 그렇다면, 나는 그것에 한 글자를 부여하여 "도道"라고 부르겠다. 그리고 부득이하게 이름을 붙여야 한다면, 그것을 "위대함大"이라고 하겠다. 《예기禮記·예운禮運》에서 말하는 "위대한 도가 행해지다.大道之行也"라는 문장은 이 "위대함"과 "도"를 모두 언급한 것이다. 우주의 이 위대한 도는 한량없고, 헤아릴 수 없고, 무한하며, 광대하여 항상 본래의 근본으로 돌아간다.《노자·16장》

이로써 우주의 기원에 대한 노자의 설명이 일단락되었다. 우리는 스스로 인지하지 못한 사이 그의 광활하고 심오한 철학의 전당에 발을 들여놓았다. 그는 고요히 앉아, 말을 잊고 도에 잠겨 있다. 우리는 그에게 존경심을 금치 못한다.

3

위의 논의에서 우리는 노자의 우주관을 전반적으로 이해하게 되었다. 무엇보다도 노자는 우주와 만물을 지배하는 창조주나 신의 존재를 인정하지 않는 무신론자였다. 그의 담화에서 도는 천지의 어머니로, 신보다 더 근본적인 존재였다. 이것은 이름을 붙이고 논할 수 있는 도가 아니라 조용하고 부드럽게 작동하며, 무진장 깊고 영원히 고갈되거나 바닥날 수 없다. 그것은 우주의 기원처럼 심오하고 숭고한 목적을 가지고 있다. 도의 존재는 모든 것을 조화로운 경지에 충분히 놓이게 하고, 극도로 날카로운 모서리를 무디게 하며, 혼란스러운 것을 정리하고, 과도한 눈부심을 누그러뜨릴 뿐만 아니라 사람들은 낮은 곳에 머물고 미미한 것을 겸허히 여기도록 가르친다. 도는 너무나 맑고 투명하여 보이지 않는 것 같으면서도 분명히 존재하는 것 같다. 도는 누구의 후손인가? 그것은 신보다 먼저 생겨난 것 같다. ("도는 비어 있지만, 아무리 써도 채워지지 않고, 깊어서 만물의 기원처럼 심오하다. 날카로움을 무디게 하고, 얽힌 것을 풀며, 빛을 부드럽게 하고 티끌들과 함께 하니, 맑고 그윽한 속에 뭔가 있는 듯하다. 나는 그것이 누구의 자식인지 알지 못하나 신의 시조인 것 같다."《노자·4장》) 도의 조화에 대한 노자의 설명은 매우 간단해 보이지만, 그 의미는 매우 깊다. 역사를 돌이켜 보면, 먼 과거부터 현재까지 모든 증오, 학살, 갈등은 인간이 겸손하지 못한 결과, 즉 "날카로움을 무디게 하고, 혼란을 정리하며, 눈부심을 누그러뜨리고, 티끌을 매끄럽게 털어내지 못한 무능의 결과였다." 우리가 지금 이해하는 것처럼, 과학적 검증 메커니즘이 존재하지 않았던 고대에 이성적 검증이 아니라 순전히 본능적 이해에 기초하여 개발된 우주의 기원에 대한 노자의 찬란한 설명은 실로 세상과 고금을 놀라게 했던 가장 거시적이고 위대한 선언이었다. 이 얼마나 현명하고 광대하고 심오한 견해인가! 사람들은 그가 허황된 말을 한다고 생각할 수도 있지만, 오늘날 빈말이 아닌 과학적 경험주의는 또 어떠한가? 노자 학설의 범위를 넘어설 수 있는가? 예를 들어 우주의 기원, 물질과 영적 존재, 원자의 구성, 물질의 운동 등에 대한 근본적인 탐구는 여전히 어렴풋하게 진행되고 있다. 우주의 무한성으로 인해 탐사는 영원히 지속될 것이다. 만 세대가 지나도 인간의 탐험은 계속될 것이며, 탐구되고 있는 질문에 대한 해답은 노자가 정의한 범위에 한정될 뿐 아니라 노자의 남다른 상상력과 탁월한 이해력에 점점 더 가까워질 것이다.

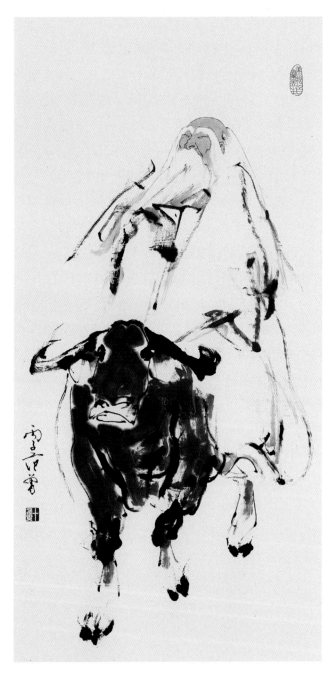

노자출관老子出關(1996)

4

우주에 대한 깨달음과 기원에 대해 공간과 시간을 초월한 존재로써 찬란한 세상 속으로 터져 나오는 완전한 공허함이라고 설명하기 위해, 노자는 놀라운 "명상적 대화"를 제공했다. 과학적인 검증에 근거한 결론이 아니라 그의 마음에 대한 본능적인 이해였기 때문에 그렇게 부르게 된 것이다. 그는 "모든 사물은 그들과 함께 음과 양의 요소를 지니고 있으며, 이 요소들은 조화를 이루기 위해 상호 작용한다."라고 말했다. 노자의 철학에서는 음과 양이 분리되기 전의 혼돈 상태를 숫자 '1'로 대표한다. 도에서 비롯된 것으로, 앞에서 언급했던 것처럼 다양한 변화를 겪고, 그 이후 흐릿하고 아득한 고요함 속에서 불분명한 이미지와 물질이 생겨났다. 현대 천체 물리학자가 보기에, 이것들은 빅뱅을 이끄는 징조였을 것이다. 현재 학계에서 가장 널리 받아들여지는 우주의 기원 모델인 빅뱅의 이론과 관찰에 따르면, 우주는 약 200억 년 전에 일정한 온도, 균일한 밀도, 초대칭성의 형태가 없는 상태였다. 우선, 내가 의문을 제기하는 것은 기본 입자조차 존재하지 않는다면 물론 물질도 존재하지 않고, 물질이 없다면 공간이 어떻게 존재할 수 있었을까 하는 점이다. 물질도, 공간도, 상대적 움직임도 없이 어떻게 시간이 존재할 수 있었을까? 근본적으로, 현대 천체물리학 이론이 제시하는 우주의 상태는 중국의 "무無"라는 철학적 개념과 많은 유사성을 공유하고 있다.

현대의 천체물리학 이론에 따르면 양성자, 중성자 등의 입자들은 우주가 탄생(누가 우주를 탄생시켰는가?)한 지 1/1,036초 후에 생성되었다. 100초 후에 원소들이 생성되었다. 이후 별, 은하수, 태양계, 지구, 달이 형성되었다. 우리가 그러한 이론을 믿기 어려운 이유는 200억 년 전에 일어난 일에 대한 숫자의 정확성 때문이다. 예를 들어, 왜 입자가 빅뱅 후 1/1,035 초 또는

1/1,037초 후에 생성된 것이 아니라 1/1,036초 후에 생성되었을까? 그리고 왜 원소들이 99초나 101초가 아니라 100초 후에 생성되었을까? 그것은 노자의 "모든 신비의 문을 여는 가장 심오한 것"과 같은 말을 또 다른 방식으로 표현한 것이 아닌가? 엄청나게 먼 과거의 무언가를 매우 정확한 용어로 표현하는 것은 "모든 신비의 가장 깊은 곳玄"에 접하는 행위이다.

일부 물리학자들은 고대 중국 철학의 부조리를 증명하기 위해 현대 우주 이론을 사용한다. 왜 우리는 고대 중국 철학의 심오한 지혜를 증명하기 위해 동일한 이론을 사용할 수 없을까? 앞서 언급했듯이 노자의 철학에서 숫자 '1'은 흐릿한 상태에서 기氣가 상호 작용하여 두 개로 나뉘며, 이는 우리가 빅뱅으로 간주할 수 있는 과정이다. '2'라는 숫자는 음양의 기를 말하며, 이 둘을 합쳐서 '3'을 탄생시켰다. ('3三'은 고대 발음의 '參'과 같음) '3'에서 만물이 창조되었다. 이는 삶의 큰 순환이 음과 양의 조화에 달려 있음을 더욱 분명히 한다. "조화和"는 음양의 상호 작용, 유무의 상생, 모순의 해소, 증오의 소멸, 생명의 탄생, 남녀의 사랑 등을 모두 의미하며, 미래 대동 세계의 가장 숭고한 정신이기도 하다.

이 시점에서, 나는 우주 본체에 대한 노자의 생각을 다시 한 번 강조하고자 한다.

첫째, 노자의 철학에서 도道, 황홀惚恍, 혼돈混沌, 박朴, 무극無極, 허극虛極, 현玄, 하나一 등의 개념은 일반적으로 유사한 요소를 공유한다. 모두 우주가 탄생하기 전의 상태(공간과 시간을 초월한 상태)를 가리킨다. 다른 것들보다 특정한 측면을 강조하기 위해 다른 용어를 사용했다. 우주가 생성되기 전에 "형태 없는 것無狀"과 "아무것도 없는 것無物"을 설명하기 위해, "황홀함惚恍"을 사용했고, "황홀함"의 상상할 수 없는 것을 설명하기 위해 "신비玄" 또는 "모든 신비 중 가장 심오한 것玄之又玄"이 사용되었다. 만물器을 설명하기 위해 "다듬지 않은 통나무朴", "다듬지 않은 통나무가 쪼개지면 그릇이 된다.朴散而为器"라는 개념을 사용했다. 음과 양의 상호 작용을 설명하기 위해 "하나一" 또는 "하나는 둘을 낳음一生二", "둘은 셋을 낳음二生三" 등이 사용되었다.

둘째, 노자는 "천하 만물은 유有에서 생겨나고, 유有는 무無에서 나왔다."는 개념과 동시에 "유有"와 "무無"는 같이 나타났지만 서로 다른 이름을 가지고 있고, "유와 무가 서로 살게 해 준다.有無相生"는 변증법적 개념을 제시했다. 여기서 "무"와 "유"의 관계는 본질과 주변의 관계와 동일시되어서는 안 된다. 또한 우리는 "무가 유의 근원"이라고 생각해서는 안 된다. 오히려 그것들은 공존하고 상호 의존적인 철학적 개념이다. 무無도 유有에서 생겨날 수 있다는 것을 설명하기 위해 노자는 다음을 제시했다. "무릇 만물은 성하면, 제각기 그 뿌리로 다시 돌아간다. 뿌리로 돌아가는 것을 '고요함靜'이라 하는데, 이를 일컬어 '복명復命(명을 따른다)'이라고 한다." 여기서 "뿌리"는 "무無"이고, "고요함"은 "무無"의 상태를 말한다.

여기서 우주에 대한 현대 이론이 풀지 못하는 시나리오를 상상해 보자. 지금으로부터 수십억 년 후 우주가 붕괴되어 무의 상태로 돌아갈 수 있을까? 노자의 "유무상생有無相生" 사상은 그가 언급한 도자기나 수레바퀴와 같은 특정한 대상뿐만 아니라 광대한 시공간의 문제, "무"로의 회귀라는 궁극적인 문제에도 적용된다. "영유아기로 돌아가기", "무극으로 돌아가기", "통나무로 돌아가기"등 그가 제시한 많은 명제에서 우리는 이전에도 없었고, 이후에도 없을 노자의 비길 데 없는 생각을 이해할 수 있다. 그 사이에도 모든 것이 끊임없이 진화하고 있다. 그래서 그는 다음과 같이 말했다. "거센 바람은 오전 내내 버틸 수 없고, 갑작스러운 비는 하루 종일 지속될 수 없다. 그 일은 누가 책임지는가? 우주, 삼라만상인 천지도 비바람을 오래 머물게 할 수 없는데, 어떻게 이 공간 사이에 있는 인간이 영원을 바랄 수 있겠는가?" 더 큰 질문을 하자면, 우주는 에너지를 보존하고 영원히 진화할 수 있을까? 그리고 우주에 대한 현대 이론이 우리를 믿게 하는 것처럼 영원히 확장될 수 있을까? 일단 우주가 붕괴되고 수축하기 시작하면, 언젠가는 우주가 무無로 돌아갈 가능성이 있지 않을까? 노자가 제기한 질문은 현대 우주론에서도 제기되었다. 전자는 그의 비범한 지혜를 바탕으로 한 것이고, 후자는 비범한 발견을 바탕으로 한 것이다. 과학을 전공하지 않는 나 같은 사람에게도 이러한 주제들은 흥미롭고 매력적이다.

세 번째, "도道"는 신에 의해 창조된 것이 아니다. 왜냐하면 그것은 신 보다 먼저 존재했기 때문이다. "이(무형)", "희(침묵)", "미(무한함)"뿐 아니라 불명확한 "실체物"와 "이미지象", 멀고 어두운 "본질精"과 "메시지信" 같은 요소로 구성된 시간도 공간도 초월한 완전한 공허함이다. 이 공허 속에서 기氣가 부딪히면서 음양陰陽이 나뉘고, 만물은 음과 양의 상호 작용을 통해 생겨났다. 아마도 기가 섞이는 과정은 오히려 다소 빨랐던 것 같다. 현대우주론의 1/1036초 만에, "이(무형)", "희(침묵), 그리고 "미(무한함), "정(본질)", "신(메시지)" 의 속성이 나타났고, 100초 후에 "실체物"와 "이미지象"와 같은 요소들이 나타났다. 물론, 이것은 모두 나의 추측이다. 그럼에도 불구하고, 이것은 노자 철학의 신비주의에 다소 가까울 수 있다.

2300년 후, 아이작 뉴턴은 노자가 "기氣의 혼합"이라고 불렀던 동일한 개념을 설명하기 위해 "초기 추진력"이라는 말을 사용했다. 현대 우주론은 동일한 개념을 설명하기 위해 "빅뱅"이라는 용어를 사용했다. 그러나 누가 기의 혼합을 위한 에너지를 제공했을까? 누가 최초의 추진력을 제공했을까? 누가 빅뱅을 유도했을까? 신학자들은 위의 성찰적이고 합리적인 사고에 도전할 권리가 있다. 일찍이 중세 초기에 서구 신학자인 토마스 아퀴나스는 신의 절대적 존재를 증명하기 위해 다음과 같이 말했다.

세상에는 어떤 사물들이 움직이고 있다. 모든 사물의 움직임은 항상 다른 것에 의해 추진된다. 만약 한 가지 사물 자체가 움직이면서 다른 것에 의해 움직인다면, 다른 사물은 또 다른 사물의 움직임을 받게 될 것이다. 그러나 이것은 무한대로 갈 수 없기 때문에, 결국 다른 것에 의해 추진되지 않는 첫 번째 추진자를 쫓아간다. 모든 사람이 그 첫 번째 추진자가 바로 하느님이라는 것을 알고 있다.

내가 깊이 존경하는 현대 물리학자 양진녕楊振寧 선생이 이와 관련해서 한때 멋진 연설을 한 적이 있다. 한 유명한 기자가 양 선생께 다음과 같은 질문을 했다.

왜 그렇게 많은 서양 자연과학자들이 종교나 신앙을 믿습니까? 즉, 이 세상의 조물주가 존재한다고 믿는 건가요? 양 교수님, 당신은 이 알 수 없는 우주에서 조물주가 모든 것을 창조했다고 믿습니까?

양 선생은 다음과 같이 대답했다.

과학과 종교에 관한 문제는 매우 중요한 질문입니다. 한 과학자가 연구를 수행하다가 매우 기묘한 자연 현상을 발견하거나 불가사의한 아름다운 자연 구조를 발견했을 때, 그는 뼛속까지 전율을 느낄 것입니다. 왜냐하면, 그는 자연의 구조물이 얼마나 신비롭고 경이로운지 깨닫는 순간 가장 진실한 신앙과 비슷한 감정을 느끼기 때문입니다. 그래서 이 알 수 없는 우주에 모든 것을 창조한 창조자가 있냐고 물었을 때, 나는 정면으로 "예" 또는 "아니오"라고 답하기 어렵습니다. 다만, 우리가 자연계의 놀랍고 신비로운 구조를 점점 더 많이 알게 될수록, 이 질문을 직접적이든 그렇지 않든, 당신이 묻는 질문은 분명 존재한다고 말씀드릴 수 있습니다. 누군가 혹은 신이 그곳에서 주도하고 있는 것일까요? 이 질문 또한 아마도 영원히 답이 없는 질문일 것입니다.

기자는 다시 물었다.

인간의 지식이 너무 제한적이기 때문입니까?

양진녕 선생은 다음과 같이 대답했다.

한편으로는 그렇습니다. 하지만 한편으로는 그것이 궁극적인 목적이 아니었다면, 우주는 그렇게 경이롭게 만들어지지 않았을 것이라는 생각이 듭니다.

양진녕 선생은 질문의 대답에 조금도 당황해하지 않았다. 우리는 단순히 그의 시적이고 신랄한 대답이 말로 표현할 수 없는 우주의 아름다움에 대해 진정한 경이로움을 드러냈다고 느꼈을 뿐이다.

예술가들은 자연의 아이가 되는 법을 배워야 한다고 생각한다. 무궁무진한 우주 앞에서 우리가 할 수 있는 것은 종교적인 신앙을 닮아가는 진실한 믿음을 가지는 것 외에 무엇을 할 수 있겠는가? 나는 한때 난카이 대학南開大學의 마제馬蹄 호수에서 연꽃에 감탄한 적이 있다. 나는 해 질 무렵 저녁 바람에 흔들리는 꽃봉오리와 정맥이 달린 꽃잎, 떨리는 수술들을 보았다. (중략) 나는 그 신성한 연꽃이 참으로 순수한 세상이라고 믿는다. 그것에 목적이 없을까? 나는 그 꽃이 내가 깊이 찬미하고 있다는 것을 분명히 알고 있다고 믿는다.

서양 20세기 현대 미술의 실패 중 하나는 예술가의 내면과 외면의 갈등, 불협화음, 불균형을 표현하는 것을 목표로 삼았다는 점이다. 그들이 아름다움을 창조했다고 말하기는 어렵다. 예술가들은 오고 가지만 우주는 영원하고 과묵하다. 다양한 예술 유파들은 떠다니는 연기나 지나가는 구름처럼 사라져 버리지만 아름다움은 존재한다. 모든 잎사귀, 야생화, 맑은 샘, 거대한 강과 계곡, 은하수의 별, 그리고 천체의 운행 속에 아름다움이 존재한다. 종교적인 경건함이 없이는 어떤 예술도 존재할 수 없다.

당신이 어떤 류의 예술가든, 이성적이든, 감각적이든, 인상주의든, 구체적이든, 추상적이든, 우리는 항상 자연의 자식이며, 만약 그들이 아름다운 작품이라면, 우리의 모든 창조는 "도법자연道法自然"이라는 유일한 길을 따라야 한다는 것을 잊지 말아야 한다.

노자는 신이 "도"를 창조했다고 말하지 않았으며, 우주에 대한 궁극적인 질문에 답하지도 않았다. 오늘날의 모든 위대한 과학자들과 마찬가지로, 그들의 미지의 영역은 그들을 좌절시키기도 하고, 동시에 그들의 이론에 아름다운 공백을 남겨두기도 한다.

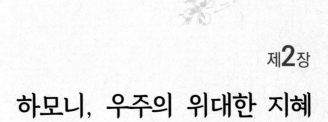

제**2**장

하모니, 우주의 위대한 지혜

1

우리는 사고 방식에서 전통적인 편견에서 벗어나야 한다. "이것은 이것이고 저것은 저것이다."라는 식의 관념은 사물 분석을 단순화하는 것에 그치지 않고, 사고 과정에서 쉽게 잘못된 길로 빠지게 한다. 종종 논쟁 상대를 절대적으로 잘못된 위치에 놓고, 자신은 맹목적인 논리적 추론을 통해 이미 미리 정해진 옳은 결론을 입증하려고 한다. 이러한 선입견적인 사고는 방법론을 실체가 없는 스타일의 과시용으로 전락시킨다. 따라서 이러한 관행에서 도출된 결론은 불행하게도 가치가 없기 마련이다.

아무리 명성이 대단하다고 해도, "나는 세상을 완전히 이해했으니 나와 의견이 맞지 않는 사람은 다 틀렸다."라고 감히 말할 수 있는 철학자는 없다. 고금을 막론하고 모든 철학자들이 고심하는 것은 우주의 근본적인 진리를 향해 나아가거나 접근하는 방법이다. 따라서 서로 다른 사고방식을 채택하거나 다른 방법론을 사용하더라도, 결국 그들은 우주의 일부 측면에 대해 논의하게 될 것이다. 때로는 논쟁하는 양측이 각자의 입장을 고집하기도 한다. 하지만 그들의 주장을 합쳐보면, 각자의 주장보다 사물의 진실에 더 가까워지는 경우가 많다. 어느 쪽을 믿든 "사람은 천성적으로 본래 선하다.", "사람은 천성적으로 본래 악하다."라는 것은 모두 인간의 본성에는 선한 면도 있고, 또한 악한 경향도 있음을 증명해 준다. 나는 전자가 진실에 더 가깝다고 믿는다.

독선의 가장 혐오스러운 결과는 극단적인 감정의 발생이며, 이는 논쟁이 원래 토론의 범위를 훨씬 초과했을 때 발생한다. 언어폭력, 무례한 몸짓, 심지어 몸싸움까지 이어질 수 있다. 이러한 사고방식을 인류 전체에 적용해 보면, 이것은 무기의 사용과 전쟁의 발발을 의미한다. 물론 전쟁의 역사적, 사회적, 제도적 원인에 대한 더 깊은 고려를 배제함으로써 이러한 환원주의적 관점은 다소 얕다. 그러나 인간 의식의 더 깊은 수준에서 상대방에 대한 관용의 부족은 모든 갈등의 필연적인 원인이다.

나는 《화엄경華嚴經》에 나오는 다음의 이야기를 기억한다. 고대 불교 사원에서 나이 든 승려가 선방에서 명상을 하고 있고, 우리가 C라고 부를 젊은 승려가 옆에서 시중을 들고 있었다. 방 밖에서는 젊은 승려 A와 B가 서로 양보하지 않고 격론을 벌이고 있었다. 그때 A 스님이 노승 실로 들어가 누가 옳은지 묻자, 노승은 "당신이 옳습니다."라고 말했다. 너무 기뻐서 A 스님은 떠났다. 잠시 후, B 스님이 노승 방에 들어가 누가 옳은지 물었다. 큰 스님은 "당신입니다."라고 말했다. B 스님은 매우 만족하며 자리를 쏜살같이 떠났다. 옆에서 지켜 본 C 스님은 노승의 대답을 반박하며, "이 문제에 대해서는 A 스님이 옳다면 B 스님이 틀리고, B 스님이 맞으면 A 스님이 틀린 것 같습니다. 왜 두 사람 다 옳다고 하십니까?" 노승은 "당신도 옳습니다."라고 상냥하게 대답했다. 여기에서 노승은 흔히 말하는 "교활한 중"이 아니다. 그는 참으로 저명한 고승이다. 왜냐하면 승려 A와 B, C는 같은 문제에 대해 서로 다른 측면을 논술하고 있지만, 그는 그 문제에 관한 한 모든 측면을 아우르고 있기 때문이다. 여기서 가장 도발적인 점은 본문의 서두에서 언급한 "역겨운" 사고

방식을 드러낸 C 스님에 대한 노승의 반응이다. 노승은 이 부적절한 사고방식에도 나름의 긍정적인 측면이 있다는 것을 부정하지 않았고, 나에게도 시사하는 바가 있어 차차 시간을 두고 곰곰이 생각해 보려고 한다. 하지만 지금은 A, B 스님이 서로 대립하는 입장이고, C 스님의 입장은 본론과 직접적인 관련이 없는 또 다른 판결이기 때문에 노승의 판단에 초점을 맞추고 있다. A 스님과 B 스님의 입장은 같은 문제의 다른 측면에 관한 것이고, 그 합은 어느 쪽 입장보다 사물의 진실에 더 가까울 것이다.

2

조화는 상호 이해, 관용, 양보 그리고 진심 어린 토론에서 비롯된다. 그렇다면 인류와 우주가 조화를 이루기 위해서는 어떤 통로가 있을까? 인류가 너무 많은 것을 요구하지 않는 한, 엄청난 관대함을 지닌 우주는 그것을 용인하고 심지어 세상을 재편하려는 인간의 주도권을 수용하고 적응하기 위해 자체 조정을 할 것이다. 이것은 우주의 보이지 않는 언어를 통해 이루어지는 대화이다. 인간의 행동이 올바른 질서를 따르고 자연의 법칙에 순응하는 한, 우주는 심지어 그것을 장려할 것이다. 영원한 우주 앞에서 인간은 결국 미성숙하고 순진하다. 그러므로 용인될 수 있는 것은 무엇이든 용인될 것이며, 용서받을 수 있는 것은 무엇이든지 용서될 것이다. 하지만 인간이 도적이나 악당, 무모한 괴물처럼 행동한다면, 우주는 전체 체계의 조화를 위해 벼락같은 처벌을 내릴 것이다. 이 파괴적이고 철저한 해결책은 인류가 계속해서 악행을 저지름으로써 하늘의 진노를 불러일으킬 때에만 요구되지만, 우리는 이러한 시나리오가 결코 일어나지 않기를 바란다. 과거에 있었던 부분적인 처벌들은 분명히 앞으로의 잘못을 경계하도록 하는 의미가 있다.

3

우리가 과학적 이성주의를 인류가 혼돈에서 깨달음으로 가는 유일한 길로 간주한다면, 우리는 사실상 동양 고전 철학의 타당성을 부정하는 것이나 다름없다. 사실 철학과 과학의 사명은, 과학은 인류를 돕고 철학은 인류를 위로한다는 점에서 다르다. 물론 위대한 과학자들도 동시에 철학자가 되어 인류를 도우면서 위로할 수 있기를 바란다. 나는 언젠가 미국에서 "현대 기하학의 아버지"로 불리는 현대 수학의 대가 진성신陳省身 선생께 다음과 같은 시한 수를 선사한 적이 있다. "이 세상 어디에도 나를 위한 자리는 없지만, 그의 별장인 닝寧 가든에 앉아 세상에 대해 이야기했다." 나는 그의 제자가 될 기회를 놓쳤지만, 우리는 그의 별장 닝 가든에 앉아 오창석吳昌碩과 임백년任佰年에 대해 이야기하고, 노자老子와 장자莊子에 대해 생각을 나누었다. 그 기억들이 얼마나 행복한지! 나는 내 앞에 있는 이 노인이 현대 물리학의 토대를 마련한 사람이라는 것을 알고 있다. 양진년楊振寧 선생은 그를 유클리드, 가우스, 리만, 가당과 같은 위대한 수학자들의 대열에 올려놓았다. 천선생의 지식은 나에게 있어 절대적인 미궁으로, 애초에 말로 표현할 수 조차 없을 뿐만 아니라 도저히 이해할 수도 없다.

나는 순수한 예술가이다. 나의 예술적 사고방식은 나를 직관적이고 비합리적인 동양 철학에 빠져들게 한다. 그것은 분명하고 결정적인 말을 하지 않지만, 비범한 지혜를 발산한다. 이러한 철학들은 실증 과학을 토대로 하지 않기 때문에, 본질적으로 자율적인 존재일 뿐이며, 반증할 수 있는 어떠한 조건도 갖추고 있지 않다. 따라서 근대 서양이나 현대 중국 철학자들이 구축한 철학적 합리주의의 위엄 있는 제도들과는 상관이 없다. 그러나 동양 철학의 위대한 지혜로 인해 그들의 제안 중 많은 부분이 오늘날에도 여전히 과학자들을 놀라게 한다. 이러한 철학적 사유의 특별한 의미는 그 자체의 현명함에 있는 것이지, 어떤 인식론이나 방법론을 통해 그 현명함을 발견했는지에 있지 않다. 선종禪宗의 6대 총대주교인 혜능慧能의 위대한 이해는 그의 유명한 시에 반영되어 있다. "보리는 원래 나무가 없고, 명경 또한 받침이 없다. 본래 아무 것도 없는 것인데, 어디서 티끌과 먼지가 인다고 하는가!" 장작을 패고 불을 지펴 밥을 지은 뒤의 깨달음일 뿐이다. 우리는 동양 철학을 오성悟性의 사변思辨 또는 사변의 오성이라 할 수 있다. 그것들은 아마도 후세의 혹은 미래 과학의 선구자가 될 것이다.

하지만 우리는 근본적인 사실 하나를 잊어서는 안 된다. 2500년 전 당시의 과학 기술 수준은 아직 걸음마 단계였으며, 불교, 도교, 유교와 같은 철학들이 깊이 생각할 수 있는 과학적 실증 자료는 거의 없었다. 이러한 상황에서도, 장자와 그의 제자들은 다음과 같은 관찰을 했다. "만물의 시작을 들여다보면 그들의 과거는 끝이 없고, 사물의 미래를 들여다보면 그 끝이 무궁구진하다."《장자莊子·칙양則陽》 무한한 "시간"에 대한 이 간결한 정의는 그 당시 개념에 대한 가장 현명한 관찰을 실제로 능가했다. 동양 철학의 고전 작품에 나오는 이와 같은 예는 마치 작은 시냇물이 아닌 바다에서 당신을 향해 끊임없이 밀려오는 해일처럼 무수히 많다.

우리는 동양의 유가와 도가(주로 노자) 사상에서 철학적 사상(우주의 궁극적 진리 추구와 우주의 일반적인 발전에 대한 이론을 포함), 사회적 이상 및 공리주의적 목적이 나란히 존재했음을 인정해야 한다. 순수한 철학 사상은 극히 일부에 불과한 반면 불교에서는 순수 철학 사상이 주종을 이루고 있다. 도교인들 사이에서 장자는 기이한 사람이었고, 그가 도교인들과 달랐던 점은 철저한 무위론자이자이며 획일주의자였다는 점이다. 그의 적극적이고 날카로운 사고방식은 그의 생각을 하늘 높이 치솟게 했고, 그의 무관심·초연함·비실용주의는 겉모습이 아닌 마음과 영혼에서 우러나왔다. 그와 노자는 매우 다른 유형이었다. 공자를 공격적인 성취자, 노자를 융통성 있는 수행자라고 한다면 장자는 자연을 포용하는 성인이자 은둔적인 자유주의자였기 때문에, 이러한 점이 그를 더욱 친근하고 사랑스럽게 만든다. 나는 예술가적인 기질을 가진 장자에게 솔직히 호감을 느낀다. 오늘날 세계의 모든 종교 중에서 불교는 유일한 무신론 교리이다.(적어도 중국화 된 선종은 그렇다.) 동양의 모든 철학 사상 중에서 그 철학적 사고가 가장 조화롭고 원만하다. 우주의 기원과 천지만물의 진화에 대한 천의무봉 한 설명은 우리가 깊이 연구할 만한 가치가 있다.

4

내가 이런 사유를 탐구하는데 열중하게 된 이유는, 지난 수십 년 간 나의 예술 세계에서 끊임없이 노력하며 탐구해 온 결과이다. 맑은 바람과 흐르는 물처럼 끊임없이 움직이며, 결코 고갈되지 않는 사색들은 나의 사고를 풍요롭게 만들어 주었고, 나의 마음을 순수하고 깨끗하게 유지시켜 주었다. 마치 세상의 티끌이 묻지 않은 맑은 시냇물처럼 말이다. 우리 세대의 인생 여정은 너무 험난했기 때문에 각 구성원들의 이야기가 소설로 만들어질 수 있다고 생각한다. 이성적 사고는 한때 우리 세대가 추구했던 가치였고, 또한 나는 이성적 사고가 민족의 미래에서도 중추가 될 것이라고 확신한다. 하지만, 고대 철학자들의 사고방식과 그들의 찬란했던 과거는 이미 멀리 떨어져 있으며, 오늘날 새로운 시대를 살아가는 사람들에게 조국을 위해 헌신하라는 열정을 불러일으키기에 충분하지 않다. 하지만 젊은이들에게 전하고 싶은 말은, 허접한 모조품이나 천박한 유행품과 달리 통찰력 있는 철학적 사고는 영원한 가치가 있으며, 사회적 타락의 온상이 될 수 없다는 것이다. 나아가 새로운 민족 문화를 건설하고 예술 부흥을 이룩하는데 그 무엇과도 바꿀 수 없는 위대한 역할을 하게 될 것이다. 동양 철학의 웅장한 기상, 날카로운 지혜, 유연하고 변화무쌍한 논리, 심지어 아름다운 문체에 이르기까지 동양 철학은 믿기 어려울 정도로 충분히 매력적이다.

고대에는 동서양의 철학자들이 영적인 영역에서 최고의 존경을 받았고, 형이상학은 학문의 궁극적인 분야로 여겨졌다. 그러나 최근에 서양 과학의 발전은 특히 이성적 철학의 영역에서 많은 철학 이론이 틀렸다는 것을 과학적으로 입증했다. 따라서 과학자들은 철학자들을 강제로 굴복시켰고 철학자들은 더 이상 진리의 길을 이끄는 개척자가 되지 못했다. 지적인 철학자들은 심지어 그들의 관념을 정당화하는 가운데 일부 강제적이거나 억지스러운 과학적 증거를 적용하여 자신의 생각을 설명하기도 했다. 좀 모자란 사람들은 과학의 조수가 될 수밖에 없었다. 근현대의 위대한 과학자들은 그들의 발견이 사실임을 증명함으로써 스스로 철학자가 되었다. 따라서 그들의 딜레마는 더 이상 철학자를 동족의 정신으로 간주할 수 없다는 사실에 있다. 동방을 힐끗 쳐다보니 그들이 하던 일이 동방 성인들의 예언에 대한 증거임을 깨달았다. 비록 이러한 예언이 죽판과 잊혀진 고서 속에 깊이 묻혀 있지만, 먼지가 걷힌 후에도 그 모든 광채와 영광은 여전히 다이아몬드처럼 빛나고 있다. 내가 만난 많은 세계적인 과학 거장들은 서양의 찌꺼기를 먹고 헌신짝처럼 중국 문화를 버렸던 중국인과는 대조적으로 중국 문화로부터 많은 수혜를 받았다고 깊이 느낀다.

5

다시 한 번 동양 철학의 궁극적인 목표인 "화해和諧"로 돌아가 보자. 동양 철학은 화해 철학이다. 동양 철학자들은 우주 전체가 무한한 조화로움의 실체라는 것을 깊이 이해했기 때문이다. 조화는 위대한 존재 방식이며, 그 뜻을 따르는 자는 번창하고 그 뜻을 거스르는 자는 멸망할 것이다. 조화로운 모든 것은 유기물과 무기물을 포함하여 변형과 자양, 성장과 증식, 회전과 진화를 한다. 그것은 조화롭고, 매끄럽고, 자연스럽고, 아름답고, 완벽한 광경이다. 조화롭지 못한 모든 것은 시들고, 죽거나, 멸종되며, 침체되고, 석화되는 잔해와 폐허이다. 그것은 차마 볼 수 없는 끔찍하고, 황폐하고, 무질서한 황무지다. 조화로운 것은 계속 웅장하고 아름다운 반면, 조화롭지 못한 것은 제거되어 재가 될 것이다. 우주도 그렇고 모든 유기물과 무기물도 그렇다.

로프노르Lop Nur는 지도상에서 사라졌지만 잔해가 남아 있어, 바닷물이 마르고 돌이 썩었다는 것은 근거 없는 얘기가 아니다. 그곳에 가 본 한 작가의 감회에 따르면, 로프노르 옛 터의 거대한 바위는 부서졌고 호수 밑바닥의 바위들은 타오르는 태양 아래서 금이 갔다고 한다. 그는 심지어 그곳에서 바위가 부서지는 소리도 들었다고 한다. 그것은 무질서한 자연의 비참한 탄식이었고, 푸른 파도가 일던 이 호수는 그리 멀지 않은 장래에 모래가 날아다니는 사막으로 전락할 것이다. 의심할 여지없이 사막은 무자비한 요소들로 이루어져 있다. 그것들은 분열되어 그 어떤 모래알도 조화롭게 존재할 수 없다. 그들은 생명을 키울 의지도 없다. 그리고 그들이 파멸을 기약할 때, 그것들은 거센 바람을 일으켜 천 리를 쓸어버릴 수 있다. 그리고 그것들은 지구상의 모든 아름다운 생명체를 집어삼켜 버릴 것이다. 이때, 우리는 세상의 종말을 부르는 소리를 듣게 될 것이다.

세상의 모든 조화로운 소리는 천상에서 나는 소리이지 바위틈에서 나는 소리가 아니다. 그들은 위대한 작곡가에게 영감을 주는 모델이다. 모든 불협화음은 전쟁의 함성, 지진의 포효, 산사태의 쿵쾅거리는 소리처럼 우주의 고요함을 깨뜨리는 소음이다.

6

21세기와 다음 이후 몇 세기는 반드시 조화로운 시대여야 한다. 나는 알버트 아인슈타인의 유명한 말을 기억한다. "3차 세계대전의 결과는 예상할 수 없지만, 4차 세계대전은 돌도끼로 싸우게 될 것이라고 단언한다." 선지자들은 대립의 결과로 인해 발생하는 3차 세계 대전이 인류의 역사상 모든 문명의 최후의 멸망을 가져올 것이라 예언했다. 그러나 나는 돌도끼를 만들어 싸울 사람들이 남아 있을지도 의문이다. 더 나아가 돌도끼 전투가 벌어질 전쟁터가 어디에 있을까? 그때 지구는 아마도 우주의 블랙홀 속으로 사라졌을지도 모른다. 지구의 인력을 잃은 달 공주도 아마 멀리 벗어나 새로운 사랑을 찾아 떠날 것이다. 더이상 "고개를 들어 달을 바라봄.擧頭望明月"의 시인 이백도, "술잔을 들고 하늘에 물어봄.把酒問靑天"의 소동파도 찾을 수 없다면, 달이 떠 있는지 여부는 아무런 의미가 없다.

조화는 더 이상 철학자의 담론이나 시인의 노래가 아니다. 조화란 이미 버려진 갓난아기처럼 황야에 버려졌다. 뜻밖에도 사랑스러운 큐피드처럼 아름다운 아이로 성장할 것을 깨닫지 못했다. 만약 세상에서 아직 양심이 살아 있는 사람들이 그를 키우고 도와준다면, 그는 강하고 용맹스러워질 것이다. 그는 자신을 낳아 길러주신 부모와 가족들에게 감사할 것이다. 그러나 조화가 너무 오랫동안 방치되고 호랑이와 표범, 늑대에게 먹힌 후에는 조화를 이루지 못하고 외로운 유령, 잔인하고 사나운 유령이 될 것이다. 그의 어두운 그림자는 인류 전체를 완전히 파괴할 것이다.

인간들이여, "조화和諧"라는 이름의 순진한 아기를 안아주라. 그는 이제 거의 굶어 죽을 지경이다!

제3장

"도", 스스로 그러함을 본받는 것

道法自然

1

노자의 철학은 "유연한 성취"라는 접근 방식의 이론적 토대를 마련했다. 이는 물질의 변화, 삶의 태도, 처세 전략, 치국 방침과 역사 속 국가의 흥망성쇠에 대한 그의 분석으로 예시된다. 이 속에서 구현된 변증법적 사고의 원칙은 2500년 동안 중국의 중요한 사상적 보고가 되었다. 노자의 철학은 장엄한 산과 같다. 그 사상의 세계로 들어가면, 그곳에는 울창한 숲과 맑은 계곡이 있고, 산봉우리에는 안개구름이 피어나고, 달이 하늘을 순찰한다. 그곳은 활기차고 투명하며 지혜로운 세상이다.

성장하고 번성하는 모든 것은 유연하지만, 시들고 죽어가는 모든 것은 경직되어 있다. 깊은 산에서 잔잔하고 부드럽게 흐르는 물은 먼 곳과 가까운 곳의 모든 것을 관개하는 유연함의 상징이다. 그러나 물은 모든 요새를 무너뜨릴 수 있다. 배를 띄울 수도 있고, 배를 뒤집을 수도 있으며, 거대한 바위와 험준한 절벽을 무너뜨리고, 해와 달을 가리고, 산과 강의 색깔을 변화시킬 수 있다. 버드나무 가지가 푸르게 물들어 우리 앞에서 이리저리 흔들리면 이것이 곧 봄의 소식인 줄 안다. 이슬이 마르고 서리가 내리면 나무는 모든 잎사귀를 잃게 되고, 우리는 곧 겨울이 올 것임을 안다.

노자는 광활한 우주를 우러러보고 만물이 번성하는 것을 관찰한 후, 세상의 번영과 나라의 흥망성쇠의 원인을 이해했다. 그는 우주에 대한 자신의 견해를 바탕으로 사물에 대한 현명하고 종합적인 평가를 내렸다. 그는 광활한 우주와 삼라만상을 포용하는 예언가이자 박학다식하고 유려하면서도 빈틈없는 정치 평론가였으며, 국정에 대한 고무적이고 책임 있는 조언가였다.

세상의 모든 일은 끊임없이 일어나고, 변화하고, 성장하고, 시든다. 모든 사물에는 양면이 있다. 하나는 긍정적이고 다른 하나는 부정적인 면이다. 성공에는 실패의 위기가 있고, 실패에는 성공의 길조도 잠재되어 있다. 이 양면 전환이 바로 만물 진화의 근본 원인이다. "돌아가는 것은 도의 작용反者道之動"이라는 노자의 제안은 사물이 반대 방향으로 돌아가는 것이 우주에서 "도道"가 작동하는 방식의 구현이라고 지적한다. 또한 노자는 "세상의 모든 사람이 아름다움을 인식할 때 추함이 생기고, 인仁이 무엇인지 알게 되면 악惡이 생긴다."라고 했다. 노자의 마음속에, 독립적이고 일정한 도는 아름다움과 추함 또는 자비와 악을 구분하지 않는다. 그의 마음에는 아름다움, 추함, 자비, 악에 대한 인간의 기준은 말할 것도 없고, 시공간의 개념조차 설 자리가 없다.

사람들이 사회적 기본 법칙을 따르던 고대 시대에는 모든 것이 잘 운행되었고, 그들 사이에 이견이 많지 않았다. 그렇다면, 아름다움美이란 개념은 어떻게 생겨난 것일까? 그 이유는 대도大道가 버려져서 추함이 만연했기 때문이다. 선善이라는 개념은 어떻게 생겨났을까? 다시 말하지만, 악행이 차츰차츰 만연한 것은 대도를 버렸기 때문이다. 따라서 노자의 대승적 관점에서 보면 미와 선의 출현은 좋은 일로 볼 수 없다. 그가 더욱 원했던 것은 추악함과 악의 근본이 나타나지 않는 것이다. 이것은 그의 또 다른 견해와 일치하는 것으로, 즉 "대도를 버리면, 인의仁義가 나타나고, 지혜와 슬기가 나타나면,

큰 위선이 따른다."라는 것이다. 노자가 보기에, 인의仁義와 지혜智慧의 출현도 역시 좋은 일이 아니다. 왜 인의가 생겼을까? 왜냐하면 대도가 버려졌을 때, 자비롭고 정의롭지 못한 사람들이 생겨났기 때문이다. 왜 지혜를 버려야 하는가? 왜냐하면, 그 쌍둥이인 지혜의 등장과 함께 큰 위선이 생겨났기 때문이다. 노자가 바라던 것은 인의와 위선이 결코 나타나지 않는 것이었다.

창힐倉頡이 한자를 창제했을 때, 하늘에서 기장이 비 오듯 내리고 신과 귀신이 울었다고 한다. 그 이유는 그때부터 인간이 지혜를 얻고 그 결과 큰 위선이 생기고, 게으름과 간교함이 만연하여 땅이 경작되지 않을 것임을 신과 귀신은 알았기 때문이다. 그래서 신과 귀신들은 기장을 비처럼 내려 사람들을 굶주림으로부터 구했고, 그들도 인류의 타락을 슬퍼했다.《회남자淮南子·본경훈本經訓》("옛날 창힐이 문자를 창제했을 때, 하늘에서 곡식이 비 오듯 내리고, 신과 귀신이 밤새도록 울었다.") 한漢나라 왕충王充은 그 이유를 "문장이 번성하면 점차 혼란을 가져올 것"이라고 생각했다. 여기서 "문장"은 오늘날 우리가 "작문"이라고 부르는 것이 아니라 고대의 평범함에서 벗어난 고상하고 꽃다운 표현을 말한다. 시인 황간黃侃(1886-1935)은 다음과 같이 묘사했다. "창힐 이후 하늘이 기장을 내렸고, 비말라키르티Vimalakriti 외에도 천녀天女들이 꽃을 흩뿌렸다." 여기, 하늘에서 내리는 기장이 바로 하늘의 눈물이 아니던가? 창힐의 지혜는 인간의 작은 지혜인 반면 비말라키르티가 설파한 것은 우주의 위대한 지혜이다. 황간의 말은 우주의 위대한 지혜에 접근하기 위해 인류의 작은 지혜를 버려야 한다는 것이다.

인류는 1930년대 물리학자들이 실험실에서 우주의 비밀을 발견하면서 핵 연구를 시작했다. 1938년, 물질의 신비한 내부 구조에 흥미를 느낀 몇몇 똑똑한 과학자들은 중핵이 핵분열을 통해 엄청난 양의 에너지를 방출할 수 있다는 사실을 발견했다. 일단 이 에너지 지니가 마술병 밖으로 나오게 되면, 이론 물리학자들은 더 이상 세계 각국의 급격한 에너지 수요를 통제할 수 없게 된다. 그들의 목적은 더할 나위 없이 분명하다. 그것은 정당의 여부와는 상관없이 전쟁을 벌이는 것이다. 다행히, 2차 세계대전 당시 미국 과학자(응용 물리학자)가 독일의 과학자보다 한발 앞서 연구하여 히로시마와 나가사키에 최초의 원자폭탄을 투하해 파시즘이 완전히 패배한 것은 운이 좋았다. 물론, 수십만 명의 무고한 민간인이 산산조각이 나자 이론 물리학자들은 어리둥절했다. 예를 들어, "원자 폭탄의 아버지" 오펜하이머는 자신의 이론이 이렇게 파괴적인 결과를 초래할 것이라고 예상하지 못했기 때문에 큰 죄책감을 느꼈다.

양진녕 선생은 이 문제에 대해 "나는 이론 물리학자로서, 핵무기의 발명이 인류 전체를 멸망시키지 않기를 바란다."라고 말했다. "지혜가 나타나자 큰 위선이 뒤따랐다."라는 노자의 말을 다시 한 번 살펴보자. 우리는 인간의 지혜가 계속 진보할 할 것이라는 것을 알고 있다. 예를 들어, 20세기 1950년대 이후 기본 입자 물리학의 공식적인 확립은 인간에게 상응하는 "위선"을 유발할 것인가? 단언하기 어렵다.

과학의 진보는 인류 문명의 번영을 이끌었지만, 그것은 또한 인류 문명의 전면적 파괴로 이어질 수 있다. 만약 인류가 본연의 탐욕을 억제하지 않는다면, 2500년 전 노자의 경고는 역사를 통해 검증을 받게 될 것이다.

우주 자체는 매우 아름답고 조화롭다. 우리는 기꺼이 이론 물리학자들로부터 거의 신화 같은 계시를 얻었다. 이 학자들은 예술가들과 마찬가지로, 그들이 원래 추구하는 바는 우주의 조화를 이해하는 것이다.

앙리 푸앵카레Henri Poincaré는 이렇게 말한 적이 있다. "내 뜻은 심오한 아름다움인데, 그것은 각 부분의 조화로운 질서로부터 온 것이며, 또한 순수한 지성이 파악할 수 있는 아름다움이다. 지적인 아름다움은 그 자체로 충분하며, 아마도 그 이상을 위한 것이다. 인류의 밝은 미래를 위해서라기보다는 어쩌면 이성 자체를 이해하기 위해서 과학자들은 길고 힘든 노동에 전념해야 하는 것일지도 모른다." 자, 만약 인류의 지혜가 이렇게 진지하게 우주의 위대한 지혜를 따라간다면, 우리가 마땅히 받아야 할 계시는 바로 노자의 철학에서 조화를 추구하는 것이여야 한다. 우리가 해야 할 일은 인류의 천적인 "큰 위선"의 무리를 토벌하는 것이다.

춘추시대에는 열국이 서로 경쟁하며 패권을 다퉜다. 제齊, 초楚, 진晉, 진秦, 오吳, 월越 등 주요 국가들과 그 외 여러 제후국들이 일어나면서 인심은 옛날과 달라지고 세상 풍조는 점점 나빠졌다. 노자는 사회적 조화가 무너지는 것을 목격하고 우주의 상태를 한탄하지 않을 수 없었고, 인류의 운명을 동정하지 않을 수 없었다. 우주는 원래 질서 정연하고 완벽하게 자연적인 상태로 존재한다. 이 상태에서는 "유와 무는 서로 살게 해 주고, 어려움과 쉬움은 서로 이뤄주며, 길고 짧음은 서로 비교하고, 높음과 낮음은 서로 기울며, 음과 소리는 서로 조화를 이루고, 앞과 뒤는 서로 따른다." 우주는 그 자체의 법칙을 따르고, 성인의 사명은 "무위하는 일을 하며, 불언의 가르침을 행하고, 만물이 잘 자라는 것을 보고 그것을 자신이 했다고 하지 않고, 잘 살게 해주고도 그것을 자신의 소유로 삼지 않으며, 무엇을 하되 그것을 자신의 뜻대로 하려 하지 않는다. 공이 이루어져도 그 이룬 공에 연연하지 않는다. 그 공에 연연하지 않기 때문에 그 공은 결코 버림받지 않는다."《노자·2장》

이 말의 주요 사상은 있고 없음, 어렵고 쉬움, 길고 짧음, 높고 낮음, 음과 소리, 앞과 뒤가 서로 의지하고 공존하며 서로 잃어가며 멸망하는 본래의 정연한 질서가 있다는 것이다. 그것은 바로 조화로운 자연의 질서이며, 성인이 신경 쓸 필요가 없다. 아무도 그것에 대해 특별한 조치를 취할 필요도 없고, 누군가의 끊임없는 조언이 필요치도 않다. 우주는 태곳적부터 고유한 방식으로 작동해 왔으며, 그 운명은 예나 지금이나 그대로인데, 당신이 설마 천하제일 일 수 있겠는가? 모든 생명체는 누구의 것도 아닌 제 방식대로 성장하고 쇠퇴한다. 그들은 당신이 한 일에 대해 너무 많은 공을 들이지 않기를 바라고, 비록 당신이 많은 일을 성취했더라도 자만심이 당신을 지배하지 않기를 바란다. 오직 당신이 겸손할 수 있을 때만이 사람들은 당신을 버리지 않을 것이다.

학자들은 항상 이 구절에 대해 다른 해석을 해 왔다. "배움學의 길은 날로 쌓아가는 것이고, 도道의 길은 날로 덜어내는 것이다. 덜어내고 또 덜어내면 무위無爲의 경지에 이른다. 무위하게 되면 하지 못할 일이 없게 된다."《노자·48장》 처음 두 문장을 문자 그대로 받아들이면 해석에 어려움을 겪을 수 있다. 사실 노자의 말은 앞 장과 연결해서 보아야만 더 이해하기 쉬울 것이다. "문밖을 나서지 않고도 천하의 만물을 이해할 수 있고, 창밖을 내다보지 않아도 하늘의 도를 볼 수 있다. 그 여행이 멀면 멀수록 세상에 대해 아는 것이 적어진다."《노자·47장》 노자는 마음의 이해를 중시했지만, "배울 수 있는" 지식을 추구하지 않았다. 구차히 매일 사소한 지혜에 구애돼서 학문을 배운다면 비록 이익은 얻을 수 있겠지만, 그것은 세속적이고 공리적인 이득이다. 그러나 도를 따지면 반드시 손해를 보게 되는데, 그것은 세속적이고 공리적인 손실일 뿐이다. 노자는 "무위無爲"의 영역에 접근하기 위해서는, 저속하고 공리적인 추구를 거의 제로로 만들어야 한다고 믿었다. 오직 이 경지에 도달할 때만 "무위이무불위無爲而無不爲"를 행할 수 있다. 노자의 가장 전형적인 명제인 "억지로 함이 없는 지경에 이르면 되지 않는 일이 없다.無爲而無不爲"

라는 사상은 후대 통치에 있어 꽤 많은 현왕과 군주들에게 중요한 전략으로 채택되었다. 동시에, 꽤 많은 어리석은 군주들에게는 "더 이상 아침 궁정 법회를 열지 않아도 된다."라는 구실이 되기도 했다. 전자의 예로는 한漢나라의 문경제文景帝가 있었고, 후자의 예로는 안사安史의 난 전후인 당唐나라의 명황제明皇帝, 정강의 변靖康之變 이전의 송宋나라 휘종徽宗이 있다. 앞에서 내가 주로 노자를 춘추전국시대의 위대한 "전략가"라고 칭한 것은 주로 노자의 그런 비범한 생각을 바탕으로 한 것이다.

노자의 유연한 성취에 대한 가장 유명한 명언은 다음과 같다. "장차 줄어들게 하려면 먼저 그것을 확장하고, 어떤 것을 약화시키고 싶을 때는 먼저 강하게 하고, 어떤 것을 폐지하고자 할 때에는 먼저 번성하게 하고, 어떤 것을 손에 넣고자 할 때에는 먼저 양보하라."《노자·36장》 여기서 노자는 자신에 대한 강한 경계심을 가지고 무리하면 반대 방향으로 돌아간다는 원칙을 스스로 상기시키는 동시에, 자아가 부풀려진 후 반대 방향으로 되돌아가 역전으로 이끄는 적에 대한 전략이기도 했다. 수축하고 싶을 때는 일부러 팽창시켜라. 무언가를 약화시키고 싶을 때는 그것을 강화하고, 무언가를 근절하고 싶을 때 그것을 먼저 번성하게 하고, 무언가를 인수하고 싶을 때는 그것을 먼저 내주어야 한다. 이것은 춘추전국시대부터 전략가들에게 지대한 영향을 끼친 사고방식으로, "아무것도 하지 않고 모든 것을 이룬다."라는 원칙을 전략적으로 제시한 것이다.

이러한 지도 원칙과 대전략이 세워진 상태에서 노자가 말하는 통치자나 성인에게는 무엇이 필요한가? 어떤 것이 강력한 거버넌스 전략인가? 노자는 이에 상응하여 자신의 요점을 설명하기 위해 낮은 자세를 취하면서 유약함, 비경쟁과 같은 일련의 명제를 제시했다. 이 제시된 모든 명제는 여전히 우주에 대한 노자의 관찰에 기반을 두고 있다. "사람이 살아 있으면 부드럽지만, 죽으면 뻣뻣해진다. 만물 초록도 살아있으면 유연하지만, 죽으면 마르고 시든다. 그러므로 뻣뻣한 것은 죽어 있는 무리이고, 부드러운 것은 살아 있는 무리이다."《노자·76장》바꾸어 말하면, 사람이 살아 있을 때 그의 뼈와 힘줄은 유연하고 근육은 부드러워지며, 그가 죽으면 그의 몸은 유연성을 잃고 단단하고 뻣뻣해진다. 풀과 나무는 사시사철 무성할 때 부드럽고 연약하며 바람에 흔들리고 활력이 넘친다. 일단 죽으면, 그들은 말라죽고 황폐해져 끔찍한 광경이 된다. 그러므로 단단하고 뻣뻣한 것은 죽음과 같고, 부드럽고 연약한 것은 생명에 속한다.

노자는 물을 예시로 유약한 힘을 설명하였다. "천하에 물보다 부드럽고 약한 것이 없지만, 강하고 단단한 것을 이기는 데 물보다 효과적인 것은 없으며, 이 역할에서 물을 대신할 수 있는 것은 없다. 약한 것이 강한 것을 이기고, 부드러운 것이 굳센 것을 이긴다는 것은 누구나 다 아는 사실이지만, 그 누구도 유약함을 달가워하지 않는다."《노자·78장》다시 말해서, 천하에서 가장 부드러운 것은 물이며, 그것이 강하고 단단한 사물을 공격할 때, 아무것도 그것을 이길 수 없으며, 그것은 독보적이고 대체불가능하다. 부드러움이 강경을 이기는 것은 천하 사람들이 알고 있지만, 아무도 부드러움에만 머물지 않는다. 통치자는 오직 "세상에서 가장 부드러운 것이 가장 단단한 것을 이겨낼 수 있다."《노자·43장》라는 도리를 깨달아야만 천하를 지혜롭게 다스릴 수 있다.

통치자는 부드럽고 약한 자세를 취할 때만이 진정으로 강해질 수 있다. ("약함을 취할 수 있는 자만이 강하다."에서 파생됨《노자·52장》) 그러므로 성인은 겸손하고 냉담하게 행동해야 한다. "세상의 강과 바다가 온갖 지류의 존경을 받을 수 있는 것은 낮은 위치에 있기 때문이다. 그러므로 그들은 온갖 계곡물의 왕이 될 수 있다. 이러하기 때문에 성인이 백성을 다스리기 위해서는 그들보다 낮은 자세로 겸손해야 하며, 성인이 백성을 이끌고자 하면 백성 뒤에 자신의 이익을 두어야 한다. (중략) 그가 다투지 아니하니 천하의 다툼이 없는 것이다."《노자·66장》

　　위의 구절은 기본적으로 노자가 모든 통치자에게 간곡히 가르친 바인데, 그는 강과 바다가 천하의 모든 강물이 흘러드는 곳이 되는 이유는 가장 낮은 곳에 있기 때문이라고 생각했다. 그러므로 왕의 자리에 오르고 싶다면 겸손한 말과 행동을 해야 하고, 대중을 이끌고 싶다면 물러서는 태도를 보여야 한다고 주장했다. 군주가 그의 말과 행동으로 앞장서면 권력과 지위를 놓고 경쟁하지 않아도 만인이 복종하고 더불어 공로와 명성을 얻을 수 있다. 그런 경우, 그들의 존엄성과 명예는 타의 추종을 불허하고 논쟁의 여지가 없을 것이다. 이 노자의 말은 "유연한 성취"라는 그의 대전략이다. 그가 상상하는 성인은 천도天道의 길을 따르는 자이다. "경쟁하지 않고 이기고, 말없이 응대한다." 즉, 성인은 다투지 않고서도 이길 수 있고, 말을 하지 않아도 훌륭한 답을 줄 수 있다. 더구나 성인은 천도에 따라 스스로 찾아오고 계획하지 않아도 잘 되어가며, 너그러우면서도 능숙하게 잘 도모한다. 즉, 성인은 스스로 힘을 쓰지 않고도 현명하고 훌륭한 전략을 고안해 낼 수 있다. 즉, 성인은 소리치지 않고도 천하 만민에게 호소할 수 있고, 편협하고 옹졸하지 않은 현명하고 효과적인 계획을 세울 수 있다. 이에 대해 노자는 천도天道의 무한한 위력을 웅장하게 묘사했다. "하늘의 그물天網은 넓고도 넓다. 듬성듬성하지만 빠뜨리는 것은 없다."《노자·73장》 하늘의 둥근 천장穹宇은 땅과 그 모든 피조물 위에 드리워진 보이지 않는 그물과 같다. 그것은 느슨하고 엉성해 보일 수 있지만, 그물망에서 벗어 날 수 있는 것은 아무것도 없다. 만약 통치자가 천도天道의 법을 따를 수 있다면, 그 권력은 없는 곳이 없고, 위력은 미치지 못할 곳이 없다.

훌륭한 전략을 고안하는 것 외에, 개인의 수양에도 관심을 기울여야 한다. 그런 점에서 노자는 변증법적인 설명도 했다. 그에 따르면, 사람들은 인생의 화禍와 복福이 서로 뒤따른다는 것을 분명히 알아야 한다고 강조했다. "화는 복의 기반이며, 복은 화의 씨앗이다." 즉, "화가 다가올 때에는 복이 곁에 있고, 복이 찾아올 때에는 화가 숨어 있다." 이 얼마나 세상을 향한 시의적절한 경고의 말인가! 행복을 즐기는 동안 사람들은 불행을 피하기 위해 지나치게 방심하지 말고, 슬픔에 잠겨 있을 때에는 희망을 버리지 말라는 의미다. 이러한 화와 복의 상호 전환은 개인의 인생 경험뿐 아니라 가정, 사회, 국가, 그리고 세상 전체에도 적용된다. 하지만 가장 흔한 실수는 사람들은 행복 속에서 행복을 모르는 경우가 많다. 오히려 "지영수욕知榮守辱"이란 말도 잊은 채 무모하고 뻔뻔하게 행동한다. 또한 불행과 역경을 당했을 때 쉽게 자포자기하고 자해나 자살을 하는 경향도 있다.

결론적으로, 위의 두 단락의 주요 개념은 역시 삶의 조화, 개인과 사회의 조화를 추구하는 것이다. 노자는 화와 복의 상호 전환을 설명할 때, 처세 철학에서 한발 더 나아가 "공격의 힘을 이해하되 절제하는 자세를 유지하라."라는 원칙을 제시했다. 이것은 한 사람이 뛰어난 비전과 위대한 전략을 가지고 있더라도 함부로 드러내지 않고, 잠복하여 기회를 기다리는 것을 의미한다. "밝음의 힘을 이해하되 어둠의 겸허함을 지킨다."는 것은 밝음의 존재를 인정해야 하지만, 무지는 행복이고 위대한 지혜는 어리석어 보일 수도 있음을 알아야 한다는 개념이다. "영광을 알지만 욕辱을 지킨다."라는 말은 명예와 향락을 누리면서도 겸허하고 품위 있게 대처해야 한다는 것이다. "갓난아기로 돌아가기"(영아는 가장 유약하지만 가장 왕성한 생명력을 발산함), "무한 우주로의 회귀"(무한 우주는 그의 재능이 빛날 때까지 기다림), "통나무로 돌아가기"(평범함을 유지해야 세상을 아우를 수 있음)를 할 수 있는 그러한

사람을 우리는 성인이라 부른다.《노자·28장》

　　여기서 노자는 우리에게 적절히 나아가고 물러서는 전략을 가르쳐 주었다. 이를 통해 우리는 쉽게 임무를 완수하고, 절제하며, 예기치 않은 상황에 대비할 수 있다. 이러한 접근은 내가 앞서 논한 노자의 다른 개념들, 즉 "도道는 비어서 깊으니, 쓸 때 차있는 법이 없다.道沖而用之或不盈" 또는 "도道는 빛과 어울리고 티끌과 하나 된다.和其光, 同其塵"와 같은 이치다. 과도한 노력은 에너지를 너무 빨리 소진시키고 더 이상 움직일 수 없기 때문에 종종 역효과를 낸다. 무슨 일이 있어도 모든 것의 중간 지점을 겨냥하고 적당한 힘을 사용해야 한다. 적당한 힘을 발휘할 수 있는 능력은 오랜 훈련이 필요하며 쉽게 달성할 수 없다. 오직 그러한 성인만이 남을 알고 자신을 알 수 있고, 노자의 말처럼, "타인을 아는 사람은 지혜롭고, 자신을 깊이 아는 사람은 명철明哲하다."《노자·33장》는 것이다. 만약 당신이 다른 사람의 능력을 잘 알고 그것을 적절히 활용한다면, 그것은 당신의 지혜를 반영하는 것이다. 스스로의 장점과 약점을 안다면, 그것은 냉철함을 보여주는 것이다. 노자는 성인에게 "욕망으로부터의 자유"《노자·34장》를 주창하여, 내적 욕망과 외적 욕망을 모두 불식시켰다. 이것은 자신의 성찰과 관련된 작은 문제이자 최소한의 요구 사항이다. 더 나아가 그것은 더 큰 욕망을 자제할 것을 요구한다. "만물은 그 권위에 복종하나, 자기를 주인이라고 주장하지 않는다."《노자·34장》 만물은 대도에 의지하여 생겨남에도 자랑하지 않고, 공을 이루어도 소유하지 않는다. 스스로 크다고 하지 않기에 크게 이룬다. 이 말은 도道에 아주 가까운 것이다. 당신이 고귀한 성품을 지녔고, 실제로 성인의 경지에 이르렀음에도, 내심 자신이 비범하다고 생각하지 않기 때문이다. 그것은 실제적으로 "위대하다고 주장하지는 않지만, 그는 실로 위대한 성인이다."《노자·34장》

이러한 관점에서 보면, 노자의 소위 "부쟁不爭", "유약柔弱", "겸손한 자세"의 개념은 최대의 진격을 위해, 그들과 경쟁하지 않기 위해, 유약함이 강함을 이기기 위해 고안된 것이며, 그러한 전략을 통해 실제로 존엄하고 숭고한 성인이 되기 위한 것이다.

　　그렇다면, 왜 노자는 "성인聖을 멀리하고 지혜智를 버리라."는 주장을 펼쳤을까? 여기서 "성인聖"은 백성을 인의예법으로 다스렸으나, 천도의 법을 지키지 아니한 자를 말한다. "지혜智"는 "지혜와 슬기로움이 나타나면 큰 위선이 따른다."에서 말한 것과 같은 개념이다. 왜냐하면 위대한 도가 세상에 득세하는 한, 불필요하고 지나치게 복잡한 형식과 인의仁義는 모두 쓸모없다고 생각했기 때문이다. 본래의 대도는 인仁도 악惡도 없고, 대도를 버려야 비로소 인仁이 나타난다는 사실에 있다. 성인이 무위無爲로 다스리는 세상에는 "인仁"으로 다스릴 필요가 없다. "어질지 못한不仁" 무리가 없었기 때문이다. 노자老子에는 또한 오해하기 쉬운 두 문장이 있다. "천지는 인자하지 않으니, 만물을 지푸라기로 엮은 개를 대하듯 한다. 성인도 인자하지 않으니, 사람들을 모두 지푸라기로 엮은 개를 대하듯 한다."《노자·5장》 여기서 노자는 천지와 성인을 비난하는 의도가 전혀 없다. 그가 말하고자 하는 바는, 짚개같은 풀처럼 순박하고 평범하며 지혜나 위선이 없는 존재들을 말한다. 이러한 존재들은 오직 "도에서 태어나 덕으로 길러졌기"때문에 "도를 공경하고 덕을 귀하게 여긴다."《노자·51장》 도에 대한 존경과 덕의 고양은 누구의 명령도 받지 않고 모두 자연스러운 것이다. ("도의 존엄함과 덕의 귀함은, 누구에게서도 명령받지 않고 항상 자연스러운 것이다.") 이제 우리는 "짚개"가 경멸적인 용어가 아니라는 것을 알았다. 따라서 "하늘과 땅은 인자하지 않다."라는 말은 천지가 대도大道를 따르기 때문에 인仁이 없어도 만물은 저절로 산다는 뜻이다. "성인은 인자하지 않다."라는 것은 통치자로서 인仁을 알지 못하면서도 대도大道를 따르니 백성들이 자족하며 산다는 것이다. 이에 노자는 우리에게 자신의 이상주의적 왕국을 다음과 같이 묘사했다. "나라는 작고 백성이 적어야 한다. 수백 가지 도구가 있으나 쓰이지 않고, 백성들은 생명을 소중히 여기고 멀리 이주하지 않으며, 비록 배와 수레가 있어도 타는 일이 없고, 갑옷과 무기가 있어도 내보일 일이 없다. 차라리 매듭을 지어 녹음의 시대로 돌아가야 한다."《노자·80장》 즉 인구가 작은 나라에서는 도구가 많아도 사용하지 않고, 생명을 소중하게 여기고 먼 곳으로 이주하기를 꺼린다. 나라의 크기가 작고 서로 방문하는 관습이 없기 때문에 배나 수레가 필요하지 않으며, 무기는 있어도 다른 사람을 위협할 필요가 없다. 문자는 순전히 불필요한 것이니, 매듭을 지어 일을 기록하는 것이 훨씬 더 낫다. 이런 나라의 사람들은 "그들 음식이 달고, 옷도 아름다우며, 집이 편하고, 풍속을 즐긴다. 이웃 나라 사람들이 눈에 보이고, 닭과 개의 소리가 들리지만, 그들은 늙어 죽을 때까지 서로 왕래하는 일이 없다."《노자·80장》 바꿔 말하면, 이 나라 사람들은 풍족하게 먹고, 해가 뜨면 일하고, 해가 지면 쉰다. 사람들의 풍속은 단순하고 평범하다. 서로를 볼 수 있고, 닭 우는 소리와 개 짖는 소리를 들을 수 있으니, 국가가 멀리 떨어져 있지 않다. 그럼에도 불구하고, 사람들은 늙어 죽을 때까지 결코 이웃을 방문하지 않는다.

노자의 시대에는 여러 나라가 끊임없는 전쟁에 시달렸고, 이로 인한 사회적 격변은 고대 삶의 방식에 대한 열렬한 감망을 불러일으켰다. 그가 묘사한 완벽한 사회는 순전히 낭만적인 환상이다. "할 수 없다는 것을 알면서도 할수 있다."고 생각하고, "그럴 리 없다는 것을 알면서도 그렇게 된다."고 생각하는 것은 얼마나 고통스러운 일이었을까! 그러나 노자의 사회적 이상은 결코 사회적 퇴행을 의미하는 것이 아니다. 그가 느꼈던 큰 슬픔은 그의 간절한 감망을 대변한다. 물질적 번영과 영적 안녕이라는 측면에서 사회적 진보만을 고려한다면, 노자의 사상을 역사적 퇴행으로 볼 수도 있다. 노자의 사상을 전체적으로 살펴보면, 이 마지막 묘사가 사실 완벽한 결말이라는 것을 알게 될 것이다. 왜냐하면 그는 우주, 사회, 국가 통치 및 처세 철학에 대한 그의 견해를 우리에게 완전하게 설명해 주었기 때문이다. 모든 것은 그 시대의 퇴폐와 혼돈에 대한 것이었지만, 동시대인과 미래 세대 모두에게 경고가 되고 있다. 그의 사회적 이상은 결코 진정한 복고를 꾀하는 것이 아니다. 그는 이것이 옛날 생활의 추억에 불과하다는 것을 알았으며, 그것이 보여 준 평범하고 소박한 삶이 얼마나 매력적이었는지, 그리고 오늘날의 전쟁과 혼란, 사람들의 마음이 변질된 것이 얼마나 타락한지를 알았다. 이제 사람들은 다시 그의 철학을 깊이 음미할 것이다. 아, 원래 그는 모든 것이 "무위를 통한 통치"라는 그의 이상을 위해 정교하게 길을 닦은 것이었음을 뒤늦게 깨닫게 된다. 사실, "무위를 통한 통치無爲而治"는 그의 철학을 채택한 후대의 통치자들 가운데, 누구도 "소국과민小國寡民"의 세계로 퇴보하지 않았다. 오히려 재건 이후 그들은 항상 그들의 나라를 급속한 발전으로 이끌었고, 고대 역사에서 가장 위대한 제국을 건설했다. 한나라 왕조가 그 예이다.

노자의 이상국은 인구가 적은 작은 나라였지만, 국가를 다스리는 그의 전략은 실제로 강력한 제국의 부상을 위한 길을 닦았다. 노자의 미학 사상 역시 소리와 색채를 반대하고 감각을 부정하지만, 중국 미술 발전에 긍정적인 영향을 미쳤다. 이것은 인류 문명의 역사에서 참으로 기이한 일이다. 바로 노자의 사고방식이 한 줌 안의 세상만 보는 얕은 시각이 아니고, 제한적인 틀 속에 갇힌 편견이 아니며, 인간의 한정적이고 짧은 역사 속에서 형성된 작은 지혜도 아니기 때문에, 우리는 "모든 신비의 문을 여는 가장 심오한 것"이라는 그의 원리의 도움으로 우주의 완전한 조화를 이해할 수 있다. 만약 이러한 조화에서 비롯된 예술 작품이 실제로 그 막막한 도를 구현했다면, 노자의 철학은 오히려 소리와 형체에 대한 반대를 강조하는 것이 아니라, 무형적으로 인간이 창조한 눈에 보이는 형체와 귀에 들리는 소리를 오히려 부추기는 역할을 할 것이다. 만약 인간의 기교가 진정으로 그 몽환적인 "도"에 가까워진다면, 그것은 노자가 반대했던 소소한 지혜를 버리고 큰 지혜를 추구하는 것과 일치하지 않을까?

실제로, 우리는 노자의 《도덕경道德經》에서 인류가 창조한 아름다움에 대해 찬양하는 문장을 단 한 구절도 찾아볼 수 없다. 심지어 80장에서 언급하는 "그들의 음식이 달고, 옷이 아름답고, 집이 편안하며, 풍속을 즐긴다."라는 문장에서도, "옷이 아름답다.美其服"는 것은 그들의 "옷차림이 아름답다."라는 것이 아니라 "옷차림이 즐겁다.(기꺼이 입는다.)"라는 뜻으로, 노자가 "달다甘", "아름답다美", "편안하다安", "즐긴다樂"라는 네 가지 형용사를 사용한 것은 소국과민의 세상에 사는 사람들이 항상 행복한 삶을 살았다는 생각을 전달할 뿐이다.

노자가 생각하기에 인간이 아름다움과 추함의 차이를 판단하는 이유는 대도가 버려졌기 때문이다. 미덕이나 윤리처럼 아름다움은 좋은 것이 아니어서, "세상 만민이 아름다움美이 무엇인지 알게 되면 추함이 생긴다."라는 말이 있다. 아름다움의 존재는 추함과 악함의 존재에 기인한다. 노자의 말에, "대도가 사라지니 인의仁義가 생겼다."라는 말이 있다. 이는 "대도가 사라지니 아름다움이 생겼다."라는 말로도 바꿀 수 있다.

동주東周의 사회적 격변과 물질적 탐닉을 목격한 노자는 지배층에 대한 경멸과 분노로 가득했다. 아치형과 뾰족한 지붕으로 화려하게 장식된 궁궐, 후궁과 시녀들의 퇴폐적인 생활 풍조, 끝없이 펼쳐지는 호화로운 연회, 사냥에 쓰이는 빠르고 강한 말들, 희귀하고 귀한 기구들, 이 모든 것들은 이러한 평범하고 단순한 자연, 사심 없고 수호적인 하늘, 이타적이고 영속적인 대지에서 벗어났다. 이는 결코 성인의 뜻이 될 수 없었다. 대중의 욕망을 크게 어필했던 그 모든 귀한 재산과 미인들을 과시하지 않았다면, 대중은 혼란과 유혹을 받지 않았을 것이다. ("오색五色은 눈을 현혹시키고, 오음五音은 귀를 멀게 하고, 오미五味는 혀를 둔하게 하며, 승마와 사냥은 사나움을 일으키고, 희귀한 귀중품은 탐욕을 자극한다."《노자·12장》 "진귀한 것을 귀히 여기지 아니하여 아무도 도적질하지 않게 하고, 욕심을 부추길 만한 것을 전시하지 아니하여 아무도 미혹되지 않게 하라."《노자·3장》) 사회에서 허영에 이르는 모든 것은 "도道", "순박함大朴", "자연自然"에 어긋나며, "도", "순박함", "자연"이야말로 우리 모두가 이해하고 추구해야 할 무위의 경지이다. 위대한 아름다움이 있는 무형의 사물들과 이미지들은 형태 없는 형태, 실체 없는 물질, 그리고 아름다움이 없는 아름다움이다. 우주의 무한함은 무이고, 완전한 아름다움은 아름다움이 없는 것이다. 이것이 노자의 한결같은 깨달음이다.

예를 들어, 미국의 라스베이거스는 세계 최대의 도박 도시로, 감각적인 쾌락을 맛볼 수 있다. 그곳은 인간의 욕망을 무한정 부풀게 하는 곳으로, 그야말로 인간의 "탐욕 도시"라고 부를 수 있다. 눈부신 조명, 눈 앞에 펼쳐진 화려한 돈, 멋진 여성들, 그리고 거대한 빌딩들은 확실히 "사람들을 열광시키기"에 충분하다. 하지만, 이 모든 것이 어디로 이어지는가? 회전하는 룰렛과 슬롯머신 위에서 오르내리는 레버는 인간의 소유한 모든 선善을 앗아갔고, 사람들이 온갖 나쁜 짓惡을 저지르게 했다. 라스베이거스의 예술은 또 어떠한가? 화려하고 경쾌한 소리와 빛, 귀청이 터질 듯한 댄스 음악, 향기로운 나체는 점점 더 예술에서 멀어지고 탐욕 바로 옆에 자리 잡으며, 소박하고 꾸밈 없는 자연과 완전히 단절되었다. 인간의 사소한 지혜가 만들어낸 "거짓"이라는 망토가 세상을 뒤덮고 있을 때, 우리는 정말 마음을 다잡고 예운림倪云林의 그림을 감상하거나 모차르트의 교향곡을 감상할 수 있을까? 인간의 작은 지혜가 만들어 낸 온갖 도박은 "거짓"의 전형이자 최고의 각주이다.

따라서 노자는 우리가 "순박함素과 질박함朴을 품고, 이기심과 욕심에서 자유를 추구해야 한다."라고 제안했다.《노자·19장》 "순박함"으로 번역된 "소素"는 원래 물들이지 않은 명주를 가리키기 때문에, 그것은 "색"과 "화려함"의 반대 의미이다. 따라서 순박함을 포용한다는 것은 모든 색을 씻어내거나 꾸밈이 없는 상태를 유지하는 것이다. "박朴"은 원래 다듬지 않은 통나무를 지칭하는 말로, 조각이나 연마 전의 질박한 상태를 의미한다. 따라서 겉모습과 속마음이 모두 순수하고, 흠이 없으며, 순박하고 꾸밈이 없어야 한다. 동시에, 우리는 "완전한 마음의 비움을 추구하고, 참된 고요함을 지켜야 한다."《노자·16장》 고요하고 맑은 영역에 도달하기 위해 우리는 이기심과 욕망을 줄이려고 노력해야 한다.

노자의 철학은 그 자체로 독립적인 체계를 갖추고 있기 때문에 "영원한 도常道"가 아닌 다른 모든 지식을 배제한다. 이는 다른 지식이 도에 대한 이해를 방해할 뿐만 아니라, 근본적으로 말해서 인의와 같은 "큰 위선"을 구현했기 때문이다. 인의仁義와 같은 것은 근본적으로 대도大道의 폐기로 생긴 것이다. 유일한 대안은 노자가 묘사한 것처럼 외진 산속에 자신을 고립시키고 사회의 번잡한 광경을 피하는 것이었다. "세상 사람들 즐거워하기를, 모두 소 잡아 큰 잔치를 벌이는 듯하고, 봄철 누각에 오른 것처럼 기뻐하는데, 나 홀로 담박하여 무슨 기미조차 보이지 않고, 아직 웃을 줄도 모르는 갓난아이처럼, 풀이 죽고 돌아갈 곳 없는 노숙자 같다."《노자·20장》 (세상 사람들이 높은 곳에 올라 봄을 만끽하고 큰 잔치를 벌이는 동안, 나는 어찌 외로울까, 아무런 길조도 없이, 아직 웃을 줄 모르는 아이처럼《설문說文·구부口部》, 집 없는 지친 방랑자처럼, 아무런 기척도 없이 홀로 서 있다. 또 지치고 초췌하여, 마치 상갓집 개 같다.《백호통白虎通·수명壽命》) 노자는 또 다음과 같이 묘사했다. "세상 사람들 모두 여유 있어 보이는데, 나 홀로 부족한 듯하다. 내 마음 왜 이리도 바보스러운지, 우둔하고 우둔하다! 세상 사람들 모두 밝은 데, 나 홀로 어둡고, 세상 모든 이 똑똑한데, 나 홀로 흐리멍덩하다!"《노자·20장》 즉, 남들은 인생을 마음껏 즐기며 사는 동안 나는 홀로 세상을 떠나 독립하였다. 모든 사람들은 영리하고 교활하지만 나 혼자 그렇게 무지했다. 노자는 자신을 "넓고 광대한 바다처럼 담대하기 그지없고, 표연히 부는 바람처럼 여색하기 그지없다.(왕필王弼의 주석에서는 아무런 구속도 없다.)"라고 묘사했다. 노자는 더 나아가 "사람들은 모두 쓸모가 있는데, 나 홀로 완고하고 비루하다. 나 홀로 뭇 사람과 달라서 만물의 근본道을 귀하게 여길 뿐이다!"《노자·20장》 사실, 나는 세상에서 "우둔하고 어리석은" 사람이 절대 아니다. 보라, 내 마음은 마치 바다의 요동 같고, 그치지 않는 바람이며, 자유롭고 굴레가 없다. 내가 세상 사람들과 그토록 다른 이유는 내가 도를 소중히 여기고 그것을 궁극적인 목표로 삼았기 때문이다. 왜냐하면 만물의 어머니인 도는 "홀로 우뚝 서서 변할 줄 모르고, 두루 행해도 위태롭지 않기 때문이다."라고 말했다.

노자가 깊은 명상에 빠져 있을 때, 그는 "눈이 아닌 배를 만족시키려 했다."《노자·12장》 이는 그가 내면의 경험을 소중히 하고, 눈으로 보이는 외부 경험을 거부한다는 것이다. 그는 또한 "감각의 모든 진입로를 차단"《노자·56장》하려고 노력했다. "마음의 완전한 공허함을 향해 노력하고 초 평온한 의식을 함양"해야만 우주가 작동하는 방식을 이해할 수 있는 침착한 정신 상태를 유지할 수 있을 것이며, 혼란스러운 물질적 소용돌이에서 벗어나 우주 자체로 돌아갈 수 있을 것이라고 믿었다. 우주 그 자체, 만물의 기원은 다음과 같다.

"마음의 완전한 공허함을 유지하면 만물이 지극해지고, 마음의 고요한 상태를 지키면 만물이 돈독해진다. 만물이 함께 자라날 때, 나는 그들의 되돌아감을 눈여겨본다. 무릇 만물은 무성하지만 저마다 그 뿌리로 다시 돌아간다. 그들은 그들의 운명인 뿌리에서 평온을 얻는다."《노자·16장》

노자는 어느 순간부터 이해의 과정을 이렇게 요약했다. "문밖으로 나가지 않고도 천하를 다 이해할 수 있고, 창밖을 내다보지 않고도 천도를 볼 수 있다."《노자·47장》 또한 그는 외부 경험이 많아질수록 천도에서 멀어진다고 생각했다. "멀리 나가면 나갈수록, 아는 것이 적어진다."《노자·47장》 위선이 만연하던 시대에 노자는 부패하지 않고 완전하며 완벽하게 완성된 인간의 본성에 도달하기 위해 천상의 도를 추구하기 시작했다. 이 손상되지 않은 인간의 본성은 원래의 평범함으로 돌아가 우주 본체와 함께 있는 것이다. 노자는 또한 세속의 아름다움은 아름답지 않다고 여겼고, "덕담"은 곧 믿을 수 없는 거짓말 덩어리라고 생각했다. 사실, "진실된 말은 아름답지 않고, 아름다운 말은 진실하지 않다."《노자·81장》

이러한 본래의 순수함으로 돌아가 세속적 아름다움을 반대하는 관념은 노자의 비미학적인 미학, 즉 위선을 거부하고 진실을 추구하는 일종의 미학으로 볼 수 있다. 자연 그대로의 소박함으로 돌아가려는 노자의 이상은 이후 수천 년 동안 중국의 문론, 서론, 화론에 지대한 영향을 미쳤다. 특히 위선적인 인의예교의 등장 이전에 노자의 사상은 뚜렷한 반역성을 가지고 있으며, 이는 후대의 장자莊子, 유협劉勰, 종영鍾嶸을 비롯하여, 명明나라의 서위徐渭, 원굉도袁宏道와 청淸나라의 석도石濤 등 많은 사람들에게 자신의 이론을 공식화 하는데 영감을 주었다. 노자 철학이 중국 산수화山水畵와 산수시山水詩에 미친 영향은 훨씬 더 깊었다. 춘추전국시대부터 노자의 사상체계가 확립

팔대산인의 화풍을 본받음仿八大山人(2006)

되면서, 불교는 한나라 때 중국에 점차 전파되었다. 위魏, 진晉시대 때 학자들은 불교와 도교의 영향을 받아 형이상학에 대한 담론을 시작했다. 중국에서 불교가 길들여진 이유는 주로 도교와 영적 개념에 대한 공통적인 이해를 공유했기 때문이다. 불교의 "공空"과 도교의 "무無"가 서로 통하였기 때문에 도가 학설이 깊이 자리 잡았고, 동양 불교 전파의 길을 열었다. 왕유王維가 불교를 숭배하면서도 그의 시에는 도교적인 요소가 많이 포함되었고 팔대산인八大山人이 불교와 도교 양쪽 모두에 관심을 가졌는지 쉽게 이해할 수 있다. 그리고 석도石濤는 승려임에도 불구하고《화어록畵語錄》은 도교를 근간으로 삼았다. 결국, 사람들이 우주의 변화를 관찰할 수 있도록 영혼을 정화시키고 기질을 연마하는 것이 불교와 도교의 바람이다. 사람들이 공명하고 바른 마음을 가지고 명석하고 예리하게 생각할 수 있어야, 수많은 번뇌 속에서 초연하게 벗어나 고요하고 평온한 마음으로 사물을 이해할 수 있다.

따라서 중국 시와 회화는 무형의 영성을 강조한다. 물론 중국 시화사에는 자기중심적이고 속된 무리들이 없지 않았지만, 그것은 중국 예술의 본질이 아니며, 더욱이 그 극치를 나타내는 것은 아니다. 참으로 비범한 중국의 고전 시와 회화는 "공허의 영역에 도달하는 자유로운 상상"과 "자연의 법칙을 따르고 내면의 성찰을 포착하는 원리"의 산물이다. 여기서 "공허의 영역"과 "내적 성찰"은 본질적으로 노자가 추구했던 보편적인 "하나 됨一"과 동일한 것이다. 노자는 다음과 같이 설명했다. "태곳적부터 '하나一'를 얻은 것들이 있다. 하늘은 하나를 얻어 맑고, 땅은 하나를 얻어 평온하고, 신은 하나를 얻어 신성한 영혼이 되고, 골짜기는 하나를 얻어 가득하고, 만물은 그것으로 말미암아 자라났다."《노자·39장》시인과 화가가 도와 일체의 영역에 도달했을 때, 그들은 "큰 채움은 공허한 듯하나 고갈되지 않는 충만함"《노자·45장》을 느낄 수 있다. 그래야만 "자연의 눈으로 사물을 관찰하고, 자연의 혀로 감정을 표현하고", "인간은 땅을 본받고, 땅은 하늘을 본받고, 하늘은 도를 본받고, 도는 '스스로 그러함'을 본받는 것"《노자·25장》이라는 노자의 영역에 도달할 수 있다. 그래야만 그들은 날실과 붓을 의식하지 않고 가장 자연스러운 작품만을 만들어 낸다. 명나라의 이일화李日華가 말했듯이, "마음이 텅 빈 상태에서 작업을 하면 천지의 생생한 기운이 강조된 흐릿한 아름다움의 장면이 종이에 자연스럽고 신비롭게 흘러나올 것이다."

중국 회화의 최고 경지는 모든 물질적 욕망, 모든 불필요한 규칙과 용법, 그리고 정신적인 성찰과 영적 유사성에 초점을 맞추는 모든 형상과 이미지를 넘어선 수준이어야 한다. 왜냐하면, 하늘 아래 만물은 우주의 본질인 "도"에서 파생된 것이기 때문이다. 화가가 도와 하나가 되었을 때, 그것은 궁극적으로 자연을 가장한 도영일 뿐이다. "대자연은 이미 시인이 되어 화가가 손에 술잔을 기울이면, 태양·달·별·산·강·호수·바다·하늘의 새와 바다의 물고기는 그의 모든 희망과 욕망을 담아낸다."《범증范曾·중국화추의中國畵芻議》

중국의 서화가는 크게 세 가지 유형으로 나눌 수 있다. 첫 번째는 영성靈性과 성찰感悟을 중시하는 자이고, 두 번째는 사생寫生과 이성理性을 중시하는 사람이다. 첫 번째 범주의 작품들은 주로 풍류를 즐기며, 우아하고, 처연하지만, 두 번째 범주의 작품들은 규율에 따라 행세하기 때문에 따분하고 지루하다. 전자는 한漢나라의 장지張芝·채옹蔡邕, 당唐나라의 왕흡王洽·왕유王維·회소懷素·장욱張旭·오도자吳道子, 오대五代의 석각石恪·관휴貫休, 북송北宋의 소동파蘇東坡·문여가文興可·미불米芾, 남송南宋의 양해梁楷·목계牧溪, 원元나라의 왕몽王蒙·황공망黃公望·예운림倪云林, 명明나라의 서위徐渭, 청淸나라의 팔대산인八大山人·석도石濤·정판교鄭板橋·이방응李方膺, 근대의 오창석吳昌碩·임백년任佰年과 현대의 전포석傳抱石·황주黃冑·이고선李苦禪

이다. 세 번째 부류는 고도의 이성에 의해 통제되는 고도의 열정을 지닌 사람들이다. 중고中古 시대의 왕희지王羲之·왕헌지王獻之, 당唐나라의 구양순歐陽詢, 저수량褚遂良, 청淸나라의 등석여鄧石如·이병수伊秉綬가 대표적이고, 근대 화가로는 이가염李可染, 장조화莊兆和가 가장 대표적이다. 첫 번째와 세 번째 부류는 각 시대마다 수많은 거장을 배출했지만, 두 번째 범주는 여기에 열거할 수 없을 정도로 평범한 인재들만 넘쳐난다. 어느 화가가 석경산石景山에 이르러 높은 용광로를 보고 스케치를 했다. 그는 용광로 위의 나사와 리벳을 하나하나 꼼꼼하게 그렸는데, 지루함을 느끼지 않았다. 그가 가장 놀라운 발견이라고 생각한 것은 쇠똥구유의 촉수가 두 갈래로 갈라져 있고, 각 마디는 총 14개라는 것이었다. 이렇게 어리석은 사실도 있을 수가 있어 한숨이 나온다. 이런 놀라운 목도성은 세세한 부분까지 신경을 쓰면서도 "일엽장목 때문에 태산을 보지 못한다."라는 말을 잘 대변해 준다. 세부 사항에 지나친 주의를 기울이게 되면 전체 그림을 볼 수 없게 된다.

중국 화가는 영적인 영감과 깨달음을 중시하기 때문에 뛰어난 예술가들의 사상은 푸른 바다처럼 광대하고 숲을 휩쓸고 지나가는 회오리바람처럼 강렬하다. 노자는 "바다처럼 고요하고, 그치지 않는 바람 같다."라고 했다. 그래서 미불米芾은 맑은 샘과 기암괴석에 중독되었고, 연기와 안개에 대한 깊은 애착을 가지고 있어서 영감이 떠오르면 거의 자제할 수 없었고, 마치 매가 홍조를 띤 토끼를 타고 내려오듯 재빠르게 그림을 완성했다. 또 다른 예로는 서예가 황정견黃庭堅이 있는데, 그는 굶주린 독수리나 목마른 말처럼 거침없는 결단력으로 작업을 하여 강력한 스타일을 만들어냈다. 서예가나 화가가 사물의 세세한 부분에 연연하지 않을 때, 그들의 영감은 신성한 매력처럼 폭발하여 정판교鄭板橋가 "늦가을의 맨 나뭇가지처럼 벗겨지거나 이른 봄의 새로운 꽃처럼 전령 역할을 한다."라고 묘사한 일종의 서예 작품이 탄생할 수밖에 없다. 바로 영적 이해의 추구에서 영감을 받은 필연적인 예술적 표현이다. 만약 화가가 자신의 작품에서 외형적인 유사성만을 중시하고 본질적인 매력을 추구하지 않는다면, 소동파蘇東坡가 시에서 "그럴듯한 겉모양만 보고 그림의 질을 판단하는 것은, 그림을 보는 수준이 아이나 다름없다."라고 묘사한 것과 같다.

같은 맥락에서, 왕국유王國維는《인간사화人間詞畵》에서 "만약 자신의 글에 오묘함과 함축성을 불어넣지 못한다면, 결코 일류 작가가 되지 못한다."라고 평했다. 나는 언젠가 정판교의 그림에 붙인 시에 대한 화답시를 쓴 적이 있다. 그는 이렇게 썼다. "내가 그린 대나무는 정말 청량하고 상쾌해 보인다. 한여름인데도 본당에 그림을 걸면 벌써 가을이 온 듯 무더위를 쓸어버린다." 이 시는 "말로 표현할 수 없는 말言外之味, 현으로 표현할 수 없는 울림弦外之響"을 잘 드러낸 좋은 시다. "위대한 시인이라도 나에게 어떻게 답할지 상상이 안 간다."라는 추신을 덧붙여서 따라 하기 힘든 행동임을 암시했기 때문에 오히려 노선생은 자랑스러워했으리라 짐작된다. 나는 옛사람과의 교감을 쌓는데 관심이 있어 답례로 시를 지었다. "소소하고 평범한 스타일을 좋아하는 당신이 어떻게 무성한 잎을 좋아하겠는가? 나도 당신처럼 내 그림의 불필요한 부분을 모두 제거하고 파란 하늘을 드러낸다. 내가 최선을 다해 그림을 그리고 있을 때 소매 밑으로 시원한 바람이 불어왔다." 여기서 정판교에게 반문하고 싶은 것은, "번잡함을 제거하고 간결함을 유지하기 위해 모든 불필요한 것을 제거"하고 "늦가을의 느낌을 주기 위해 잎을 떼낸다."라고 공언했는데, 당신은 어째서 명明대의 하창夏昶과 고안顧安 같은 사람들의 그림에서 잎이 무성한 대나무를 좋아할 수 있는가? 당신은 그림을 완성하고 화당에 걸었을 때 비로소 화당에 가을바람이 불어왔지만, 나는 그림을 그릴 때 이미 소매에서 시원한 바람이 불어왔다. 이것은 비록 문인들 간의 유희였지만, 모두 자연의 법칙을 따르는 도와 하나 됨을 추구하는 원리를 설명해 주고 있다.

중국 화가들이 외관을 넘어 자연물의 본질에 깊숙이 파고드는 과정은 자연과 영성을 결합시키는 과정과 동일하다. 오대五代 화가 황전黃筌과 서희徐熙를 평한 유명한 말이 있다. "황전의 작품은 풍부하고 화려하지만, 서희의 작품은 거친 묵필로 소박하고 우아하다.黃筌富貴, 徐熙野逸" 중국 문화 기준으로 예술작품을 "풍부하고 화려하다."라고 표현하는 것은 칭찬은 아니지만, "소박하고 우아하다.野逸"라고 표현한다면 높이 평가할 만하다. "붓놀림은 정확하고 섬세해야 하며, 진정한 사상은 탁월해야 하고, 색채의 사용은 강조할 필요가 없다."라고 말한 오대五代 형호荊浩의 관찰은 그림의 정밀함과 섬세함이 색채의 표시에서 나오는 것이 아니라 그 사상의 본질에서 나온다는 것과 유사하다. 역사를 통틀어, 중국의 철학적 사고와 문학적 성취는 나란히 앞서는 형세를 보였지만, 회화는 중고 시대에 현저히 뒤처졌다. 예를 들어, 《고화품록古畵品錄》에서 고개지顧愷之에 대해 남제南齊의 사혁謝赫은 이렇게 평가했다. "그의 그림은 주제에 대한 깊은 이해를 전달하고, 붓놀림도 정확하고 섬세하며, 한 획 한 획을 신중하게 고찰하고 있다. 하지만 그의 붓놀림은 그의 생각을 충분히 표현하질 못했고, 그의 명성은 과대평가되었다." 당시 고개지는 높이 평가받았지만, 그의 그림은 결코 "훌륭하게 상상하고 정교하게 구현 된" 이상에 이르지 못해 다소 과대평가된 것을 알 수 있다.

노자의 영향을 많이 받은 《열자列子·설부說符》에는 구방고九方臯가 말을 심판한다는 이야기가 나온다. 진晉나라의 목공穆公이 상마相馬(말을 감정하는 일)의 고수인 백락佰樂에게 물었다. "당신은 나이가 많으니, 당신의 일족 중에 말을 잘 식별하는 사람이 있습니까?" 백락이 대답했다. "천하에 훌륭한 말을 식별할 줄 아는 사람은 극히 드뭅니다. 재능이 부족한 내 아이들은 평균 이상의 말은 알아볼 수 있으나, 최고의 말은 구별하지 못합니다. 나와 함께 땔감을 모으던 구방고라는 사람이 있는데, 그의 상마 재주는 나와 다름없으니, 한 번 만나보시면 좋겠습니다." 진목공은 그를 만난 후, 천리마를 구하도록 명령했다.

석 달 후, 구방고가 돌아와서 진목공에게 사구沙丘에서 갈색 암말을 발견했다고 알렸다. 진목공이 사자使者를 파견하여 천리마를 데려오게 하였는데, 알고 보니 검은 종마로 판명되었다. 화가 난 진목공은 백락을 불러 질책하였다. "당신이 추천한 구방고는 상마고수가 아니오. 그는 말의 색과 암수도 분간하지 못하는데 무슨 천리마를 찾을 수 있단 말이요?" 백락은 긴 한숨을 지으며 말했다. "구방고는 말의 진가를 보았을 때, 본질에만 집중할 뿐 나머지는 소홀히 합니다. 말의 형체와 골격과 털빛에서 찾아볼 수 없는 말의 기상을 봅니다. 말의 정기를 보고 그 형체를 잊어버리며, 말의 외형보다는 내면에 치중합니다. 그는 자신이 보아야 할 것을 볼뿐 보지 않아도 되는 것은 보지 않았습니다. 그는 응시해야 할 것을 응시하고, 응시하지 않아도 되는 것은 응시하지 않았습니다. 구방고처럼 말을 잘 보는 사람은 그의 능력이 단순히 말만 보는 데 국한되지 않습니다. 그런 재능을 가진 그는 틀림없습니다." 말을 끌고 와 보니, 과연 천하에 둘도 없는 천리마였다. 명나라의 호응린胡應麟은 "구방고의 상마고사는 남화본南華本에서 시인들을 위한 것이 아니었지만, 시인들의 최고의 깨달음은 모두 이 이야기에 담겨 있다."라고 평한 바 있다.《시수詩藪》

내가 열자의 이야기를 길게 되짚은 이유는 그것이 그림, 시, 산문, 사회뿐만 아니라 정치에도 시사하는 바가 있기 때문이다. 소동파蘇東坡는 《논화산수論畵山水》에서 같은 이야기를 언급하면서, "화가들은 말이 질주하는 방식을 연구하고 그들의 생명력을 포착해야 한다."라고 지적했다. 이것이 바로 중국 사의화寫意畵가 추구하고자 하는 바이다. 청나라의 소매신邵梅臣은 그의 《화경우록畵耕偶錄》에서, "사의화에서 가장 중요한 것은 그 관념意이며 흥미롭고 재미있어야 한다. 재미와 생생함 없이는 관념이 없다. 이것이 그림을 가치있게 만드는 유일한 것이다."라고 말했다.

모든 위대한 예술가들은, "외모보다 내면에 초점을 맞추고, 본질적인 부분에만 집중하고 나머지는 무시한다."라는 점에서 구방고와 같은 능력을 가져야 한다. 북송北宋의 심괄沈括은 《몽계필담夢溪筆談·서화書畵》에서 "그림을 감상하는 가장 좋은 방법은 그 정신을 이해하는 것이다. 이미지와 대상을 그 매력의 열쇠로 여기지 말아야 한다."라고 썼다. 여기서 "정신"과 "매력"이라는 말은 바로, "마음의 완전한 공허를 향해" 노력하고 "삶의 순환을 관찰"하여, 모든 번성하는 것들이 "본래의 뿌리로 돌아오게 하는" 이상적인 영역을 의미한다. 편안한 마음으로 자연을 이해하려고 노력함으로써 자연의 고유한 생명력을 포착할 수 있을 것이다.

모든 조각품과 표면의 화려함은 "진짜"가 아니라 "거짓"이다. 마찬가지로 가장 가치 있는 성품도 진실함이다. 불교에 깊은 영향을 받아 성리학을 맹렬히 공격했던 이지李贄는 《동심설童心說》에서 거짓을 버리고 진실을 지키는 자신의 사상을 명확히 밝혔다. "동심童心이란 일절 거짓 없이 순수하고 참되며 마음속 밑바닥에서 우러나온 최초의 생각이다. 동심을 잃으면 진심을 잃는 것이고, 진심을 잃어버리면 진정한 인격을 잃게 된다. 사람이 되어서 진실하지 않으면 마음속 깊은 곳에서 우러나온 최초의 생각을 회복하지 못한다." "평범함으로 돌아가기"와 "영유아기로 돌아가기"라는 노자의 생각과 일관되게, 열자는 근심 없는 마음으로 자연을 이해하려고 노력한다면, 그는 어린아이와 같은 마음을 가질 수 있다고 강조한다. 왕국유王國維는 특히 《인간사화人間詞話》에서, "시인은 어린아이처럼 순수한 마음을 잃지 않은 자이다. 고로 구중궁궐에서 태어나 아녀자 손에서 자란 것은 남당후주가 군주가 되기에는 단점이 되었으나 시인으로써는 장점이기도 하다. 객관적 시인이고자 한다면 세상 경험이 많아야 하니, 세상 경험이 깊을수록 소재는 더욱 풍부하고 다양해진다. 《수호전水滸傳》과 《홍루몽紅樓夢》의 저자가 모두 이에 속하지만 주관적인 시인들은 세속적인 경험을 많이 할 필요가 없다. 세상 경험이 미천할수록 그 성정은 더욱 진실되니, 이李후주가 이 범주의 한 예일뿐이다." 가식과 위선을 일관되게 반대하는 한시와 회화는 항상 진실하고 순수한 감정과 신념의 표현을 목표로 삼았다. 이지李贄를 극도로 추앙했던 원굉도袁宏道는 이지에게 보낸 편지에서 다음과 같이 말했다. "다행히 내 침대 머리맡에 '분서焚書(태울 책)'를 한 권 보관하게 되어 영광입니다. 내가 슬플 때 그것은 나를 위로해 주고, 내가 아플 때 비장을 튼튼하게 해주고, 졸릴 때는 나를 깨어 있게 해 줍니다." 원굉도의 시론에 대한 "성령설性靈說"은 이지의 "동심설童心說"과 많은 공통점을 공유하고 있다. 그는 진실함을 아름다움으로 간주하고, 그의 동생인 원중도袁中道의 시에 대해 다음과 같이 평가했다. "대부분 그의 시는 정신적인 갈망을 거리낌 없이 표현하고 있다. 마음에서 우러나온 감정이 아니라면 절대 종이에 붓을 대지 않는다." 원굉도는 그의 형 원종도袁宗道에게 보낸 편지에서 다음과 같이 썼다. "최근 나는 시학詩學에서 많은 발전을 이루었고, 여러 시집을 썼으며, 시에 대한 생각과 시에 대한 감상의 폭을 넓혔다. 세상은 전통적인 시만을 시로 여기지만, 나는 '나무막대기《打草竿》'와 '깨진 옥《劈破玉》'도 시로 여기고 있어 읽는 재미가 꽤 쏠쏠하다." 《원중랑척독袁中郎尺牘》('나무막대기《打草竿》'와 '깨진 옥《劈破玉》'은 모두 대중적인 민요임) 이것들은 자연스럽고 순박한 매력을 지니고 있었기 때문에, 원굉도는 자연의 아름다움을 추구하고 송·명宋明 왕조의 사이비 유교와 성리학의 가치 없는 추종자(신 유교의 학자들을 일컬으며, 위대한 현자가 아닌 파렴치한 유교 무리들을 가리킴)들을 경멸했다. 원굉도袁宏道가 서위徐渭를 존경하고 추종한 것을 보면 그의 혜안을 충분히 엿볼 수 있다. 서위는 방탕한 성격으로 원굉도가 태어나기 수십 년 전에 살았다. 위대한 예술가로써 서위는 너무나도 비극적인 최후를 맞이했기 때문에 후세들은 그를 기억하지 못할 것이다. 그러나 원굉도는 그의 시를 "선조들의 가치"로 여겼고, "그의 시를 현대의 거장으로 알고 있다."라고 극찬했다. 서위의 예술 비평은 간결하고 인본주의적 접근을 주장했다. 그는 도덕윤리라는 성리학의 이상에 반대하여 통치에서 인간의 본성적 가치를 따르는 인본주의의 원칙을 제안했다. 그는 나아가 모든 인간의 이해는 자연에 대한 이해에서 비롯된다고 주장했다. 예외 없이 이지의 "동심설童心", 원굉도의 "성령설性靈", 서위의 "인본주의本體", 왕국유의 "순수한 마음赤子之心"은 모두 예술의 가장 기본적인 원리인 "진실眞"을 강조했다. 반면에 모든 위선, 가식, 그리고 사회화는 문학과 예술의 주요 적이다. 자연의 웅장한 소리처럼, "도법자연道法自然", "뿌리로 돌아가기", "영유아기로 돌아가기", "무한으로 돌아가기", "평범함으로 돌아가기"라는 노자의 사상은 중국 문학과 예술의 모든 영역에 울려 퍼졌다. 노자는 "자연의 웅장한 소리는 드물다."라고 말했다. 그러나 노자 사상의 장엄한 선언은 수천 년 동안 이어져 왔으며, 심오한 생각이 그토록 광범위한 영향을 미칠 수 있다는 것을 증명했다. 노자의 자숙 상태, "마음의 완전한 공허함을 추구하고 매우 고요한 의식을 연마한다."는 것은 내면의 찌꺼기를 정화하는 것이다. 그래서 노자가 제자들에게 "우주 만물에 대해 깊이 생각할 때, 모든 오염으로부터 마음을 완전히 자유롭게 할 수 있겠는가?"《노자, 10장》라고 문제를 제기한 이유다. 실내에 머물면서 창밖을 내다보지 않고 깊이 생각하고, 내면의 소리에 귀를 기울이면서 노자는 우주의 기원과 만물의 흥망성쇠의 근본 원인을 이해했음을 상상할 수 있다. 그는 인류의 작은 지혜가 출현함에 따라 큰 위선이 번창했으며, 대도가 버려진 후 그릇된 인仁과 덕德이 널리 퍼졌다고 믿었다. 노자는 "무위이치無爲而治"의 현명한 방식을 철저히 설명하면서 관능적 쾌락의 교란과 명예와 부귀의 유혹을 단호히 거부했다. 그는 스스로 교제를 끊고 세상과 단절하여 "강호에서 서로를 잊다"《장자·천운》라는 삶을 선택했다. 그는 자연의 품으로 돌아가 조용히 자신의 길을 걸었다. 그는 인간의 기교가 만들어 낸 거짓된 아름다움을 경멸하며, 그는 "서투름"과 "간교함"의 차이에 따라 큰 아름다움大美과 작은 아름다움小美을 구분하는 "도법자연道法自然"의 위대한 아름다움을 추구했다. 옹졸함에 절대 혐오감을 느낀 노자는 "사람이 아는 것(기교)이 많아질수록 더 기묘한 것들이 늘어난다."《노자·57장》라고 말했다. 이러한 "자극적이고", "기묘한 것"들은 "눈을 현혹시키는 오색"과 "귀를 멀게 하는 오음"《노자·12장》도 포함된다. 여기서 오색은 파란색, 빨간색, 노란색, 흰색 및 검은색의 혼합과 다섯 가지 소리는 분명히 궁·상·각·치·우의 합창을 의미한다. 이렇게 "자극적이고", "기묘한 것"들은 또한 "세상의 모든 사람들이 아름답다고 생각하는" 모든 예술적 창조물들을 포함한다. 즉 노자는 "서투름"을 포용하는 위대한 수공예大巧의 반대인 자질구레한 수공예小巧를 절대적으로 경멸했다. 따라서 노자는 다음과 같이 말했다. "가장 큰 공은 다소 부족한 듯 하나 그 쓰임이 무궁하며, 크게 찬 것은 그 중심이 마치 빈 것 같으나 다함이 없고, 가장 곧은 선이 휘어 보일 수 있으나 그 능력은 강하고, 위대한 장인은 서투른 듯 하나 그 솜씨가 뛰어나며, 유창한 성인은 말을 더듬는 것 같지만 그 논리는 명확하다."《노자·45장》 "가장 위대한 성취大成"는 자연의 성취를 의미하는데, 비록 그것은 부족해 보이지만 끊임없이 변화하고 성장하며 영원히 지속될 수 있다. 최대의 용적량은 비어 있는 것처럼 보이지만 끝없이 사용할 수 있다. 직선은 곡선에 있을 수 있다. 위대한 기술은 어설픈 것처럼 보일 수 있고, 웅변적인 말은 더디게 느낄 수 있다. 예술에서 사소한 공예는 경박한 요행, 사소하고 불필요한 것과 눈부신 다양한 색상으로 표현된다. 광대한 하늘, 광활한 대지, 거대한 바다의 겸손한 웅장함에 비하면, 어색한 단순함의 진정한 아름다움, 그리고 추하지만 유창한 좌사左思의 웅변과는 완전히 다른 범주에 속하므로 서로 비교조차 해서는 안 된다. 따라서 중국 예술가들은 "공예의 서투름"(교활한 기술의 반대)과 평범하고 단순하며 자연을 포용하는 "순수한 어색함"을 예술적 취향과 붓놀림의 최고 기준으로 간주한다. 역사를 통틀어 부드러운 붓놀림을 우선시하는 사람들은 모두 이류 화가에 속하고, 매끄러운 붓놀림에 집착하는 사람들은 모두 저속한 화가에 속한다. 아무리 명성이 높더라도 진정한 예술 감각을 가진 사람들의 비난을 피하기 어려웠는데, 양주팔괴揚州八怪 중 한 사람인 황영표黃瘦瓢가 그 한 예이다. 양주팔괴 중 하나인 내 고향 친구 이방응李方膺(강소성 남통 출신)은 거칠고 빼어나 헤아릴 수 없고, 또 다른 양주 팔괴의 멤버인 정판교는 시서화에서 재능이 뛰어나 대가로 불렸지만, 붓놀림이 지나치게 날카롭고 서예의 구조가 지나치게 기괴하여 조금은 교묘한 흠이 있다. 물론, 내 평가가 다소 가혹할 수 있지만, 그의 노고에 대해서는 진심으로 감사하게 생각한다. 한때 그는 자기 자신에게 동기 부여하는 시를 쓴 바 있다. "지난 40년 동안 나는 많은 죽화를 그렸다. 나는 보통 밤에 개념화하고 낮에 그림을 그린다. 불필요한 것을 모두 제거하여 얇고 여분의 것만 보존한다. 더 이상 내 작품을 의식하지 않을 때, 나는 내가 훌륭한 작품을 만들어 냈음을 안다." 이를 통해 우리는 숙련되지 않은 상태를 유지하는 것이 얼마나 어려운 일인지를 충분히 알 수 있다. 금농金農의 어색함은 거의 서투른 것처럼 보인다. 대단한 공예와는 거리가 멀지만, 진농의 서예를 왕탁王鐸, 황도주黃道周, 부청주傅靑主, 이병완李秉綬, 등석鄧石과 비교하면, 대공과 소공의 차이가 확연하다.

중국 회화의 역사에서 나는 팔대산인八大山人의 작품이 서투르게 보이지만, 실제로는 가장 훌륭한 솜씨를 보여주는 대표 걸작이라고 생각한다. 비범한 재능을 지닌 팔대산인은 물질세계에 환멸을 느끼고 세속적 존재의 소란을 분개했지만, 그의 시와 그림은 마치 사회질서의 만연한 혼돈에 체념한 것처럼 사회적 비판과 세속적 견해를 표현하려고 하지 않는다. 기법 면에서 그의 필치는 힘을 내재화 하지만 날카롭지 않고 신선하고 독창적이면서도 복잡하지 않다는 점에서 "날카로움을 무디게 하고, 얽힌 것을 풀어주는 것"《노자·4장》이라는 노자의 교리를 훌륭하게 구현하였다. 그의 또 다른 특징은 "솔직하지만 주제넘지 않고, 밝지만 눈부시지 않다."《노자·58장》라는 노자의 사상을 구현한다. 팔대산인의 작품에서 위대한 정신력은 절제되고 결코 위압적이지 않으며, 그의 필묵은 광택이 화려하지만 결코 지배적이거나 압도적이지 않다. 오소선吳小仙 세대의 일부 시인들 작품에서 나타나는 위압적인 힘과 거친 소란스러움과는 대조적이다. 팔대산인의 붓놀림은 "세상에서 가장 부드러운 것이 가장 단단한 것을 이겨낼 수 있다."《노자·43장》라는 노자의 말을 구현했다. 최근 화가들의 작품에서 반천수潘天壽는 문체의 기호학적(상징적) 의미에 있어서 이고선李苦禪 보다 앞서 있다. 그러나 붓놀림의 근원적인 표현력, 특히 구애받지 않고 곧고 눈부시지 않게 밝아지는 점에서 이고선은 반천수를 훨씬 능가한다. 반천수는 도장에 "거칠고 사납다.一味霸悍"라고 새겨놓았다고 하는데, 그것이 자신을 낮추는 말인지 자기 동기 부여 인지, 아니면 단지 자기 작품에 대한 비판을 예상하고 미연에 방지하기 위한 것인지는 잘 모르겠다. 하지만 나는 "거칠고 사나운霸悍"은 아무리 생각해도 기질의 결점으로 봐야 한다고 생각한다. "패한霸悍"이라는 이 두 형용사를 더 분석해 보면, "패霸"는 "악惡"에 가깝고, "한悍"은 "흉凶"의 동의어이며, 두 용어 모두 아름다움이 아닌 추함의 범주에 속한다는 것을 알 수 있다. 물론 "거칠고 사나운"은 덜 악의적이라는 의미에서 "요괴스럽고 저속한"것보다 낫다. 그렇다고 앞의 두 단어가 전적으로 좋은 것이라고 말하는 것은 아니다. 반천수의 그림에 대한 논평은 전혀 다른 문제이다. 그의 그림은 "거칠고 사나운" 그림만은 아니라는 생각이 든다. 그 속의 투박함과 참신한 아름다움이 어찌 "거칠고 사나운霸悍"이라는 두 글자로 대변할 수 있겠는가?

노자는 지각적인 지식을 폄하했지만, 우주에 대한 관찰을 완전히 배제하지는 않았다. 그는 "도 안에 모든 만물의 비밀이 있다."《노자·62장》라는 자신의 말처럼, 자연법칙을 이해하려는 그의 약속을 잊지 않도록 만물의 번잡함에 현혹되지 않기를 바랐다. 만물의 비밀은 평범하고 소박해 보일 수 있으며, 그것을 이해하는 사람들은 누더기 옷을 입었을지언정, 그 속에 귀중한 옥을 품고 있다. 노자는 자신의 가르침이 단순하고 이해하기 쉽다고 여겼지만, 그는 깊이 감추고 드러내지 않았기 때문에, 그를 알고 이해하는 사람이 거의 없었다. 우리가 그의 말을 따른다면, 우리는 참으로 "거친 베옷 속에 귀중한 옥을 품은"《노자·70장》격이 될 것이다.

서진西晉의 철학자 곽상郭象은 노자의 "유는 무에서 비롯된다.有生於無" 또는 "유와 무가 서로 살게 해 준다.有無相生"라는 노자의 명제를 거부하고, "무는 무일뿐이며, 무는 유를 낳을 수 없다.無既無矣, 則不能生有"라고 주장했다. 노자의 "자신이 모든 것을 알지 못한다는 것을 아는 것이 현명함上이요, 자신의 무지를 모르는 것이 어리석은 일病이다."《노자·71장》라는 말은 여전히 자신의 무지를 아는 것이 낫고 자신의 무지를 인식하지 못하는 위험을 지적하는 반면, 곽상은 "무지의 지혜"을 신비로운 어둠의 영역에서 최고의 경지로 간주했다. 노자와 모순되는 입장의 곽상은 "우주의 본질은 혼돈의 자유로운 존재이며, 이것은 만물을 창조하거나 변화시키지 않으며, 만물 또한 자유로운 존재이며, 다른 것들로부터의 창조와 변화를 필요로 하지 않는다."라고 보았다.(사물 창조의 주인은 없고 사물은 저마다 스스로 창조된다. 모든 사물

은 다 스스로 창조 되고 어떠한 의존대상도 없는 것이 바로 천지의 본 모습
이다. 곽상《장자주莊子注·제물론齊物論》) 천지 만물의 존재는 조건이나 원인 없이
타인과 독립적으로 자연스럽고 자생적이었기 때문에, 곽상은 자신의 "신비한
어둠玄冥"의 영역에서 "고독한 변화獨化"라는 개념을 제시 했다. "독화獨化"
란 그림자 밖의 미세한 어둠(魍魎)조차도 물체의 존재 때문에 생겨난 것이
아니라 자연적으로 발생했다는 의미이다. 이러한 견해는, 중국 철학사에서
신비주의의 정점을 대표하는 것으로 노자의 도道 사상과 상반될 뿐만 아니라
장자의 교리에도 크게 벗어났다. 곽상은 장자에 주석을 달아 찬사를 받았지
만, 아마도 장자가 곽상의 주석을 달았다고 해도 과언이 아니다. 철학의 경우,
곽 씨의 "무지의 지혜" 개념은 신비주의의 정점을 보여준다. 예술의 경우, 모
든 지식의 제약으로부터의 완전한 자유는 데카르트의 유명한 명제 "나는 생
각한다. 고로 존재한다."와 반대되는 "나는 생각하지 않는다. 고로 나는 존재
한다."라는 현대의 부조리한 개념과 상당한 유사성을 공유한다. 중국 화가들
은 곽상의 입장보다 노자의 입장을 더 수용하는 경향이 있다고 생각한다.

제**4**장

화가의 정신적 해방

앞장에서 언급했던 "세상에서 가장 부드러운 것이 세상에서 가장 단단한 것을 이길 수 있다."라는 노자의 말 역시 "유연한 성취"의 본질을 정확히 구현하고 있다. 물은 참으로 부드럽고 유연하다. 소동파蘇東坡의 시에서도 언급했듯이, "맑은 산들바람은 물처럼 부드럽고, 달빛은 비단처럼 부드럽다.淸風如水, 明月似練" 그러나 물에는 거부할 수 없는 제3의 성질을 가지고 있다. 사실, 그것은 누구도 원하지 않는 낮은 곳에 머무르지만, 모든 생명체를 이롭게 할 수도 있고, 쇠락하고 썩어 완전히 근절시킬 수도 있다. 노자의 담론에서, "다툼爭"과 "다투지 않음不爭"은 동의어이다. 즉, "다투지 않는다."는 것은 "세상 누구도 당신과 경합하지 않는 방식으로 더 큰 이득을 얻기 위해 경합하는 것이다." 철학계에서, 백서帛書《노자》의 견본 개정판에 대한 비판은 8장을 제외하고는 대부분 정당화된다. 현행본에서는 "최상의 선은 물과 같으니, 물은 만물에게 이로움을 주나 서로 다투지 않는다."라고 쓰여 있다. 대부분의 자선행위는 유형상 물과 유사하며, 물은 모든 사물을 이롭게 하지만 그것들과 다투는 것은 아니다. 백서본은 "유쟁, 즉 그들과 다툰다."라고 하였고, 66장의 "강과 바다가 모든 지류의 왕이 될 수 있는 것은 그것이 가장 낮은 곳에 있기 때문이며, 고로 능히 모든 지류의 왕이 될 수 있는 것이다. (중략) 다투려 하지 않기 때문에 누구도 그와 다툴 수가 없는 것이다."라는 것과 모순이 되기 때문에, 현재 버전을 따르는 것이 더 타당할 것이다. 현재 판본의 주석가인 삼국

시대의 왕필王弼이 노자의 원고를 자의적으로 수정한 것으로 보인다. 그러나 백서帛書가 현재 판본 보다 더 정확하다고 볼 수는 없다. 왜냐하면 그는 확실히 우리보다 더 많은 판본을 검토했고, 노자의 글에 대한 그의 지식은 필사본들보다 더 뛰어났기 때문이다. 전체적으로 볼 때, 일부 필사본의 오류를 수정한 것에 대해 왕필은 어느 정도 공로를 인정받을 만하다.

이제 예술의 견고함과 부드러움에 대한 논의로 돌아가 보자. 가렴可染선생은 회화에서 가장 높은 예술적 기교는 강철을 유연한 형태로 녹이는 것이라고 말한 적이 있는데, 이는 매우 뛰어난 통찰력이라 생각한다. 검처럼 날카롭고, 겉으로는 강해보이지만 속으로는 약한 것은 중국 회화에서 필법의 큰 병폐로 여겨진다. 따라서 중국 서예는 겉으로는 부드럽지만 속으로는 날카로운 바늘을 감추고, 겉으로는 빛을 감추고 속으로는 견고한 자질을 지닌다고 주장한다. 이가렴李可染 선생의 붓놀림은 언뜻 보면 느리고 굼뜨게 느껴질 수 있다. 상업활동이나 라이브 청중을 위한 그림에 "빠른 사고와 빠른 제작"으로 단숨에 날려 버리는 일필휘지와는 다르다. 하지만, 이가렴 선생의 그림을 벽에 걸어두면 어떤 힘으로도 꺾을 수 없는 단단하고 힘찬 선을 감상할 수 있다. 수준 높은 많은 작품들 중에서 가렴 선생의 작품만이 진정으로 "경쟁하지 않음不爭"의 경지를 보여준다. 그것은 너무나 평온하고 고요한 상태에 이르렀으며, 속물적인 멋과 허세를 풍기지 않는다. 마치 성인의 "말없이 가르치고, 행동없이 이로운 일을 행하며, 세상 사람들이 따라할 수 없는"《노자·43장》 경지에 다다른 듯하다.

나의 또 다른 은사 이고선李苦禪 선생은 평생 겸손했다. 강과 바다처럼, 그는 낮은 자세를 취했고 모두의 찬사를 받았다. 그의 그림은 도를 체득한 자연스러운 태도로 사물을 바라보고, 자연의 목소리로 감정을 표현한 작품이라고 할 수 있다. 그것은 순수한 자연의 흥미와 심오한 철리가 하나로 조화를 이룬 것이다. 그는 예술에 대해 이야기할 때, "이해하는 자는 요점을 설명하지 않는다."라는 원칙을 따랐다. 노자가 "아는 자는 말하지 않고, 말하는 자는 알지 못한다."《노자·56장》라고 지적한 바와 같다. 세상의 소위 비평가들은 장황하게 글을 써도 만 단어를 넘지 못하며, 그들의 글은 단순하고 천박함을 감출 수 없다. 반면 이고선 선생은 가끔 한두 문장으로 평생 유용한 말을 해주셨다. 그는 노자의 유명한 말인, "선행善行은 흔적이 없다."《노자·27장》에서 좋은 필법은 함축적이고 깊이 있지만 끝이 없음을 설명했다. 노자의 "무위無爲" 개념과 마찬가지로 가장 바람직한 붓놀림은 고의적인 노력 없이 무심코 쓴 것이다. 노자의 "잘 행한다.善行"라는 표현은 후대를 위한 기념비로 추앙받을 의도 없이 행해진 현자의 행위를 말한다. 마찬가지로, 중국 회화의 위대한 내재미는 진정한 자연미의 구현에 불과하다. 화가가 진정으로 자연의 고요한 상태로 돌아갈 때, 그의 붓놀림은 사실상 "무위"의 영역에 들어선 것이다. 석도石濤는 한때 그의 그림에 대해 이렇게 말한 적이 있다. "기질을 형성하고 감성을 표현하기 위해 붓과 먹으로 천지만물을 묘사하는 것이 나의 의도이며, 비록 내 화법이 전통 기준에 맞지 않더라도 나는 나만의 화풍을 창조했다." 석도는 《화어록畵語碌》에서 "태초에는 법이 없었다. 그리고 통나무는 흩어지지 않았다. 그러나 통나무가 흩어지니 법이 생겨났다. 그 법은 어디에서 생겨났을까? 그것은 바로 일획(한번 그음)에서 생겨났다. 일획은 모든 존재의 뿌리이며, 모든 형상의 근원이다."라고 썼다. 게다가, 석도의 화론은 "일화론一畵論"으로 시종 관철되었다. 이른바, "모든 존재의 뿌리이며, 모든 형상의 근원"인 노자의 "도"와 의미가 비슷하다. 그의 이론과 실천 모두에서 회화와 도는 하나이며, 자연의 법칙을 따르는 노자의 도 사상을 진정으로 구현한 원리이다. 석도의 붓놀림은 한결같이 자연스럽고 자유분방하다. 비록 그의 작품은 거칠고 흐트러져 보일 수 있지만, 그 속에는 자연과 어우러지는 위대한 아름다움과 진정한 아름다움이 존재한다. 그가 반대했던 "만 점의 악필은 미불米芾을 화나게 하고, 몇 가닥의 부드러운 획은 북원北苑을 웃게 만든다."라는 말은 미불이 자연에서 느낀 진솔한 감성을 바탕으로 "미점米點 산수"라는 독창적인 기법을 창작한 것을 의미한다. 미불은 중국 남부의 안개 낀 풍경을 담기 위해 자연에 대한 독특한 이해를 바탕으로 그의 혁신적인 미점 풍경 스타일을 창조했지만, 얕은 학자들은 만점의 혐오스러운 먹물만을 찍어냈다는 것을 의미한다. 동원董源은 중국 강남의 산수를 그리며 미묘한 붓놀림으로 광활하고 안개가 자욱한 하늘을 표현하는 반면, 서투른 모방자들은 그저 몇 가닥의 연약하고 흐릿한 선만을 따라 했음을 의미한다. 이것이 미불을 화나게 하고 동원을 웃게 한 것이 아니었을까? 석도石濤는 또한 다음과 같이 말했다. "나는 고대인들이 그들의 법을 세우기 전에 어떤 법을 따랐는지 잘 모르겠다. 그러나 고대인들이 그들의 법을 세운 후에는 오늘날 사람들이 더 이상 옛 법률의 테두리를 벗어나지 못하게 되었고, 옛 사람들의 흔적은 따라 하지만 옛 사람들의 정신을 배우지 않기 때문에, 수천 년 동안 한 발짝도 나아가지 못하고 말았다. 얼마나 안타까운 일인가!" 여기서 고대인들의 정신이란 아직 흐트러지지 않은 자연의 본질적인 사상을 말하는데, 이것이 바로 그림 그리는 학생들이 배워야 할 대상이다. 자연의 본성을 구현하지 못한 표면적인 화법에 구애되어서는 안 된다. 그렇게 하는 것은 그들 자신에게 족쇄를 채우는 것과 같아서, 그들을 "진실의 왕국"보다는 "거짓의 영역"으로 인도할 것이다. 노자의 "큰 지혜가 나타나면 큰 위선이 따른다."라는 것도 경직된 교리를 따르는 일종의 그림이라고 볼 수 있다. 경직된 도그마를 따르는 회화는 바로 회화의 큰 위선이며, 이는 반드시 뿌리 뽑혀야 한다. 노자의 "대도를 버리면 인의가 따른다."와 같은 취지로, 석도는 "한 가지 법도 세우지 않는 것이 나의 목표이며, 한 가지 법도 버리지 않는 것이 나의 목적"이라는 원칙을 내세웠다. 이를 의역하면, 하나의 법도 제정하지 않는다는 것은 자연을 존경해야 하는 후대를 위해 어떤 규칙도 세우지 않겠다는 그의 결의를 의미한다. 개인적으로 그는 일관된 "일화론一畵論"을 포기하지 않고, "도법자연道法自然"이라는 최고의 원칙을 영원히 고수할 것이다.

노자 철학의 기본 핵심은 의심할 여지없이 도道, 즉 자연의 도이다. 이는 도에 반대하는 모든 인의와 자연의 위대한 지혜에 저항하는 모든 위대한 위선에 역행하는 도이다. 노자가 동경하고 믿었던 인간 지성이 본성으로의 회귀는 중국 화가, 시인, 서예가들이 그들의 정신을 해방시키는 계기가 되었다. 고대 중국 예술가들은 "자신을 굴복시키고 예를 지키는 것이 완전한 미덕"이라는 유교 교리의 수용은 꺼렸지만, 자연을 동경하고 자연으로 회귀한다는 도교의 원리에 끌렸던 것으로 보인다. 동시에, 중국 예술가들은 자기 수양을 통한 도교 이해 방식을 수용하고 기꺼이 고요한 명상을 수행하거나 유협劉勰의 말처럼 "조용히 마음을 집중하면 상상은 천 년의 생각을 이어가고, 고요히 마음을 가다듬으면 상상은 만 리를 내다볼 수 있다."《문심조룡文心雕龍》도가의 솔박하고 간소한 인생철학이 중국 화가들의 작품에 녹아들어, 자유분방한 수묵 화법이 최적의 표현 방식으로 자리 잡게 되었다.

송宋 왕조의 황휴복黃休复이 표현했듯이, "구성의 법칙에 얽매이지 않고 배색의 요구에 압도당하지 않기 위해", 서정적이고 영적이며 시적인 수묵 전지를 도구로 사용하는 중국 화가들은 나뭇가지와 잎사귀를 세세한 부분까지 엄격하고 사실적으로 모방하려고 하지 않았다. 동시에, 순수하고 고요한 사고방식이 필요하기 때문에, 중국 화가들은 정교하고 절묘한 색상 패턴을 경멸하기도 한다. 이것이 수묵화가 중국에서 전통적인 주류 화풍이 된 근본적인 이유이다.

중국 화가들이 자연과 접촉하고 교류하는 과정은 도교 사상과 불교 사상의 영향을 크게 받은 남조의 위대한 문학 이론가 유협의 《문심조룡》에 잘 나타나 있다. 그에 따르면, "우주의 원리를 찾고 마음과 주체 간의 상호 작용을 하는 것은 멋진 일이다."라고 했다. 여기에서 "우주의 원리를 찾는 것"은 자연의 기본 법칙을 추구하는 것을 의미한다. 또는 달리 표현하면, 우주의 법칙을 추구하는 것을 의미한다. 또는 화가의 마음과 객관적인 환경 사이의 상호 작용을 가능하게 하는 것이다. "상호 작용"이라는 단어의 사용은 이 둘의 혼합, 침투 및 최종 병합의 전체 과정을 포괄하기 때문에 완벽하다. 이러한 주관적인 것과 객관적인 것의 통합은 바로 노자의 "영유아기로 돌아가기", "무한으로 돌아가기", "질박한 통나무로 돌아가기"의 전제이다. 유협의 또 다른 생각은 "경관의 변화는 자연적으로 사람의 정신 상태의 변동을 일으킨다."라는 것이다. 여기에서, 그는 우주 만물의 움직임이 마음의 움직임과 완전히 동기화되어 왔다고 지적하고 있다. "변동"이라는 단어는 인간 행위자의 능동성을 생생하게 설명한다. 인간은 사고할 수 있는 행위자로서 자연과의 통합 과정에서 수동적인 참여자가 아니다. 나아가 주관적인 것과 객관적인 것의 통합은 대안이 없는 강제적인 결합도 아니다. 그는 이어 "반복 관찰을 거듭한 끝에 작가는 자신의 감정과 느낌을 공유하게 될 것"이라고 말했다. 예술가들의 다각적이고 포괄적인 "앞뒤" 관찰은 창의적인 마음을 위한 발효의 과정이며, 받아들여야 할 것을 받아들이고, 내보내야 할 것을 내보내면서 거친 부분은 제거하고 핵심은 추출한다. 이렇게 하여 자아에 동화된 자연은 자아에 속하는 유일한 인간화된 본성이며, 회화와 시에 구현된 자연은 화가와 시인의 정신과 태도, 기질의 영향을 받는 것이다. 석도는 이 과정을 "내 그림 속에 있는 산과 강은 나로부터 태어났고, 나는 그 산과 강에서 태어났다."라고 묘사했다.

물질주의와 허영심에 국한되지 않기 위해, 중국 예술가들은 자연의 법칙을 따르고 모든 것을 포용하는 자연으로 돌아간다. 그들은 고라니를 벗 삼아 영원히 달과 동행한다. 그들은 마음의 평온한 상태를 유지하고 본능적으로 속된 것을 거부한다. "음을 짊어지면서 양을 껴안고, 이렇게 하여 기의 수렴이 조화를 이룬다." 오도자吳道子의 작업도 매우 비슷하다. "그가 그림을 그릴 때, 그의 붓은 가파른 바람과 폭우처럼 번쩍였다. 붓이 어느 지점에 도달하기도 전에 그의 기氣가 이미 붓을 집어삼켜 버렸다." 여기에서 "기氣"란 모든 생명체가 평생 의지하는 기氣만을 의미하는 것이 아니라 모든 화가가 자연으로부터 받는 충만한 생명력을 의미한다. 서진西晉의 육기陸機가《문부文賦》에서 말한 "정신과 마음이 하늘을 찌를 듯 높이 솟구쳐 오른다."는 것은 작가의 상상력이 솟구치는 자연의 상태이다. 이러한 정신적 고양은 예술가의 내면적 아름다움과 우주의 위대한 외적인 아름다움이 이음새 없이 하나로 통합되는 과정이다. 그런 상태에 도달해야만, 중국 화가와 시인이 탄생할 수 있다. 바로 이러한 이유로 중국의 화가와 시인은 구방고가 말을 보는 것처럼 뛰어난 식견으로 사물의 본질을 파악할 수 있고, 꽃과 새와 함께 즐거워하고 슬퍼하며, 바람과 달에게 노복의 명을 내리고, 동해를 술로 마시며 가슴 속의 답답함을 씻어낼 수 있는 것이다!

나는 한때 중국화에서 먹과 선의 사용에 관한 시를 쓴 적이 있다. "한밤에 흐르는 개울 소리 창밖에 울리고, 눈 속에 피어난 매화는 우아하게 서있네. 화려한 붉은색은 속되게 느껴져, 오직 수묵으로 흑백의 세상을 표현하려 하네. 수많은 바위는 빗방울에 흠뻑 젖어도 무색하고, 한 줄기 선은 하늘을 가로지르며 소리를 내는 듯 하네. 참으로 바람에 맞서 그림을 그린 오도자의 뜻이 있고, 고대 등불처럼 달빛 아래 내가 붓을 드네." 그 눈 오는 밤들은 나에게 고요하고 평화로운 마음을 가르쳐 주었고, 매화나무는 순수하고 흠

없는 마음의 상태를 가르쳐 주었다. 나는 세상의 저속함에서 벗어나 색색의 지저분한 사치를 씻어내는 법을 배웠다. 그리고 고요한 세상이 바로 도가 있는 곳임을 깨달았다. 남조 도홍경陶弘景이 시에서 "구름이 많은 산속에서 무엇을 찾을 수 있단 말인가? 이 풍경은 당신과 공유할 수 없기 때문에 오로지 내 즐거움을 위한 것이다."라고 묘사한 것처럼, 독특한 예술적 통찰력과 이해는 특정 개인에게만 속한다. 장염張炎은 과연 "흰 구름 싣고 돌아가는데, 누구에게 옥패楚佩를 남겨두라 하여, 섬 모래톱을 거닐도록 붙잡을 수 있을까?"

몽접夢蝶(2014)

제**5**장

서예가들의 자연으로의 회귀

과거와 현재를 막론하고 세상의 모든 언어는 기호 체계에 불과하다. 서로 다른 기호가 결합하여 문장과 단락을 형성하고 사상, 언어 그리고 인류 문학 작품 전체의 매개체를 구성한다. 일반적으로 말하면, 세계의 다양한 집단과 인종의 문자는 미학의 대상이 되는 근거가 없고, 또한 조형 예술로도 볼 수 없다. 유일한 예외는 중국 서예인데, 이는 객관적인 기호를 주관적인 예술로 탈바꿈시키고 중국 회화의 기반을 마련했다. 이 모든 일이 어떻게 그리고 왜 일어났을까?

"도법자연道法自然"의 원리를 설명하기 위해 가장 적합한 예술 형식을 찾는다면 바로 서예이다. 이것은 본질적으로 상형 문자일 뿐만 아니라 매우 추상적인 예술이다. 서예의 점과 선의 아름다움 속에서 존재의 상태, 움직임의 감각, 물질의 성장과 쇠퇴 등 형언할 수 없는 함의를 분별하고 체험할 수 있다. 또한 서예는 서예가의 개성과 운명, 심지의 강렬함 또는 쇠약함까지도 기묘하게 전달할 수 있다. 이것이 바로 서예가 숭고한 예술로 간주되는 이유이다. 중국에서는 회화만큼이나 존경을 받는다.

중국 최초의 문자인 갑골문은 중국 서예의 시초라고 할 수 있다. 거북이 등껍질이나 동물의 뼈에 날카로운 도구로 새긴 갑골문은 점술 목적으로 사용되었다. 이 고요한 징조에서 우리는 고대인들의 삶에 대한 경건함과 신비를 느낄 수 있다. 그러나 이러한 기록들은 인간의 온정을 거의 풍기지 않지만, 우리는 여전히 내용과 형식을 통해 초기 조상들의 미묘한 예술적 감성을 인식할 수 있다. 주진周秦 시대에 이르러서야 중국 서예는 비로소 공식적으로 태어났다. 따라서 중국 서예가 하나의 예술 형식으로 발전한 이유는 갑골문의 상형 문자적 성격과는 거의 무관하고, 그 획에 담긴 우주의 광대한 아름다움과 관련이 깊다. 그 이후 2천 년 동안 중국 서예가들은 그들이 관찰하고 이해한 것을 담아내기 위해 끈기 있게 노력해 왔다. 이 모든 경험들이 붓 하나하나 획에 쓰여지고, 그 결과 세심한 과정을 통해 사회의 흥망성쇠, 존재 상태, 그리고 자연의 운동 법칙을 매우 추상적으로 표현했다. 문자는 단지 기호의 체계일 뿐이지만 양식화된 기호는 감정과 감정의 광대한 우주로 만들 수 있다.

서예는 모든 면에서 자연을 진정으로 본받는 예술이다. 사람들은 종종 자연의 변화나 다양한 상태를 다음과 같이 말한다. "유와 무는 서로 성장하게 해주고, 어렵고 쉬운 것은 서로를 완성하고, 길고 짧은 것은 서로 대조를 이루며, 높고 낮음은 서로를 보완하고, 음과 소리는 서로 조화를 이루고, 앞과 뒤는 서로 순서를 부여한다."《노자·2장》 서예의 비범한 아름다움을 설명하는 예는 다음과 같다. 종요鍾繇의 서예를 "구름과 학이 하늘에서 노는 것 같다. 雲鶴遊天"라고 비유했고, 왕희지王羲之의 서예는 "봉황 둥지에 웅크리고 있는 호랑이, 하늘의 문으로 뛰어드는 용虎臥鳳闕, 龍躍天門"으로 묘사되었다. 위衛부인은 《필진도筆陣圖》에서 수직 획은 만년 매달린 시든 덩굴 같아야 하고, 점은 높은 봉우리에서 떨어지는 바위처럼 보여야 한다고 말했다. 손과정 孫過庭은 《서보書譜》에서 더 자세히 설명했다.

바늘 같은 수직 획과 이슬 맺힌 수직 획의 기묘함, 바위들이 우레와 같은 굉음을 내며 우르르 떨어지는 놀라운 광경, 기러기들이 날아오르고 놀라 도망치는 짐승들, 그리고 춤추는 봉황과 쏜살같이 지나가는 뱀의 모습, 가파른 절벽과 척박한 봉우리의 기세, 위험에 처해 굳건히 서 있는 나무의 모습 등 다양한 서체의 일련의 이미지를 떠올리게 한다. 어떤 것은 구름이 굴러가는 것처럼 거대하고, 어떤 것은 매미의 날개처럼 섬세하며, 더러는 급류처럼 뿜어져 나오고, 더러는 산처럼 단단하고 견고하며, 일부는 하늘의 초승달처럼 가늘고, 다른 일부는 은하수에 흩어져있는 별처럼 희박하고 외롭다.

앞서 말한 '이異', '기奇', '자姿', '태態', '형形'은 모두 서예의 다양한 형태와 크기가 다양한 움직임 속에서 삶의 모습을 반영하고 있다. 이러한 상상력이 풍부한 작품들은 서예가들이 깊이 이해하고 창의적으로 표현한 자연의 위대한 지혜에서 영감을 얻었다. 이 획에는 노자가 "모양 없는 모양과 형상이 없는 이미지"라고 하는 상태로, "뒤에 있으면 꼬리를 볼 수 없고, 마주 보면 머리가 보이지 않는다."《노자·14장》 그 깊고 영원한 자연에 의해 서예가의 상상력이 들뜨게 된다면, 그는 분명 "황홀경"의 상태로 빠져들 수 있을 것이다. 그리고 그의 서예는 우주의 궁극적인 아름다움에 근접하는 궤도에 오르게 된다. 서예의 궁극적인 목적이 도에 가깝기 때문에 "서도書道"라는 말이 있다. 수백 년 전 서예가들의 작품을 볼 때, 우리는 여전히 그들의 맥박이 울려 퍼지는 것을 느낄 수 있고, 그들의 자연에 대한 황홀함과 삶의 희로애락을 공유할 수 있기 때문에, 서예는 작가의 생각과 감정을 직접적으로 표현하는 예술임을 우리는 알고 있다. 예를 들어, 안진경顔眞卿의《제질문祭姪文》을 읽다 보면, 우리는 인간 삶의 조화를 파괴한 참혹한 상황에 공감하며 몸서리가 쳐진다. 게다가, 우리는 고유한 매력을 지닌 서예 예술이 자연과의 조화를 지속적으로 추구할 수 있는 이유가 무엇인지에 대해 더욱 깊이 이해하게 된다.

비록 서예가 단순한 언어에만 의존하지만, 풍부한 색채나 음악이 선율 없이도 다채로운 아름다움과 풍부한 음악성을 담고 있기 때문에 서예가만큼 풍부한 상상력을 가진 예술가는 없다. 서예의 회화성과 음악성은 잠재되어 있지만 명확하게 표현하기는 어렵다. 우리는 다음 질문에서 그들의 존재를 추론할 수 있다. 왜 문여가文與可가 "두 마리 뱀이 얽혀 싸우는 것을 보고 초서草書가 발전했는지?", 회소懷素는 "여름 구름의 기묘한 형태를 보고 왜 글씨를 따라 배우게 되었는지?"《운어양추韻語陽秋》, 장욱張旭은 "공순부인의 검무를 보고 빠른 서체의 진수를 알게 됐는지?"《신당서新唐書》, 한유韓愈는《송고상상인서送高床上人序》에서 다음과 같이 썼다.

장욱은 초서에 뛰어났으며, 다른 예술에는 관심이 없었다. 그는 기쁨, 분노, 곤궁, 슬픔, 즐거움, 원한, 그리움, 술에 취한 흥분, 지루함, 불만 등 다양한 감정을 느낄 때마다 초서를 통해 표현했다.

그는 자연에서 영감을 얻었다. 산과 강, 절벽과 계곡, 새와 짐승, 벌레와 물고기, 나무와 꽃, 열매, 달과 별, 비와 바람, 물과 불, 천둥과 번개, 노래와 춤, 전투 등 세상의 모든 변화는 그의 글씨에 담겨졌다.

장욱에게 글씨는 단순히 글자를 쓰는 기술이 아니라, 내면의 감정과 자연의 아름다움을 표현하는 예술이었다. 그는 자신의 글씨를 통해 세상을 바라보는 자신의 시각을 표현하고자 했다.

서예가들의 사물에 대한 이해는 겉모습에서 시작하여 그 내면의 정수인 핵심으로 이어진다. 이 점은 또한 말을 식별할 때 작은 세부 사항보다 중요한 기준에 더 초점을 맞추고 외모보다 말의 본질에 더 중점을 둔 구방고의 이야기에서 가장 통찰력 있게 풀어냈다.

서예가들이 자연과 완전히 자유롭게 교류할 때, 그들은 어떤 가식이나 공리적인 동기가 전혀 없는 상태에 들어가게 된다. 때로는 미쳐 버린 듯한 열광적인 모습까지 보이지만, 그것은 오히려 가장 순수하고 걸림돌 없는 영혼의 표현이다. 사회의 평가나 타인의 시선에 얽매이지 않고, 얻고 잃는 것에 대한 두려움을 버릴 때 비로소 예술가는 자신의 내면에 집중하고 진정한 만족을 경험할 수 있다. 이는 마치 노자의 도덕경에서 말하는 "일희일비一喜一悲"《노자·13장》하는 상태를 벗어나 "잠시 자기 뜻을 얻어 즐겁게 스스로 만족"하고 "형체를 벗어나 방랑한다."는 경지에 도달하는 것과 같다. 당나라 시인 두기竇冀는 회소懷素의 광초狂草에 대해 "갑자기 두서너 번 소리를 지르며 벽 가득 천만 자를 종횡무진하였다."《회소자서첩懷素·自敍帖》라고 쓰고 있다. 회수는 반쯤 취해서 세속적인 의례의 구속을 망각하고 자신의 진면목을 드러냈다. 비록 그가 청중들에게 장난을 쳤을지 모르지만, 우리는 그가 그 순간 정말로 자족적인 쾌락을 느꼈다고 확신할 수 있다. 이것은 중국 화가와 서예가들이 꽤 잘 포착하는 덧없는 만족감이다. 중국 회화와 서예가 모두 즉흥 예술인 이유가 바로 여기에 있다. 일본 화가는 하루에 14시간씩 작업을 하면서 작은 것 하나 하나를 덧칠하고 한잎 한잎 그리면서 사소한 것까지 세심하게 신경을 쓴다고 한다. 벽화 전체를 완성하는 데 20년이 걸릴 지도 모른다. 불행하게도, 이런 화법은 넘치는 재치나 변화무쌍한 붓놀림과 호방한 기상이 있을 리 없다. 이러한 고역 같은 노작 속에서 화가의 타고난 본능은 억제되고, 세세한 부분까지 지나치게 신경 쓰다 보면 회화에 깃드는 생명력을 잃게 된다. 리드미컬한 생명력이 없는 그림은 삶의 맥박이 없는 고목과 다를 바 없다.

자연에서 영감을 받은 중국 서예는 2차원적인 예술에 머무르지 않는다. 포세신包世臣은 《예주쌍즙藝舟雙楫》에서 "놀라울 정도의 강력한 필력으로 서예가는 점과 획을 종이 위에서 춤추고 섞이게 하여 흥미로운 광경을 연출할 수 있다."라고 썼다. 중국의 서예가나 화가들이 붓을 3차원 공간에서 자유롭게 움직일 수 있을 때, 그들은 석도가 "화필에서 자욱한 안개가 피어나고", "봄비를 흠뻑 적시고 나면 화필이 복숭아꽃을 피운다."라고 표현한 경지에 도달하게 될 것이다. 예술가가 젖은 화필(봄비를 흠뻑 적신 듯)과 마른 화필(가을 바람에 날린 듯)에 능숙해지면, 그는 오색 먹으로 그림을 그리거나 글을 쓸 수 있다. 서예가들이 붓으로 "바람의 기운에 젖고, 봄꽃의 아름다움에 따스해지고, 불모의 힘에 자극되어 영감을 얻고, 만족의 은혜가 조화를 이루고, 그 기질과 기쁨과 슬픔을 표현할 수 있는" 상태에 도달할 수 있을 때손과정孫過庭·《서보書譜·서序》, 세상은 마치 "서리 바람에 날아오르는 하얀 비단 조각"두보杜甫·《서응書鷹》으로 변해 버린 것 같다. 이것은 하늘에서 불어오는 고귀한 바람, 해변에서 반복적으로 불어오는 바람이 아니던가? 봄의 따뜻함과 가을의 쌀쌀함이 이분법적으로 조화를 이루고 있다. 상서로운 순풍과 거센 폭풍의 이분법에도 조화가 있다. 잔잔한 물과 파도의 벽 사이에도 이분법적 조화가 있다. 우리가 하늘 높은 곳에서 울려 퍼지는 광활하고 웅장한 교향곡을 들을 때, 붓 끝에서 흘러나오는 모든 이해와 통찰은 우리가 자연을 모방한 결과물이다.

서예사에서 "진晉나라는 미美를 중시하고, 당唐나라는 관습을 숭배한다."라는 설이 있는데, 이후 당唐 스타일을 경시하고 위魏 스타일을 찬양하는 미학적 경향으로 발전했다. 이 견해에 따르면, 당 이전의 서예는 소박하고 자연스러웠지만, 당 이후의 서예는 위진 시대의 매력을 잃으면서 무미건조한 관행을 낳았다. 이러한 이론적 설득의 대표적인 저서로는 송宋나라 강기姜夔의

《속서보續書譜》와 근세기 강유위康有爲의 《광예주쌍즙廣藝舟雙楫》이 있다. 후자의 작품에서 강 씨는 "북위北魏의 서판 비문은 모두 빼놓을 수없이 탁월하다. 시골 아이들이 만든 조각상조차도 뼈와 혈육이 웅장하고, 서툴고 투박하면서도 모두 아름다운 모습을 가지고 있으며, 글자를 구성하는 방식도 매우 빈틈없다. (중략) 예를 들어 강 처녀를 소재로 한 사랑 시風詩와 한·위漢魏 왕조의 동요는 모두 후대의 학자들조차 따라올 수 없는 고유한 매력과 우아함을 지니고 있다." 당나라에서는 같은 시기에 "근체시近體詩"의 관행이 완전히 완성된 것처럼 서예의 관습이 더 잘 정착되었다.

비록 예술사가 덜 규제된 단계에서 더 규제된 단계로 진화하는 것은 자연스러운 발전이지만, 예술가들이 진정으로 예술적 원리를 터득할 수 없다면 자연적 경로에서 벗어나 그들이 기존 관습에 수동적으로 갇히는 딜레마에 빠지기 쉽다. 강유위는 당시의 도덕규범을 무시한 "강 처녀의 사랑 시風詩"를 칭찬했는데, "풍시風詩"는 남녀 간의 낭만적인 사랑을 담은 작품이다. 고대인들은 "바람風"이라는 단어를 남녀의 성적인 관계뿐 아니라 말과 소와 같은 가축들 간의 상호 끌림을 가리키는 데 사용했다. 이 솔직한 묘사는 모든 존재의 자연스러운 본능을 반영한다. 우리는 《시경詩經·국풍國風》을 읽음으로써 젊은 여성들의 솔직하고 열정적인 추구를 반영하는 직접적이고 진실한 사랑 시가 꽤 많다는 것을 알 수 있다. 강유위는 위진 시대의 서예가 이러한 직접적이고 자연스러운 정신을 구현하고 있다고 믿었다. 진실한眞 요소가 있는 한 서예는 유명한 학자나 명사가 쓴 것이 아니더라도 본질적인 아름다움이 담겨 있을 것이다. 강유위는 더 나아가 "구양순歐陽詢, 우세남虞世南, 저수량褚遂良, 설직薛稷의 서예 작품에 대해서는 여전히 그 기교는 알 수 있지만, 고대의 소박함이 현저하게 떨어졌다. 안진경顔眞卿과 유공권柳公權 시대에는 고전적인 전통이 하나도 남아 있지 않았다."라고 말했다.강유위康有爲·《광예주쌍즙廣藝舟雙楫》이 견해에 따르면, 당나라 초기에 4대 서예가가 등장하면서 서예의 소박한 전통이 크게 약화되었고, 그 자연적 매력이 근본적으로 사라졌다고 한다. 안진경顔眞卿과 유공권劉公權 시대에는 그들의 작품에 고대 정신이 한 조각도 남아 있지 않았다. 당나라 서예에 대한 강유위의 혹독한 평가는 극단적이고 편향적이라 볼 수 있지만, 위진 시대의 서체에 대한 그의 동경은 합리적이고 건전하다.

당나라의 손과정은 관습의 부재, 간소함과 화려함에 관한 논쟁에 대해 보다 중립적인 견해를 보였다. 그는 "고대 방식에서 벗어나지 않고 현재의 단점을 피하는 데 균형을 유지했다." 이는 고대 양식의 단순함을 옹호하면서도 문체 혁신에 방해가 되지 않도록 주의하는 입장이다. 다시 말해서, 관습의 장점을 긍정하면서도 그러한 규약에 대한 독단적인 집착의 희생양이 되어서는 안 된다. 손과정은 또 진지한 신념 없이 표면적으로 고대 방식에 대한 경의를 표하는 사람들을 비판하며, "왜 정교한 궁궐을 동물 굴과 바꾸려 하는가? 왜 멋진 차량을 낡은 수레와 바꾸는가?"손과정《서보書譜·서序》라고 말했다. 다시 말해 시대가 변했는데 왜 정교하게 장식된 궁전을 버리고 두더지 굴로 가려 하는지? 옥으로 장식된 호화 마차를 버리고 낡아빠진 수레로 바꿀 필요가 있는가?라는 것이다.

진정한 예술가는 자연의 무궁무진한 원천에서 영감을 얻고, 엄격한 법칙 속에서도 틀에 박힌 제약 없이 자유롭게 표현하며, 결국 자연으로 돌아가는 과정을 거친다. 이 과정은 과거와 현재를 막론하고 웅장하고 진정한 아름다움을 창조할 수 있는 모든 위대한 예술가들이 반드시 걸어야 했던 길이다. 그렇기 때문에 예술가들이 미에 대한 본능적인 이해와 그것을 삶에서 어떻게 담아낼 것인가에 대한 실천적 훈련이 필요한 이유다.

이 시점에서 일부 현대 서양 예술가와 중국 현대 전위 예술가에 대한 생각을 공유하고자 한다. 20세기는 이른바 모더니스트가 등장하고 확산된 시기이다. 온갖 모더니즘 이론이 끊임없이 등장했고, 화랑 주인과 미술평론가의 취향에 따라 여러 유파의 명성이 출렁였다. 일부 유파의 수명은 왔다 갔다 하는 유행처럼 짧았다. 이러한 모더니즘 이론은 보는 사람의 이해를 고려하지 않고 감정을 표출하는 것이라고 말하는 자기중심주의의 극단적인 형태에 불과했다. 다시 말해 예술의 궁극적인 목적은 자신을 표현하는 것이지 관객이 그의 작품을 이해할 수 있느냐 없느냐는 예술가의 몫이 아니다. 이러한 흐름 속에서 예술평론가들은 자신의 영향력을 행사하고, 화상畵商들은 이익을 추구했다. 일단 관객들의 시각이 어떤 기괴하고 신비로운 예술 현상에 지루함을 느끼면, 그 흐름은 필연적으로 몰락했다. 그리고 더 새로운 유행과 극단적인 예술 형식들이 등장하며 혼란은 더욱 심화되었다. 마치 회전등처럼 빠르게 변화하는 유행 속에서 전통 기법은 완전히 무시당하고 예술의 기준은 혼란을 넘어 사라지게 되었다. 과학 기술이 비약적으로 발전하는 이 시대에 온갖 화려하고 이색적인 제품들이 소비자들을 현혹시켜 분별력 있는 선택 능력을 상실하게 했다. 동시에 미디어는 완전히 상업화되었고, 예술의 질은 부차적인 수준으로 떨어졌다. 제품의 "신선함"이 소비자들에게 주된 어필이 되었고, 이제는 상품화된 예술품들도 새로운 것을 쫓는 물결에 휩쓸리지 않을 수 없었다. 예술가들은 더 이상 반 고흐, 고갱, 세잔, 모네에 의해 모범이 된 그러한 성실함을 소중히 여기지 않았다. 그들은 이 위대한 거장들이 보여준 완전한 헌신, 열정적인 추구, 완전한 이타심과 경외심에도 신경 쓰지 않았다. 예술의 본질은 잊혀지고, 돈과 명성만이 중요시되는 풍조가 만연했다. 예술은 대중에게 혼란을 가져다주었고, 예술의 미래에 대한 불안감을 키웠다. 대중은 예술에 대한 거짓된 인식을 가지게 되었다. 예술은 소수의 전유물이라는 생각은 사라졌지만, 대신 예술은 누구나 할 수 있다는 극단적인 주장이 등장했다.

조셉 보이스Joseph Beuys는 백만 달러 가치가 있는 맥주 캔을 만들었다. 그렇다면 나도 한번 해 보는 것도 무방하겠다. 쓰레기와 낡은 철사가 훌륭한 예술품이 된다고 하니 그렇다면 내가 쌓아놓은 쓰레기 더미와 위대한 예술가가 만든 쓰레기 더미는 무엇이 다른가? 그래서 맑은 여름날 해변에서 사람들은 지하실이나 창고에서 찾을 수 있는 녹슨 캔과 깨진 항아리를 쌓아 작품을 "창조"한다. 땀에 젖은 광란의 시간을 보낸 후에 그들은 잠시 동안 바다에 몸을 담근 후, 그들은 자신의 작품과 함께 사진을 찍고 차를 타고 훌쩍 떠나 버린다. 조수가 일어나고 간조가 되는 과정에서 자연과 협력한 예술은 진정한 행위 예술이 되어 거센 물결에 바다 밑으로 밀려나 버린다.

피카소가 아프리카 예술에서 영감을 얻을 수 있었다면, 왜 뉴 웨이브 아티스트들이 더 먼 옛날의 영감을 추구하는 것을 금지해야 하는가? 그래서 현대 토템 예술이 등장했는데, 그것은 남근男根이나 아메리카 원주민의 토템 기둥이 아니다. 그 초기에는, 남근에 대한 인간 숭배는 진실하고 경건했다. 그러나 오늘날 긴 머리를 풀어 흩날리거나 완전히 대머리인 히피족의 토템 숭배는 성적 문란과 에이즈를 초래했을 뿐이다. 그들의 동시적 예술적 추구는 성을 영원한 주제로 삼았다는 것이다. 전시장에는 "수컷牡"이라는 제목의 거대한 검은 기둥이 있고, 그 반대편에는 "암컷牝"이라는 제목의 나무줄기에 있는 블랙홀이 있다. 예술의 타락은 실제로 상상할 수 없는 극단적인 수준에 이르렀다.

소위 예술가들은 순수하고 소박한 척하지만 사실은 과시적이고 허영심이 강하다. 그들은 천진난만함을 가장하지만 교활하고 불성실하다. 두보杜甫 시대에 참신한 시들을 조롱하던 하찮은 소리꾼들처럼, 이 소위 예술가들은 예술을 모독했을 뿐만 아니라 과거 거장들의 작품을 훼손하기도 했다. 최근 한 파티에서 어떤 뉴 웨이브 조각가는 로댕의 작품을 "중학생 수준"이라고 했다. 나는 와인 잔을 내려놓고 진지하게 그에게 말했다. "나는 로댕을 숭배한다." 이어진 아연질색한 침묵 속에서, 관객들은 무뚝뚝한 대화가 구현 한 확연히 다른 예술적 신념에 대해 숙고하기 시작했다. 자연과 생명의 조화는 겉보기에는 서로 모순되는 것처럼 보이지만 그 친화력에 기반을 두고 있다. 서예도 마찬가지이다. 강함과 부드러움을 절제하고, 무거움과 가벼움을 오가며, 젖은 붓과 마른 붓을 번갈아 사용하고, 빠른 필치와 느린 필치를 섞는 것은 당신의 필치가 진정한 활력이 있는지를 결정한다. 당나라의 손과정은 자신의 《서보서書譜序》에서 서예의 흔한 실수에 대해 다음과 같이 언급하고 있다.

> 고지식하고 정직한 사람은 힘과 우아함이 결여된 직설적인 방법으로 글을 쓰는 경향이 있고, 단호하고 거친 사람은 우아함이 결여된 완고한 방식으로 글을 쓰는 경향이 있으며, 내성적인 사람은 소심하고 제한적인 방식으로 글을 쓰는 경향이 있다. 충동적인 사람은 규칙과 관습에 상관없이 글을 쓰는 경향이 있다. 침착한 사람은 부드럽고 느린 서체로 글을 쓰는 경향이 있다. 경솔하고 성급한 사람들은 빠르고 격렬한 스타일로 글을 쓰는 경향이 있다. 망설이고 의심이 많은 사람들은 정체되고 매끄럽지 못한 경향이 있다. 어색하고 서투른 사람은 글을 중단하는 경향이 있고, 천박하고 경박한 사람은 저속한 관리처럼 글을 쓰는 경향이 있다.

위의 내용을 요약하자면, 지나친 노출은 내적 힘을 빼앗고, 과도한 견고함은 우아함을 빼앗고, 과도한 유보는 자기 구속이며, 온화함은 나무랄 데 없지만 부드러움을 손상시킬 수 있다. 지나친 성급함은 공격으로 이어질 수 있고, 주저하고 의심이 많은 사람들은 그들의 힘을 어슬렁거리는 경향이 있다. 어색하고 서투른 사람은 우둔하며, 천박하고 경박한 사람은 편협한 관리들에 비유된다.

위의 모든 서예의 실수는 이분법의 한 쪽에서 통제력을 상실하여 다른 쪽이 지배하게 된 결과일 수 있다. 이것은 노자의 가르침과 일치하지 않는다. "남자다움을 아는 자는 여성다움을 유지하고, 흰 것을 아는 자는 검은 것을 유지한다."《노자·28장》 그의 서예가 노자의 변증법적 사고를 따라 다음의 것들을 달성할 수 있다면, 서예가는 조화의 영역에 도달 한 것이다. 즉, 여유로운 면모를 유지하면서도 꿋꿋함을 유지하고, 온화하고 세련된 마음을 유지하며 신속함을 알고, 품위를 유지하면서도 부력을 아는 것이다.

앞서 지적한 바와 같이, 서예의 기법은 자연의 움직임과 변화의 원리뿐만 아니라 모든 자연의 생명체의 생명 리듬에서 파생되어 "도법자연道法自然"의 또 다른 예를 제공한다. 중국 미술사에서 "서예와 회화는 기원이 같다."라는 주장이 항상 진리로 여겨져 온 근본적인 이유도 자연의 모든 생물에서 표현의 대상을 취하는 그림이 같은 방식으로 "도법자연"을 따르기 때문이다. 여기에서 "자연"은 물론 일반적인 현상이나 개념적인 자연이 아니라 노자 철학에 기술된 자연으로 우주와 천지만물의 근본 원리이다. 중국 회화의 기본 요소는 선, 획, 필묵으로 회화의 질을 결정짓고, 나아가 서예와 직결된다.

주周나라와 진秦나라 때 중국 서예는 장엄한 경지에 이르렀다.《괵계자백반虢季子白盘》,《산씨반散氏盘》,《석고문石鼓文》은 대전大篆의 본보기가 되었으며, 이 비문들은 모두 섬세하고 아름다운 구성을 보여준다. 한漢·위魏

육조六朝시대 비문에 이르러서는 중국 서예의 면모가 더욱 풍부해지고 다양한 변형을 이루었다. 중국 회화의 역사에 대한 이러한 서판 비문의 중요성은 서양 회화 역사와 그리스 조각의 중요성과 유사하다. 둘 다 미래의 예술 발전을 위한 모델과 기준을 세우면서 영원한 전통의 기초가 되었다.

　　서예가는 화가보다 수백 년 앞서가는 선의 영감과 필법의 비밀을 터득했다. 화가들이 여전히 변주와 매력, 표현력이 부족한 철선묘鐵線描(철사 줄처럼 굵고 가는 데가 없이 두께가 일정한 필법)나 춘잠토사묘春蠶吐絲描(봄누에가 실을 뽑아내듯 부드럽고 하늘거리는 선이 특징)에 의존하고 있을 때, 중국 서예가들은 너무나 혁신적인 기법을 사용하여 이미 구름을 타고 하늘을 날아 자유롭게 표현하고 있었다. 왕희지王羲之는《제필진도후題筆陣圖後》에서 이미 서예의 변형 기법을 군사전략과 비교했는데, 여기에는 교란·속임수·진짜와 가짜를 혼합하는 전술이 포함되어 있다. 이때 고개지顧愷之는 무엇을 하고 있었을까? 그는 여전히 "표현하고 싶은 생각을 한 획으로 다 담을 수 없는 단계"에 머물러 있었고, 서예가의 자유분방한 기품과는 거리가 멀었다. 당대唐代에 이르러, 서예가와 화가 모두 충분한 표현력을 발산시켰다. 회소懷素가 몇 번 절규하고 나서 최고의 자신감과 재능으로 종횡무진 글을 쓰기 시작했을 때, 오도자吳道子도 고도의 기술을 개발했다. "그가 그림을 그릴 때, 그의 붓은 가파른 바람과 폭우처럼 번쩍였다. 붓이 어느 지점에 도달하기도 전에 그의 기氣가 이미 붓을 집어삼켜 버렸다." 그러나 그의 광택 잎 기법도 견고함과 가벼움 사이의 적절한 균형을 이루었을 뿐인데, 이것은 가변적인 힘, 부드러운 웅장함, 그리고 광초의 고요함과 움직임 사이의 복잡한 균형과는 비교할 수 없는 풍부한 원형 선 사이의 올바른 균형을 달성했을 뿐이다. 당대 이전의 그림(공필초상화, 산수화, 화조)은 상상력이 부족했는데, 이는 화가들의 배움과 수련이 부족했을 뿐만 아니라 예술적 언어가 없었기 때문이다. 이 결핍은 서예가와 화가가 힘을 합쳐 중국 미술의 선 기법을 발전시킨 송·원宋元왕조까지 지속되었다.

우리는 서예를 모든 자연 현상에 대한 추상적이고 단순한 응축 및 연대기, 모든 자연법칙의 심오한 부호화, 아름다운 점과 필치로 자연의 신비로운 구현, 그리고 모든 만물의 성쇠에 다양한 빛의 음영, 그리고 변화하는 움직임의 속도를 녹이는 마법의 용광로라고 보는 편이 낫다. 글씨는 또한 서예가의 개성, 기품, 학식, 생명력의 성쇠, 정신의 명암을 정확하게 측정하는 도구이다. "화풍은 화가의 개성을 반영한다."라는 말을 뒷받침하는 실제 사례도 있지만 예외는 더 많다. 그러나 "서체는 그 사람 같다."라는 말에는 거의 예외가 없다. 부청주傅青主는 노년의 어느 날 대나무 바구니에 담긴 자신의 서화 작품을 뒤적거리다가 한 작품을 보고 크게 놀라 낯빛이 변했다고 한다. 그는 자신이 곧 죽을 것이라고 말했고, 실제로 그의 말은 예언처럼 이루어졌다. 뛰어난 의술 지식을 가진 부청주였기에 자신의 죽음을 예측할 수 있었던 것으로 보인다. 중국 서예의 영원한 매력은 중국화보다 더 본질적이고 깊이 있는 "도법자연"의 정신에 그 기원을 두고 있다.

노자는 우주에 대한 자신의 이해를 바탕으로 "도법자연"이라는 최고의 명제를 제시했다. 그는 육체적 쾌락에 대한 반대를 바탕으로 유토피아적 다양성의 소박한 삶으로의 회귀를 주장했고, 도에 대한 이해를 바탕으로 "영유아기 상태로 돌아가는 것"의 원칙을 주장했다. 그는 도의 요구에 대한 이해를 바탕으로, "매우 고요한 의식을 가진 완전히 텅 빈 마음"의 상태를 제안했다. 위의 논점들은 미학적인 논의의 맥락에서 나온 것은 아니지만, 산문·시·회화 이론의 근간을 이루는 중국 미학의 본질을 아우르고 있다. 피상적인 아름다움에 반대하면서 노자는 사실상 마음의 진정성 있고 본질적인 아름다움을 강조했다. 노자는 "도법자연"의 원칙을 강조하면서, 사실상 그 본질적인 영원한 조화에서 발견되는 우주의 위대한 아름다움을 추구했다. 따라서 예술의 기본 원칙은 본질적인 아름다움을 함양함으로써 위대한 아름다움을 추구하는 것이다. 그것은 예술적 창조의 본질이기도 하다. 우리는 노자의 철학이 비非 미학에 기초한 미학이라고 말한다. 왜냐하면, 그것은 육체적 쾌락에 대한 거부일 뿐만 아니라 그가 위대한 우주의 법칙과 사회적 격변 그리고 모든 만물의 흥망성쇠에 대한 변증법적인 이해에 대해 논했지만, 그는 어떤 장에서도 예술적 규칙이나 원칙을 구체적이고 상세하게 논술한 바가 없기 때문이다. 바로 이러한 이유 때문에, 노자의 광범위한 이론에는 자연에 대한 헤아릴 수 없는 지혜의 보물이 담겨 있다. 우리가 그것에 가까워질 때 그 세속적인 속세의 소란스러움과 마음의 오염을 깨끗이 다 씻어주는 일종의 종교적 세례처럼 느껴질 것이다. 그러면, 당신은 즉각적으로 마음속 가장 깊은 곳에서 가장 진정으로 아름다운 두 단어, 즉 조화와 성실을 발견하게 될 것이다.

제**6**장

노자
부록

단순한 획의 노자

하모도, 앙소, 반파문화 시대의 도기 문양과 같은 고대인들의 그림은 단순하고, 평범하며, 순결하고, 순수한 것이 특징이다. 당시 그들이 사용했던 회화 도구는 다소 조잡했지만, 이러한 조잡함과 화가의 예술적 상상력이 일치하여, 왕유王維의 말처럼 "자연스러운 성품을 기르고 창조적인 성과를 낳는" 걸작을 만들 수 있었다. 예술가의 타고난 성품에서 파생된 이 그림들은 자연의 본질을 한 단계 더 훌륭하게 포착한다. 장자가 묘사한 혁서赫胥씨의 신하들처럼 이 고대인들은 "정착하고 나서 어찌할 바를 모르고, 이동하는 동안 목적지도 없었으며, 음식을 씹고 배불리 먹고는 정처 없이 떠돌아다녔다." "조수와 함께 살고 무리를 이루어 모든 물物과 같이 공존"한 이 초기 사람들은 정보도 없고, 정교하지도 않았으며, 계급 차이를 모르고, 예술가와 감상자를 구분하지도 않았다. 창작 기법이나 규칙, 주제나 범위의 제한 없이 그 시대의 문화 창조자들은 정신적, 감정적 표현에서 절대적인 자유를 누렸기 때문에 단순하고 소박하며, 자연스럽고 천성적인 예술 특성은 오늘날 모든 거장들의 찬사를 받았고 그들 작품의 본보기가 되었다.

문명이 발전하면서 그림은 점차 장식이 되었고, 그다음에는 가식이 되었고, 마침내는 위조가 되었다. 일단 기술이 자연 본체로부터 떨어져 나가면, 그것은 즉시 그 서투름과 부적절함을 드러낸다. 종종 재치와 독창성을 수단으로 삼는 "정교한 세련미"는 노자가 "오색은 사람들을 눈멀게 한다."라고 평가한 예술에 대한 증오를 극언한 것이다. 인간은 지난 수 천 년 동안 우리의 시야를 가린 짙은 문명의 얽힘에서 스스로를 해방시켰지만, 우리는 "길이 사라지는 먼 곳을 바라보기 위해 높은 탑에 올라갔을 때", 완전한 원을 그리며 여행 한 후 다시 원점으로 돌아가는 우리 자신을 발견하게 된다. 노자가 말했듯이, "사람은 땅의 법칙을 따르고, 땅은 하늘의 법칙을 따르고, 하늘은 도의 법칙을 따르고, 도는 자연의 법칙을 따른다."라는 것이다. 역사를 통틀어 수만 개의 예술 담론이 있었지만, "자연"이라는 단어는 모든 성공적인 예술 창작의 열쇠이자 신성한 표준으로 남아 있다.

중국 문인화가 세계 예술사에서 지속적인 공헌을 남긴 데는 언어의 단순성과 풍부한 내용으로 독창적인 예술 발전의 길을 개척하고, 세계 최고의 예술 보고를 만들어 냈다는 데 있다. 위대한 시작 이후, 중국 문인화는 분명 국경을 넘어 미래에도 그 영향력을 확산시킬 것이다.

나는 정확하지 않을 수 있지만 예언을 하겠다. 21 세기의 세계 예술은 자연으로의 영적 회귀로 특정 지어질 것이다. 이는 개인, 집단, 국가, 세계 모두의 생존을 위한 유일한 선택인 인간의 성찰과 보편적 화합을 배경으로 실현될 것이다. 그러한 선택에 직면한 예술가들은 미래를 향해 나아갈 것이다. 이 위대한 변화의 시기에 중국 고전 문인화는 변화의 바람을 이끄는 원동력이 될 것이다.

나는 길고도 힘들었던 그림 그리기와 깊은 성찰을 바탕으로, 중국 문인화에 대한 거창하고 심오한 평가를 거시적으로 할 수 있었고, 용감한 신세계의 가장자리에서 새벽빛의 여명을 볼 수 있었다. 거대한 시대적 흐름 속에서 개인의 능력은 미미할 수 있다. 그러나 나는 중국 고전 시, 서예, 그림을 이해하는 능력에 대해 어느 정도 자신이 있다. 나의 모든 지식과 성찰이 내 작품에 구현될 때, 나는 내 마음과 손 사이의 완벽한 조화에서 가장 큰 기쁨을 찾게 되고, 이는 발묵 속필 초상화潑墨簡筆描人物畵를 그리는 절제되지 않은 감정을 솟구치게 한다.

내 발묵 속필 초상화에 대한 영감의 원천은 천년 전 오대五代 왕조의 석각石恪과 800년 전 남송 왕조의 양해梁楷로 거슬러 올라갈 수 있다. 이 통찰력 있고, 영적이며, 문학적이고, 철학적인 회화 장르는 지난 1000년 동안 제대로 발전하지 못했지만 화조화 분야에서 충분히 성장했다. 약 360년 전 주탑朱耷의 작품에서 전례 없는 수준에 도달했다. 뛰어난 재능을 가진 주탑은 미학적 목표를 추구하여, 그 이전의 누구도 달성하지 못한, 미래에도 누구도 이루지 못할 성취를 달성하여, 그를 과거부터 현재까지 어떤 동서양의 예술가들보다 높은 반열에 올려놓았다.

그렇다면, 미래 세대의 화가들은 어떠할까? 나는 단지 "아직 보지 못한"의 진행형으로 말했을 뿐, "영원히 볼 수 없는"이라는 현재 완료 시제를 쓰지 않았다. "영원히 볼 수 없다."라는 비관론을 스스로 부정할 수 있도록, 나는 팔대산인을 열정적으로 연구하기 시작했고, 팔대 가주에 흠뻑 빠져들었다. "겉치레를 버리고 서로 이름을 부르며 너 나 하는 사이지만, 흠뻑 취함에는 진정 나의 스승이다."라는 두보杜甫의 말처럼, 나는 팔대산인을 이전 시대의 지기知己로 여긴다.

내 그림 《노자출관老子出關》은 팔대산인과의 정신적 교감과 감성적 결합의 산물일 뿐이다. 이미지보다는 사상에 초점을 맞추고 노자의 정신을 담기 위해 극히 단순한 필치로 그린 이 그림은 팔대산인의 작품과 견줄 만하다. 보다시피, 노자는 황소를 타고 천천히 다가오고 있다. 산들바람이 그의 긴 여정을 따라 푸른 풀밭을 스치고 있다. "자연", 즉 존재의 자연 상태는 노자가 우리에게 가르쳐 준 것이고, 예술가로서 우리가 작품 속에서 실현하려고 노력하는 것이다!

흰 수염을 기른 노자

약 2500년 전, 영원한 미스터리인 창조주가 석가모니와 공자, 노자를 거의 동시에 인간 세상에 강림시켰는데, 그 찬란한 사상은 동양 사상의 축을 지탱하는 고상한 기둥이 되었다. 보이지 않는 신의 의지는 여기에 그치지 않고, 상고 시대에도 위대한 평형술을 보여주었다. 동양만이 그 아름다움을 독차지하지 못하도록, 고대 그리스 철학의 웅장한 신전에도 거인의 정주가 필요했기 때문이다. 공자가 죽은 지 10년 후 소크라테스가 태어났고, 그 후 60여 년을 이 땅에서 묵자와 함께 살았다. 마찬가지로, 맹자는 플라톤과 25년, 아리스토텔레스와 50년을 함께 살았으며, 이 기간 동안 장자도 살아 있었다. 창조주의 평형술은 더욱 기발하다. 동양의 직관과 서양의 논리는 서로 다른 길을 걸어왔지만, 근대에 이르러 마침내 만나게 되었고, 21세기에 진정한 화합을 이루게 될 것이다. 이는 신의 희극인가 비극인가? 아! 인간의 생각에도 슬픔과 기쁨, 이별과 재회가 있다. 소동파의 시처럼 "완벽한 것은 없다."

노자와 나는 아마도 전생의 연을 맺은 것 같다. 비홍悲鴻의 말, 가염可染의 황소, 황주黃冑의 나귀가 기호학적 의미를 갖게 된 것처럼, 오늘날 내 이름范曾이 언급되면, 노자와의 연관성이 바로 연상 될 것이다. 흥미롭게도, 내 조상인 문정공文正公을 서하西夏인은 "리틀 범노자小范老子"라고 불렀다. 역대 학자들 사이에서 저자 노자와 책 노자를 두고 온갖 논쟁이 있어 왔다. 지금까지,

사마천司馬遷의 《사기史記》 기록이 가장 상세한 원본 자료로 남아 있지만, 반드시 완전하거나 정확한 원본 출처라고는 할 수 없다. 서한西漢의 사마천 시대가 노자가 죽은 지 350년이 지났고, 노자의 생애에 대한 사실도 모호해졌지만, 사마천은 세 가지 버전을 나열하여 후대 사람들에게 참고할 수 있도록 했기 때문에 나는 그것을 "가장 상세하다."라고 말하는 것이다. 노자의 삶에 대해 언급은 했지만 직접 어떤 주장을 펼치지는 않았다. 나는 사마천의 기록이 "가장 완전하거나 가장 정확하지 않을 수 있다."라고 말한다. 왜냐하면 사마천 이전에는 이에 관한 권위 있는 기록이 없었으며, 따라서 노자의 생졸을 독자적으로 확인할 수 없기 때문이다. 그의 글의 맥락에서, 우리는 사마천이 다음과 같은 첫 번째 버전을 믿는 경향이 있음을 추론할 수 있다. "노자는 초楚나라의 고현苦縣 여향厲鄕 곡인리曲仁里 사람이다. 성은 이李씨이며, 이름은 이耳, 자는 담聃이라고 하는데, 주周나라의 장서실藏書室을 관리하는 사관이었다."

이 노자에 대하여 《사기》에는 공자가 주나라를 방문했을 때, 노자에게 예禮에 관해 물었던 일화를 기록하고 있다. 노자는 공자에게 이렇게 말했다. "훌륭한 덕을 갖춘 군자는 겉보기는 어리석은 것처럼 꾸며 자신의 능력을 함부로 드러내지 않는다 들었습니다. 당신의 교만과 지나친 욕망, 위선적 표정과 끝없는 야심을 버리십시오. 이러한 것들은 당신에게 아무런 도움이 되지 않습니다. 내가 당신에게 할 말은 이것뿐입니다." 선배의 돌직구 같은 훈화다. 노자가 보기에, 공자의 지혜와 교묘함은 그가 성인에게 바라는 "솔직하지만 교만하지 않고, 명석하지만 드러내지 않는" 순박한 모습과는 너무나 동떨어져 있었다. 노자의 훈화를 들은 공자는 화를 내지 않았을 뿐만 아니라 그의 제자들에게 다음과 같이 말했다. "새는 날 수 있고, 물고기는 헤엄칠 줄 알고, 짐승은 달릴 수 있다. 달리는 짐승은 그물로 잡을 수 있으며, 헤엄치는 물고기는 낚시로 낚을 수 있고, 나는 새는 화살로 잡을 수 있다. 그러나 용은 구름과 바람을 타고 하늘로 올라간다. 용에 관해 나는 아무것도 알 수 없다. 오늘본 노자는 마치 용과 같았다!" 공자의 눈에 비친 노자는 너무 높아 따라잡을수 없는 신격화된 인물이었다. 《사기》에는 이어 노자는 "도와 덕을 수행했고, 스스로 학문을 숨겨 헛된 이름이 드러나지 않도록 무명無名에 힘썼다. 주나라에서 오래 살다가 주나라가 쇠망하는 것을 보고는 그곳을 떠났다."라고 기록하고 있다. 성의 관문 함곡관函谷關에서 노자는 관령關領 윤희尹喜를 만났다. 윤희는 노자에게 다음과 같이 말했다. "당신은 이 일을 계기로 사회에서물러나 은둔하며 살 것이니, 당신의 생각을 적어 주시기를 간청 드립니다." 그 결과 노자는 5000자로 상하 편을 썼는데, 이것이 바로 《도덕경道德經》이다. 노자가 고갯길을 떠난 후, 아무도 그의 행방을 알지 못했다.

나는 설법하는 노자부터 명상하는 노자, 물소를 타고 고갯길을 떠나가는노자까지 다양한 모습의 노자를 그리는 것을 즐긴다. 그러나 항상 도덕경과물이 가득 채운 박을 들고 다니는 순진하고 순박한 시골 소년이 동행한다. 내 그림에서 노자는 항상 흰 옷에 천신을 신고 있고, 그의 눈썹과 수염은 눈처럼 하얗다. 그는 머리를 느슨하게 늘어뜨리고 스카프나 두건을 두르지 않는다. 천상의 가벼움과 초탈감을 주는 것 같다. 약간 앞으로 몸을 숙인 채 마치 깊은 생각에 빠진 듯 반쯤 감긴 눈을 하고 있지만, 그 통찰력 있는 눈은과거부터 현재까지 천지와 역사의 비밀을 꿰뚫어 볼 수 있다. 항상 노자를존경하는 그 소년이 바로 노자에 대한 경의를 표하는 범증范曾인 내가 아닌가 싶다! 노자 앞에서 나는 형언할 수 없는 감정이 솟구친다. 그의 머리를하얗게 칠하여 그의 지식이 눈 덮인 산처럼 맑고 고상함을 암시하고, 그의심오한 생각의 명확성과 깊이를 표현하기 위해 그의 표정을 물처럼 차분하게칠한다.

운무심云無心(2011)

노자와 소년

《장 크리스토프》Jean-Christophe의 에필로그에서 로맹 롤랑Romain Rolland은 성 크리스토프Saint Christophe의 이야기를 인용한다. "성 크리스토프는 강을 건넜다. 그는 밤새도록 시류를 거슬러 행진했다. 바위처럼 그의 거대한 다리가 물 위에 우뚝 서 있다. 그의 어깨에는 연약하고 무거운 아이가 있다."(필자주: 이 아이는 아기 예수이다.) 그 아이는 미래이자 영원한 생명이다.

고대 그리스의 위대한 철학자 소크라테스는 "지적 조산술"이라는 개념을 제안하면서, "사고할 줄 아는 자"가 지적 조산을 통해 절대적 지식을 가진 좋은 아이를 얻을 수 있기를 바랐던 것 같다. 그런 착한 아이가 "진정한 양심"(헤겔의 소크라테스 용어)을 나타내는 반면, "생각할 수 있는 자"는 만물의 척도가 된다. 마찬가지로 생각할 수 있는 사람이 낳은 아기는 미래이자 곧 불후의 영생이다.

《도덕경》에서 노자는 뛰어난 재능과 비전과 지혜를 가진 사람은 겸손하고 또 공손한 마음을 가져야 한다고 믿었고("공격의 힘을 이해하되 절제하는 자세를 유지함"), 이를 통해 "영유아기로 돌아가는", "부드러움과 약함이 삶의 주체가 되는" 특성을 얻을 수 있을 것이라고 생각했다. 왜냐하면, 영유아의 부드러움과 연약함을 얻어야만 영원한 생명을 얻을 수 있기 때문이다. 여기서 노자, 성 크리스토프, 그리고 고대 그리스 철학자 소크라테스는 모두 동양의 지혜와 서양의 종교, 철학이 뜻밖의 만남을 가진 유아를 가리킨다.

노자의 관점에서 보면, 살아서 번성하는 모든 존재는 부드럽고 연약하지만, 죽고 시드는 것은 뻣뻣하고 경직되어 있다. 물은 먼 산에서 잔잔하고 부드럽게 흘러나와 만물을 고요히 관수하여 멀리 가까이 있는 모든 것을 이롭게 하는 부드러움의 상징이다. 하지만 그 물은 강력한 힘으로 어떤 것도 부수고 배를 띄우거나 뒤엎을 수 있으며, 거대한 바위와 강둑을 무너뜨리고, 해와 달을 가리고, 산과 강의 색깔을 바꿀 수도 있다. 버드나무가 싱싱한 녹색 가지를 흔들 때, 이것이 봄소식이라는 것을 알 것이다. 이슬과 서리가 맺히고 나무가 잎을 모두 떨구면, 겨울의 한기가 코앞에 다가왔음을 알 것이다. 노자는 어린아이를 "참 본성인 무극無極"과 "자연 그대로의 통나무朴"와 연관 지어, "갓난아기처럼 순진무구함을 회복해야 하고", "본래의 참 본성인 무극으로 돌아가야 하며", "자연 그대로의 통나무처럼 오염되지 않은 순박한 마음을 회복해야"한다고 믿었다. 왜냐하면 이러한 상태로 돌아가는 것만이 인류가 영원한 생명과 미래를 누릴 수 있기 때문이다.

노자의 무한한 만족을 보라. 그의 마음은 한 점 티끌이 없는 상태로 완전히 자유롭다. 그는 고개를 살짝 들어 올리고 얼굴에 살며시 미소를 머금고 있는데, 이 미소는 삶의 모든 우여곡절을 겪고, 모든 사회적 격변과 개인의 흥망성쇠의 원인을 헤아리며, 인간 영혼의 위대한 각성을 얻은 결과이다. 그의 등이 살짝 앞으로 구부정하고, 맑은 정신이 온몸에 흐르고 있다. 그것은 광대한 마음을 가진 자의 겸손함이다. 소박하고 정직한 그 소년은 순수하고 성실하며 활력이 넘친다. 그는 노자를 가까이 따라다니는데, 사실은 노자가 그의 곁에 있다. 심지어 노자와 소년은 하나라고 말할 수 있다.

《신선전神仙傳》에는 노자의 외모를 다음과 같이 기록하고 있다. "노자는 (중략) 신장이 8척尺8촌寸(고대 중국 측정치 척尺은 오늘날 약 23cm로, 8.8×23= 202.4)"이고, 황토색이며 아름다운 눈썹을 가지고 있으며 긴 귀와 큰 눈을 가지고 있고 넓은 이마와 희소한 이빨을 드러낸다. 입 모양은 네모나고 두툼한 입술을 가지고 있으며 이마에는 세상의 이치를 이해하는 주름이 많았다. 그의 관자놀이에 해와 달의 무늬가 있고, 코가 매우 넓었으며 각각의 귀는 세 개의 관이 있었다. (중략) " 분명히 이 묘사는 고대 신화에 나오는 기이한 인물들의 전형으로 미묘한 영향을 완전히 배제할 수는 없지만, 내가 노자를 묘사하는 데 직접적인 영향은 아니지만 잠재적으로 작용했다. 일반적으로 내 그림의 노자는 눈을 살짝 감고 있지만, 눈을 떴을 때는 실제로 "큰 눈"이 영롱하게 빛난다. 그의 넓고 광활한 이마는 마치 해와 달이 떠 있는 것처럼 황홀하며, 왕의 위엄을 갖추고 있다. 나는 내 그림에서 노자의 이러한 특징들이 《신선전神仙傳》에서 영감을 받은 것이라고 생각한다. 또 《사기》에 따르면, "대체로 노자는 160년 혹은 200년을 살았을 것이다."라고 말한다. 이 "대체로"라는 단어는 의심의 여지가 있어 믿을 수 없지만, 화가로서 나는 노자를 200년의 한계를 뛰어넘어 영원불멸의 모습을 한 백발노인으로 묘사하고 있다.

노자의 신비로움에 관해서는 《사기史記》에 공자가 노자에게 예를 물었다는 기록이 있는데, 공자는 노자의 가르침을 받고 나서 제자들에게 다음과 같이 말했다. "새는 날 수 있고, 물고기는 헤엄칠 수 있고, 짐승은 달릴 줄 안다. 달리는 짐승은 그물로 잡을 수 있으며, 헤엄치는 물고기는 낚시로 낚을 수 있고, 나는 새는 화살로 잡을 수 있다. 그러나 용은 구름과 바람을 타고 하늘로 올라간다. 용에 관해 나는 아무것도 알 수 없다. 오늘 본 노자는 마치 용과 같았다!"

아마도 내가 그린 것은 바로 용, 신비로운 용일지도 모른다. 노자는 그의 변혁적이고, 변화무쌍한 광대한 지혜를 통해 천지 고금을 꿰뚫어 보고 있다. 허공을 안고 있는 이 노인을 업신여겨서는 안 된다. 그의 유연한 성취라는 위대한 지혜는 한漢나라의 문제文帝와 경제景帝가 제국의 원기를 회복하고, 한무제漢武帝가 위대하게 등극할 수 있는 견고한 기반을 다지게 해 주었다.

하지만 노자는 "비경쟁不爭"이라는 신념을 가지고 소년과 함께 청우青牛를 타고 먼 곳으로 여행을 떠났다. 함곡관函谷關을 통과 한 후 그의 행방을 아는 사람은 아무도 없다고 한다.

노자의 가르침

이것은 마치 깊은 연못처럼 맑은 눈동자이다. 눈을 떴을 때는 높이 걸린 명경 같기도 하고 흐르는 샘물 같기도 하다. 차분하고, 엄숙하고, 역동적이며, 겸손하고, 관대하고, 빈틈없는 그것은 오로지 위대한 선지자만이 소유한 독특한 풍모이다. 그 소년은 순수하고 결백하며, 그의 영혼은 어떠한 불순물도 없다. 그는 일부러 노자의 생각을 쫓지는 않았지만, 노자의 가르침은 "아직 웃지 않는 갓난 아이"를 정확하게 묘사하는 것 같다. 물질적 욕망에 오염되지 않은 영혼만이 진정으로 노자에게 다가갈 수 있다. 새하얀 깃털을 가진 신선한 학은 우아하고 고결한 자태로 하늘의 구름과 구름 너머의 학의 울음소리를 떠올리게 한다. 그것은 노자가 구름 위로 올라가 불멸의 존재가 되는 상징이 아니던가?

노자는 우리에게 하늘과 땅 사이의 만물의 기원인 도를 가르치고 있다. 그는 역사 전반에 걸친 변화, 거버넌스의 웅장한 전략, 불행과 축복받은 존재의 진화를 가르치고 있다. 도는 무관심하고, 평화롭고, 경건하며, 광대하다. 그것은 독립적이고, 지속적이며, 끝없이, 영원히 진화한다. 그것은 모든 존재에 대한 자비와 사랑으로 운행하는 어머니와 같다. 그것은 신이 아니지만 신보다 더 오래 살아있는 듯하다. 그것은 우주보다 "위대大"하다. 그것은 모든 것의 가장 깊은 비밀보다 더 "신비롭고玄", 그것은 만물이 하나 됨으로 통합되는

"하나―"이며, 무한하고 가장 심오한 "평범함朴"이다. 약 2500년 전, 인간의 지식이 척박한 황무지 같았을 때, 지혜의 길은 쓰러진 나무와 가시덤불로 가득 차 있었다. 당시 플라톤과 아리스토텔레스는 고대 그리스에 태어나지 않았고, 논리와 물리학은 아직 학문 분야로 확립되지도 않았다. 망원경이나 천체물리학도 없었다. 그러나 동양에서는 노자가 지적인 사고에 대해 비범한 재능을 보였고, 합리적인 검증 없이 세상을 뒤흔들고 신을 거스르는 우주의 웅장하고 웅변적인 논설을 펼쳤다. 우리는 노자의 가르침을 일련의 가설로 간주할 수 있다. 그 가설은 너무나 장관이어서 고대 그리스 철학의 상상을 훨씬 뛰어넘었다. 플라톤도 자신의 가설을 개발했지만, 그의 "영원한 이념"은 "영원한 생명"에 대한 기억에 바탕을 두고 있는 반면 기억은 진리의 열쇠일 수도 있고, 잘못된 길로 가는 청신호일 수도 있어 논리의 도움을 받아야 한다. 대체로 논리는 서양인들이 옳고 그름에 대한 점점 더 잘 정의된 개념에 도달하는 데 도움이 되었으며, 동양 철학 사상의 포괄적인 체계에서는 옳고 그름은 그 과정에서 대립적인 요소들이 서로 얽히고 서로 종속되는 조화로운 영역에 공존했다.

노자는 도가 있는 곳에 조화를 이루고 만물의 성장과 발전을 촉진한다는 것을 세상에 보여주었다. 그것은 날카롭고 부서지기 쉬운 것을 무디게 하고, 엉클어진 것을 풀어주며, 눈부신 빛을 누그러 뜨리고, 낮은 것과 열등한 것을 신성하게 한다. 노자의 입장에서, 이것은 "도는 빈 그릇 같다.道沖"라는 경지에 도달 한 것이고, 과거의 모든 인간의 잘못과 어리석음은 "도충道沖"을 소홀히 한 결과였다. 춘추시대 예제禮制의 붕괴, 만연한 빈곤으로 인한 백성들의 절박한 행동, 지배계급이 저지른 끝없는 전쟁과 파괴는 결국, "세속적 욕망의 부재"를 이루지 못한 탓으로 돌릴 수 있다. 사실, 노자가 보기에 태고시대에는 이렇게 잔혹한 원한을 품고 싸우지 않는데, 그 당시 사람들은

"음식이 달고, 옷이 아름답고, 주거가 편안하며, 자신의 풍습을 즐겼다. 이웃 나라끼리 서로 바라다보이고, 개 짖고 닭 우는소리가 서로 들려도, 백성들이 늙어 죽을 때까지 서로 왕래하지 않았다." 이것은 동양의 유토피아를 묘사한 것인데, 노자와 토마스 모어의 차이점은, 노자는 전적으로 기억에만 의존했고, 모어는 추구에 더 의존했다는 것이다. 노자의 전략은 유연한 성취를 통해 위대한 왕조를 세우는데 충분했고, 모어는 대서양에서 그러한 이상주의적인 왕국을 상상했을 뿐이다.

"부쟁不爭", "무위無爲"가 "모든 것을 성취한다.無不爲"라는 이상을 실현하는 데 중요한 역할을 했기 때문에, 노자는 역사에서 최고 높은 지혜의 왕좌에 올랐으며, 모어는 세속의 강권에 의해 단두대에 처해졌다. 역사는 동양과 서양을 각각 커다란 경탄 호로 남겨두었다!

노자의 초상화를 바라보는 아버지

청淸나라 동치同治, 광서光緖 연간에는 많은 시인들이 등장했다. 그 중에서도 거장이라고 불릴 수 있는 사람은 나의 증조부 범백자范佰子와 진산원陳散原, 임서林紓가 있다. 증조범 백자와 진산원 두 노인은 서로 친하게 지내며 결국 자녀들의 인연을 맺게 되었다. 근대에 꽤 명성을 떨쳤던 화가 진사증陳師曾이 바로 범백자의 사위였다. 범백자의 시에 대해 진사증은 "소식, 황정 이후로 이런 기인은 없었다."라고 말했다. 백자佰子도 자신을 평하며 "시에서 나에게 견줄 수 있는 사람은 오직 이백과 두보뿐이다."라고 주장했다.

> 자첨子瞻과 나의 시는 모두 자유분방한 기개를 지녔지만,
> 그의 시는 내 시보다 한 수 위이다.
> 나는 산곡山谷의 강건한 필법을 배우고 있지만,
> 그는 나보다 더 정교하다.
> 활력과 세련미의 균형을 맞춰 독자적인 기치를 세우는 것이 부끄러운 일이 아닐 것이다.
> 나의 해결책은 원유산元遺山을 직접 모델로 삼고,
> 오왕반吳王班의 수준에 안주하지 않는 것이다.

범백자范佰子는 나의 증조부였고, 조부인 범한范罕 또한 그의 시로 유명했

다. 나의 아버지 범자우范子愚는 가풍을 이어받았고, 시와 고전 산문에 능했다. 둘째 형 범임范臨, 큰 형 범항范恒, 그리고 나도 어렸을 때 아버지로부터 배웠기 때문에 우리는 모두 시를 잘 지었다.

나의 아버지는 재능 있는 아이였고, 1910년에 아버지를 따라 일본으로 유학을 갔다. 그는 처음에 오언시, 칠언시를 공부했고, 이러한 문체로 시를 지었다. 그가 남긴 초기 시들 중 하나는 아마도 이 시기에 쓰인 것으로 보이며, 제목은 《야설夜雪》이다.

> 어젯밤 한참을 지나고,
> 쓸쓸한 바람이 베개를 스치고 지나갔다.
> 희미한 등불은 어둠 속에 그림자를 남기고,
> 창밖은 하얀 눈으로 뒤덮였다.

그는 말미에 "1910년 열두 살 때 아버지를 따라 일본으로 유학을 떠남"이라는 글을 붙였다. 열두 살 밖에 안 된 소년은 국사國事에 대해 막연한 생각밖에 할 수 없었고, 몇 년 후 그는 인생의 이 어린 시절을 다음과 같이 회상했다.

> 어린 시절 조국은 혼란에 빠졌다. 나는 아버지를 따라 동쪽으로 항해했다. 드넓은 바다를 돌아보며 조국의 비통한 처지를 한탄했다.

1911년에 나의 아버지는 열세 살이었다. 같은 해, 신해혁명이 발발했다. 그리고 아버지를 따라 중국으로 귀국했다. 이후, 시의 경지가 크게 향상되었다. "강물처럼 찬바람이 부는 늦가을, 우수수 떨어지는 오동잎 소리에 귀를 기울였다."라는 시구는 지역 시단에 찬사를 받았다. 그는 16살에 중국 대학의 예비반에 입학했지만, 열아홉 살 때 아버지의 병환으로 집에 돌아왔다. 이후 몇 년 동안 그는 집에서 경서, 역사, 고문, 시, 부를 읽으며 가문의 학문적 전통에 대한 사전 이해를 얻었다.

나의 할아버지 범한范罕과 태주泰州학자인 무전繆篆은 일본 유학을 같이 한 동창이었다. 1921년 무전 선생의 큰 딸 무경심繆鏡心은 겨우 열아홉 살이었지만, 뛰어난 재능과 미모로 이미 규방에서 세상의 주목을 받는 처자였다. 범한 선생은 친한 친구에게 자녀의 혼사에 관해 이야기를 꺼냈고, 두 사람 모두 이 가족 동맹에 동의를 했다. 아버지 범자우는 스물세 살이었고, 무경심과의 결혼은 완벽한 조합이었으며, 한때 양쯔강 서쪽에서 매우 호의적인 관심을 받았다.

한때, 무전 선생은 노신魯迅 선생과 함께 하문대학廈門大學에서 철학과 교수로 재직했다. 노신은 《양지서兩地書》에서 교수들의 간담회를 묘사한 바 있다. 한 교수가 인문대 학장인 임어당林語堂에게 임 교수는 교수들의 아버지 같은 존재라고 아첨을 했다. 이에 무전 선생은 탁자를 쾅쾅 두드리고 화를내며 자리를 박차고 나갔다. 이 다소 극적인 장면은 외할아버지의 솔직한 기질을 적절하게 보여준다. 범가의 사람들은 모두 다소 거만하다는 말이 있는데, 범가와 인연을 맺은 사람들도 상당히 자존심이 강했다고 한다. 이것이 바로 거만함에 자존심까지 더해진 결합이 아니던가! 사실, 자존심과 거만함이 정확히 부정적인 용어는 아니지만 문제는 사람들이 일반적으로 개성과 도도함을 거만함과 동일시한다는 것이다. 하지만 "거만"하지만 방자하지 않고, 무모하지 않으면서도 현란할 수 있다면, 그것은 오히려 바람직한 사람의 개성일 수 있다!

결혼 후 범자우 선생은 안후이성에서 정책 고문직을 얻었다. 2년 후, 그는 상해 미술 전문학교에 진학했다. 28세에 그는 고향으로 돌아와 다시는 떠나지 않았다. 해방 후 10년을 포함하여 30년 동안 교편을 잡았다. 그는 1959년 은퇴하고 먼 여행에 대한 그의 초기 야망을 되살렸다. 1960년에 다시 베이징을 방문했지만 세상은 많이 변해 있었고, 그는 깊은 감회를 느꼈다.

평생 아버지의 좌우명은 "세속적인 욕망을 멀리하는 것"이었고, 그는 결코 높은 사회적 지위나 명리에 집착하지 않았다. 그는 자신의 즐거움을 위해 시를 썼지만, 고상한 정신과 우아한 문체로 인해 그의 작품은 동료들 사이에서 높이 평가되었다.

출판 욕에 사로잡히지 않은 아버지는 보통 시를 완성하고 며칠 동안 큰 소리로 읊조리다가 그것을 서랍 깊숙이 감추곤 했다. 그의 작품들 중 가장 감동적인 것은 평생 동안 아내에게 쓴 시들이다. 어머니가 세상을 떠난 후, 나는 아버지의 슬픔을 위로할 수 없었다. 그래서 나는 아버지를 데리고 서호로 소풍을 떠났다. 그는 갑자기 훨씬 더 늙어 보였고, 서호와 외서호의 푸른 물결에도 관심을 보이지 않고 서둘러 고향으로 돌아가고 싶어했다. 집은 비어 있었지만, 고향에는 어머니의 흔적이 남아 있었다. 또 한 번 봄이 찾아 왔고, 그는 다음과 같은 시를 읊었다.

> 다른 사람들은 '봄'의 슬픔을 한탄할지 모르지만,
> 나 혼자서는 감정적으로 지쳤다.
> 산자와 망자의 다른 세계는 내게 오랫동안 모호했다.
> 누가 천상의 눈을 목격했는가?
> 새벽이 밝아오고 있다. 보이지 않는가?

무거운 마음으로 나는 옛집을 돌아보고,

꿈속의 당신은 아직도 꿈틀거린다.

당신을 향한 나의 사랑은 끈질기고 강렬했지만,

우리가 헤어지고 난 후,

당신에게 나의 사랑과 애정을 다시는 말할 수 없다.

그는 당시 베이징에 있는 내 숙소에 머물면서 "완전히 남에게 의존하는 떠돌이 손님"이라며 "하늘에 묻지만 대답은 없고 꿈은 아직도 멀다."라고 느끼며 이 시를 썼다. 그는 슬픔에 잠겨 건강이 악화되는 것을 알았지만, 어쩔 수 없었다. "슬픔을 참으며 촛불처럼 녹아내리는 것보다, 산 정상에 떠오르는 해처럼 삶을 마감할 수 있다면 좋겠다."라고 말했다. 하지만 그가 달리 무엇을 할 수 있었을까? 그는 50년 동안 어머니에 대한 사랑에서 벗어나지 못했다. 그는 자신의 슬픔의 무게를 알았고 다시는 그것을 경험하고 싶지 않았다. 그는 이렇게 썼다. "다음 생에는 차라리 빈 산까치가 되어 영원히 속세를 떠나 기쁜 소식을 전하겠노라!"

나의 아버지는 1984년에 돌아가셨다. 그가 세상을 떠나기 전, 그는 이미 일본 오카야마 현에 영구적인 "범증 미술관"이 건립되었다는 것을 알았다. 나는 그가 진정한 위안을 얻고 세상을 떠났을 것이라 생각한다.

이《노자의 초상화를 바라보는 아버지》라는 제목의 작품은 어머니가 돌아가 신 후 아버지가 베이징에 우거하실 때 내가 완성한 것이다. 당시 아버지는 이미 여든이 가까웠는데, 어머니에 대한 그리움을 단 하루도 잊은 날이 없었다. 매 끼니 마다, 그는 어머니의 초상화 앞에 음식을 봉안한 후 본인의 식사를 했다. 그때 나는 아버지가 시고에 "외로운 학"이라는 도장을 찍을 때마다,

아버지의 슬픔이 지나쳐 건강을 해칠까 봐 걱정했다. 하지만 그 후 13년 동안 외로운 아버지는 삶에 대한 열정을 다시는 되찾지 못하셨고, 나 역시 그의 아들로서 아무것도 해 줄 것이 없었다.

아버지의 유품을 정리하던 중 봉지 하나를 발견했다. 바깥은 천으로 싸여 있고 안은 여러 겹의 종이로 감겨 있었다. 그것은 어머니 댁에서 아버지 댁으로 약혼할 때 보내온 경첩이었는데, 어머니의 생년월일을 적어 혼인을 청하는 예물로 보낸 것이다. 부모님이 평생을 함께하며 가장 값진 유산으로 간직하셨던 유품이다. 아버지의 허락으로, 나는 아버지의 다작 시를 모아서 《자우시초子愚詩抄》라는 책을 엮었다. 나는 그에게 그의 친구들을 위해 선물로 100권을 선사했고, 아버지는 한 권을 어머니 영전에 바치셨다.

아버지가 돌아가신 후 정성스럽게 포장된 꾸러미를 발견했다. 풀어보니 그 안에는 아버지의 시 99권이 남아 있었다. 어쩌면 우리 아버지는 그저 겸손했을 뿐이다. 그는 위대한 시인의 후예로서 자신의 작품이 남에게 보여질 가치가 없다고 느꼈을지도 모르겠다. 아니면 어쩌면 교만심에서 "전국에 나를 이해하는 사람은 단 한 명도 없을 것이다."라고 생각했을지도 모르겠다. 하지만 가장 적절한 해석은 아버지께서 시를 단순한 자기 유희로 삼았기 때문에 도연명陶淵明처럼 진정한 시인이라고 생각했을 것 같다.

제7장

위대한 아름다움은 잠잠하다

자연의 소리는 아름답다

    아름다움이란 무엇인가? 아름다움은 어디에 있을까? 세속적인 화려함으로 꾸며진 웅장한 건축물에 아니면 季계씨 가문의 "팔일무八佾舞"에 아니면 세련된 도자기와 의장대의 위대한 도끼에, 무덤과 왕릉의 장식에 있는 것일까? 글쎄, 어느 것도 아니다! 장자의 관점에서 보면, 이 모든 것들은 다소 추악하고, 저속하며, 용납할 수 없는 것들이다. 장자에게 아름다움은 하늘, 땅, 그리고 인간의 자연적인 소리에 있다. 장자의 작품에서 자연음은 바람이 바위와 땅의 구멍을 통과할 때 발생하는 소리의 일반적인 정의를 넘어선다. "자연의 소리籟"는 소리, 향기, 분위기이며, 인위적으로 다듬지 않은 자연스럽고 순박한 존재이다. 바람이 자연을 휩쓸면 온갖 형태의 소리가 난다. 호수에서 불어오는 상쾌한 바람, 가파른 절벽에서 휘몰아치는 회오리바람, 흔들리는 나뭇가지 사이를 스치는 바람, 숲에 쓰러진 통나무, 긴 길 위의 무질서한 발자국들, 이 모든 것들은 "자연적으로 일어나는 숨소리"《장자 · 제물론齊物論》를 가지고 있다. 외부의 힘에 의존하지 않는 소리, 향 및 대기(분위기)를 말한다. 바람은 보거나 만질 수 없는 것이지만, 자연의 다섯 가지 소리의 합창일 뿐 아니라 사물이 "자연적으로 발생하는" 모든 변형을 느끼고 감지 할 수 있다. 천지와 인간의 소리를 이해하기 위한 필요조건은 인간을 인식론적 주체로서의 객관화와 일체화, 전면 개방 상태이다. 그래서 안성자顔成子가 불멸의 남곽자기南郭自綦를 보았을 때, 육체는 그야말로 죽은 송장 같았고, 그의 마음은 타버린

재와 같았다. 그에게는 더 이상 사물 간의 아무런 차이가 없었다. 그는 "지금 나는 나를 잃었다!"라는 단호한 말로 궁극적인 예언을 했다. 그가 자신을 잃고 스스로를 잊어버렸을 때, 그 순간 우주에서 가장 아름답고 조화로운 교향곡을 들었을 것이다!

위선을 버려라

장자는 회화, 음악, 예술화된 소위 의식, 교묘하게 만들어진 소위 설득술 같은 모든 인간 예술에 대해 단호히 등을 돌렸다. 그는 오색 오음五色五音, 인의仁義, 공론公論은 사람의 눈을 현혹시키고, 귀를 어지럽히고, 사람의 참된 표현을 막고, 정신을 어지럽게 하여 근본적으로 자연의 소리에 어긋나고, 명료함과 진실의 본성을 상실하게 만든다고 생각했다. 그러므로 마치 손가락, 발가락의 다지증과 합지증처럼 무수한 색상과 소리는 몸의 혹과 종기에 불과하여 인간의 본성에 반하기 때문에 우리는 그것들을 제거하는 것만으로도 만족감을 느낄 것이다. 이주离朱, 당신이 무슨 화가인가? 화려한 옷에 칠한 검은색과 금색의 문양이 얼마나 눈이 부신지! 사광師曠, 당신이 무슨 음악가인가? 당신의 번잡하고 저속한 음악은 얼마나 귀에 거슬리는지! 증삼曾參과 사추史鰌, 당신들의 위선적인 덕행은 세상의 인심을 혼란스럽게 했고 공연히 대중들을 독살 시켰다. 양주楊朱와 묵적墨翟, 당신들은 말도 안 되는 말을 연발하여 세상 사람들을 속이고 부당한 명성을 쫓았다! "가장 진실된 미덕은 삶의 자연적 특성을 유지하는 것"《장자·변무駢拇》이라는 것은 장자 교리의 핵심 원리로써, 솔직히 여기서 최고의 원칙은 이 한 문장으로 요약될 수 있는 데, 즉 자연의 본성을 영원히 고수하고 "삶의 근본"에서 결코 벗어나지 않는 것이다. 장자의 미학은 완전한 진정성과 순수성을 추구한다. 이는 그의 사회적, 정치적 사상을 담고 있다. 타고난 본성과 삶의 근본에 반하는 모든 사회적,

정치적, 문화적 이상은 장자에 의해 치명적이고 완전히 무너져 내린다. 단지 일부분만 손상되는 것이 아니라 완전히 파괴된다. 그는 당唐 나라의 요순堯舜 시대 이후로 세상은 혼란스러웠고, 대중을 격려하고 동기를 부여하기 위해 항상 덕과 인의에 의존했다고 말했다. 하지만 이 시기는 정확히 도덕적 타락의 시기였고, "덕과 인의는 인간의 본성을 변화시키기 위해 사용되었다." 《장자·변무騈拇》 하夏·상商·주周 삼대 이후 천하 사람들은 외물로 자기 본성을 바꾸지 않은 이가 없었다. 소인小人은 이익을 위해 목숨을 바쳤고, 선비士人는 명예를 위해 목숨을 바쳤고, 대부大夫는 자기 가문을 위해 목숨을 바쳤고, 성인聖人은 천하를 위해 목숨을 바쳤다. "이 네 종류의 사람들은 모두 다른 직업과 명성을 가지고 있었지만, 그들은 한 가지 공통점을 공유했다. 그들은 모두 인간 본성에 해를 입히기 위해 자신을 희생했다."《장자·변무》 장자의 관점에서 보면, 이익, 명예, 가문, 천하는 불과 "천길 밖의 새"일 뿐이다. 오직 본성을 잃지 않는 진정한 생명만이 "수후의 진주隋侯之珠"라 할 수 있다. 누구도 새를 위해 진주를 희생해서는 안 된다. 마찬가지로 장자는 동주 시대의 예술적 성취를 저속하고 세속적이며, 위선적이고, 가식적이며 추잡한 것으로 사물의 본성을 훼손하는 약간의 모조품에 불과하다고 여겼다. 마찬가지로 예술도 이익, 명예, 가문, 천하를 위해 희생되어서는 안 된다. "누군가가 사광師曠처럼 음악을 잘 안다고 해서 그를 지각력 있는 사람이라고 생각하지 않을 것이고, 이주離朱처럼 색깔을 아는 사람이라 하더라도 그를 예리한 관찰력을 가진 사람으로 보지 않을 것이다."

그렇다면 장자가 생각하는 아름다움은 존재하는가? 당연히 존재한다. 그것은 시각·청각·색채·미각 등 감각적인 존재를 초월한 것이다. 장자가 말했듯이, "내가 말한 완전함은 덕이 있는 인의가 아니라 자연의 진정성"이다. 완전함은 우주의 자연법칙으로 돌아가는 데 있다. 그것은 또한 타고난 기질과 뿌리로 돌아가는 것에 있다. "내가 지각적이라고 여기는 것은 외부 소리를 듣는 능력이 아니라 마음의 소리이다." 즉, 세련된 청각은 다양한 악기의 소리나 고대 음악의 음색을 구별하는 능력에 있는 것이 아니라 자기 성찰의 아름다움을 감상하는 능력에 있다." "내가 예리한 관찰이라고 생각하는 것은 다른 사람을 인식하는 능력이 아니라 자기 자신을 자연 그대로 관찰하는 능력이다."《장자·변무》 다시 말해, 명확한 비전은 당신이 보는 무수한 색상에 의해 정의되는 것이 아니라 내성의 고요한 신비에 의해 정의된다.

장자와 서양의 다른 관점

장자의 철학은 사회적, 개인적, 미학적 사고를 하나로 융합했지만 프로이트의 분석에서는 이데올로기, 자아, 초자아에 대한 개념이 분리되어 있다. 장자에게 "장자莊子", "자아自我", "초자아超我"는 하나의 실체이다. 왜냐하면 장자는 자연 속 존재였고, 프로이트는 자연 속 존재라기보다는 사회적 존재이기 때문이다. 오직 사회적 존재만이 프로이트 이론이 유용하다고 생각한다. 장자는 철저한 자연회귀주의자였지만, 숲과 광야에서 야생의 야수들과 알몸으로 동거하며 방탕한 삶을 살았던 서구 아방가르드 집단의 급진적인 행동은 기이함과 현대 생활의 압력에 대한 항의에 불과했다. 장자의 사상은 날카로운 철학적 통찰력, 소박하고 순박한 인품, 꾸밈을 벗고 자연스러운 아름다움을 드러내는 예술적 가치를 지닌다. 따라서 어떤 아름다움의 창조에도 불구하고, 장자는 천지 만물의 아름다움이라는 이상을 낳았다. 이 이상만으로도 우리는 장자의 미학 사상이 2300년의 세월을 거쳐 앞으로도 무궁무진하게 빛날 것이라는 것을 알 수 있다.

겉으로는 아무리 거만하고 교만하며 동료를 폄하하는 예술가라도 일단 밤에 혼자 앉아 자신의 양심을 살피고 나면, 점점 더 소심함과 열등감, 무력감을 느낄 수밖에 없다. 다만 본성이 순박하고 소박하지 않기 때문에 진정한 성찰과 회개를 이루지 못하며, 따라서 계속해서 나발을 불며 낮에는 자화자

찬하며 살아간다. 그런 사고방식에 갇히면 이상한 스트레스 주기에 빠지게 되며, 그들의 작품도 갈수록 가식적으로 꾸며져 허세를 부리게 된다. 상인과 평론가들은 예술가와 상호 의존적인 관계를 맺고 있기 때문에, 그들의 그림이나 다른 예술품에 대해 더 높은 가격을 매기려는 타락한 야망을 지원하는 데 도움을 준다. 동시에 그들의 인성은 더욱 기형화되어 마침내 그들은 자신이 실로 신이 죽은 후에 새롭게 부활한 신이라고 착각하게 된다. 그럼에도 불구하고 어디에나 존재하는 양심이 때때로 그들의 마음에 뇌리를 스쳐간다. 예를 들어, 거만했던 피카소조차 자신이 정말 천재인지에 대해 항상 의심을 품곤 했다. 허영심은 종종 천재들에게 무거운 짐이 된다. 때로는 그것들을 닳게 하여 죽음으로 이끌 수도 있다.

꽃을 들고 웃고 있는 부처가 보이는가? 장자가 대야를 치면서 노래하는 소리가 들리는가? "모든 형태의 아름다움은 하나이며 동일하다."는 것을 발견한 소크라테스를 만난 적 있는가? 동서양의 지혜가 21세기 인류 문화를 위한 건강하고 아름다운 안식처를 만들어 줄 수 있다. 20세기는 인류 문화사에 너무 많은 폐물과 추악함을 남겼고, 이것은 자연과의 조화에 위배되는 것으로 모든 악의 근원이 되었다.

천지의 위대한 조화: 자연의 경계와 자연의 균형

아, 천지가 얼마나 아름다운가! 매끄럽고 찬란한, 그 위대한 아름다움은 하늘의 절반을 덮는 진홍색 구름, 구름 사이로 나는 흰 학, 산 위로 드리워진 밝은 달, 강과 호수에서 불어오는 맑은 바람, 높은 산의 가파른 절벽, 기상천외한 협곡과 계곡, 광활하고 반짝이는 강의 물결, 설원의 차가운 빛, 광활한 사막에서 피어오르는 연기, 저 바람 부는 말발굽 소리, 그리고 지는 해의 마지막 광선, 이러한 자연의 신성한 창조는 광활한 하늘과 끝없는 대지에 아름답고 고요하게 펼쳐져 있다.

"천하는 위대한 아름다움을 가지고 있어도 말하지 않고, 사계절은 밝은 법도를 가지고 있으면서도 따지지 않으며, 만물은 생성의 원리를 지니고 있으면서도 설명하지 않는다."《장자·지북유知北游》 천지의 위대한 아름다움, 사계절의 순환, 그리고 만물의 죽음과 재탄생은 "모호한 것처럼 보일 수도 있고, 심지어 존재하지 않을 수도 있지만, 항상 그곳에 있을 수도 있다." 그리고 "분명하고 형체 없는 것처럼 보일 수도 있지만 활기차게 존재하는" 것은 도의 최고 위력 때문이다. 도 앞에서는 모두가 무력하고, 가장 위대한 성인이라도 스스로의 의지로 행동하지 않는다. 바로 우주의 존재에서 인간은 오직 한 가지, 즉 그들의 경건함만을 추구할 수 있으며, 그것이 그들의 의무이다. 공손용公孫龍에 대한 논평에서 장자는 그의 세련된 생각과 멋진 표현을 이해하지 못하는 경쟁자들의 무능함을 조롱했다. 그렇게 하는 것은 "마치 모기가 산을 등에 업고, 노래기가 황하를 가로질러 헤엄치게 하는 것과 비슷하다." 장자는 또한 경쟁자의 제한된 시야와 인식의 깊이를 비웃었다. "가느다란 대롱 구멍으로 하늘을 관찰하고, 송곳으로 땅을 측량한다."《장자·추수秋水》 결론적으로 나는 장자가 모든 인간의 지혜와 기술을 부정한다고 생각한다. 장자에게 인간의 모든 발견, 발명, 예술 창조는 마치 "대롱 구멍으로 하늘을 관찰하고, 송곳으로 땅을 측량하는 것"에 불과할 뿐, 우주의 위대한 아름다움에 비하면 참으로 보잘것없는 것이기 때문이다.

장자의 관점에서 천지는 거대한 용광로였고, 자연은 우주의 모든 것을 녹여서 주조하는 고도로 숙련된 장인과 같다. 모든 번식과 죽음과 재생의 주기는 이 장인과 그의 용광로의 의지를 반영하여 삶과 죽음을 자연의 조화로운 전체로 통합하였다. 그러므로 모든 득실이 자연의 명령에 따라 이루어졌기 때문에 이룰 수 없는 것을 반드시 성취해야 한다고 느낄 필요는 없으며, 모든 삶의 기쁨과 죽음의 슬픔은 자연의 위대한 과정에서 녹아 없어지고 사라질 것이다. 그래야만 평생 거꾸로 매달리는 고통에서 벗어날 수 있다. 장자의 표현대로, "나는 내 때가 되어 생명을 얻었고, 삶을 잃는 것도 죽음의 도리를 따를 따름이다."(도에 따라 만족하며 사는 나는 슬픔이나 기쁨 어느 쪽에도 영향을 받을 수 없다. 고대에 따르면 그러한 이해를 속박으로부터의 자유라고 할 수 있다.《장자·대종사大宗師》)

우리 예술가들이 삶의 완전한 자유를 누리지 못하고 거꾸로 매달리는 투쟁에 휘말릴 때, 우리는 자연과 매끄럽게 융합하고 고요함을 이해하는 능력에 압도적인 무력감을 느낄 수밖에 없다. 엉뚱한 모습으로 주목을 받고, 엉뚱한 모습으로 남에게 감동을 주고자 하는 우리는 반드시 장자의 도가니에서 솟아나는 끓는 쇠처럼 행동하며, "나는 막야莫耶와 같은 대검이 되어야 한다."라는 용광로의 용융 금처럼 불길한 금으로 간주될 것이다. 모든 예술 창작에 있어 고의적인 조작이 어찌 이처럼 솟구치는 악금惡金과 같지 않겠는가?

천지의 위대한 아름다움은 모순이 없고 차이가 없으며, 조화롭고, 정직하고, 순수하며, 옳고 그름으로부터 자유롭다. 그것의 운영 법칙은 거의 보이지 않고, 만물의 성장과 쇠퇴의 순환은 그것의 시작과 끝을 하나로 묶고 있다. 이것을 《장자》에서는 "천균天均" 또는 "천예天倪"라고 하는데, 이는 자연의 균형이라고 불리는 현상으로 인공 경계가 아닌 자연적 경계이며, 진정한 조화의 영역이다. "모든 만물은 같은 근원에서 생겨났지만 각기 다르며, 각자 서로 다른 방식으로 변형한다. 그것의 시작과 끝은 마치 원을 그리듯 하나로 합쳐지고, 그것의 운영 법칙은 거의 보이지 않는다. 이를 자연의 균형 '천균'이라고 하며, 자연의 경계가 '천예'이다."《장자·우언寓言》 어쩌면 당신도 생각할 수 있는 모든 방식으로 모든 사람을 능가하려고 노력하지는 않겠지만, 자연의 균형을 이해하지 못하고 보이지 않는 운영 법칙의 순수하고 조화로운 영역을 감상하지 못한다면, 당신은 분명히 천지의 위대한 아름다움을 놓치게 될 것이다. 자연과 완벽하게 융합되지 않으면, 당신은 위대한 자유를 얻기 어려울 것이다. 단지 인생에서 거꾸로 매달려 있는 비참함에 갇히게 될 것이다.

노자출관老子出關(2004)

절정의 경험 : 나른함과 충만한 활력

　속세와 광대한 우주를 바라보는 흐릿하고 혼돈에 취한 눈을 가지고 태어난 장자는 사물을 관찰하는 데 있어 분별력 있고 명료하며 모든 것을 세세히 바라보지 않았다. 지나친 명료함이 특정한 이점을 가져다주는 것처럼 보이지만, 실제로는 죽음과 같이 영혼으로부터 육체를 분리시킨다. 그러나 물리적인 존재를 무형의 존재로 여기면, 우리는 감정적이고 정서적인 안정을 얻을 수 있다. 장자가 말했듯이, "우리가 유형을 무형으로 간주하면, 우리는 평화와 위안을 얻을 수 있다."《장자·경상초庚桑楚》 장자는 《달생達生》편에서 술에 취한 남자가 마차에서 떨어지는 이야기를 했다. 그 남자는 다른 사람들과 같은 뼈와 관절을 가지고 있었지만, 온갖 부상을 입어도 떨어져 죽지 않았다. 그의 놀라운 생존 이유는 "술 취한 사람의 정신은 완전한 상태에 있기 때문에, 그는 마차에 타고 있는 줄도 몰랐고, 떨어지는 것도 의식하지 못하니 추락으로 인한 죽음의 공포와 트라우마를 면할 수 있었다." 따라서 그것은 공포의 요소 없이 부상을 입은 경우였다. 내 생각으로는, 술에 취한 남자가 마치 물건이 땅에 떨어지는 것처럼 자연스럽고 완전히 이완된 상태로 마차에서 떨어졌기 때문에("자신의 정신적인 온전함을 보존할 수 있었기에"), 그런 상황에서 겁을 먹은 사람보다 추락에서 살아남는 것이 더 쉬웠을 것이다. 말할 필요도 없이 공황 상태에서 내린 결정은 대개 의도하지 않은 결과를 초래한다. 그래서 장자는 관윤關尹을 통해 한층 더 깊은 이치를 설명했으니, 술에서 정신이 온전한 상태를 얻고도 이 정도인데 하물며 "우주와 자연으로부터 온전함을 얻은 자"는 어떻겠는가! 우리가 참으로 천지의 영으로 평화를 이룰 수 있다면, 아직도 근심하고 슬퍼하며 또는 얻는 것과 잃는 것을 불안해하며 살아서 죽는 것을 두려워하겠는가? 그럴 수 없다. 그런 마음가짐이라면 곤륜산을 뛰어넘고, 광대한 우주와 거대한 공허를 탐험하고, 어디에도 남아 있지 않은 미계에 머물며, 천지의 위대한 아름다움을 진정으로 품을 수 있다. 이것은 어린 아이처럼 천진무구하고, 술 취한 사람처럼 혼돈에 빠져 자유롭고, 조화롭고 단합하는 절정의 경험이다. 장자는 다음 단락에서 우리에게 이 놀라운 상태를 더 자세히 설명해 줄 것이다.

득과 실 사이

　인간이 만든 것, 인간의 "지혜"에 의해 가미된 것, 소리, 색, 향, 맛, 욕망에 사로잡혀 무언가를 얻었다고 생각하는 것은 모두 자연의 본연한 성질에 어긋나고 추하다고 장자는 생각했다. 자연에서 번성하는 수백 년 묵은 나무들은 얼마나 경이로운가! 그러나 안타깝게도 사람들은 이 거목을 희생양으로 삼아 청황색 물감으로 무늬를 새기고, 부러진 가지와 나뭇가지는 골짜기에 버려버린다. 이렇게 화려하게 장식된 희생양과 버려진 부러진 나뭇가지를 비교해보면, 하나는 다행이고 다른 하나는 운이 없는 셈이 분명하다. 하지만 자연적 속성을 상실했다는 측면에서는 그들 사이에 아무런 차이가 없다. 도척盜跖과 증삼曾參, 사추史鰌는 행동과 추종하는 도덕적 가치관이 다르지만, 인간의 본성을 상실했다는 측면에서는 차이가 없다. 장자에 따르면, 사람이 고유의 본성을 잃을 수 있는 다섯 가지 시나리오가 있다. 오색五色이 눈을 부시게 하여 눈을 멀게 할 때, 오음五音이 귀를 혼란스럽게 하여 귀를 어둡게 할 때, 오향五香이 코를 찔러 이마로의 비강을 막을 때, 오미五味가 사람의 입 맛을 상하게 하여 그 맛을 음미하지 못할 때, 온갖 선택이 마음을 산만하게 하여 방황하게 될 때이다. 이 다섯 가지 경우는 모두 악의적이며 삶에 해를 끼친다. 양주楊朱와 묵자墨子는 이러한 것들을 끊임없이 추구하며 "자신이 얻었다.自以为得"고 생각하지만, 이는 장자가 말하는 "얻음得"이 아니다. 오히려 얻은 것에 사로잡혀 괴로워진다면, 과연 그것을 "얻음"이라고 할 수 있겠는가? 이런 고통은 수리부엉이의 농간, 호랑이와 표범의 울타리, 죄수의 고문과 무엇이 다르겠는가? 《장자·천지天地》 세속적인 평범한 사람들은 그러한 악폐가 마음에 가득 차도록 허용하지만, 진정으로 깨달은 자는 가장 깊은 곳에서 사물의 진정한 본성을 탐구하고, 본연의 모습을 유지하며, 천지를 잊고 만물을 버린다. 그들의 정신 세계는 외물에 의해 방해받지 않으며, 진정으로 대도와 지덕에 융합하여 인의仁義와 예악禮樂을 버린다. 그러면 그들의 마음은 평온하고 맑아 정지한 물처럼 고요하고, 태허처럼 텅 비어 있다.("모든 사물의 참됨을 추구하며, 그 근본을 잘 지킨다. 그러므로 하늘과 땅을 도외시하고, 만물을 잊으면, 그의 정신은 곤경에 처하는 일이 없게 된다. 도道와 덕德에 몰두하고 일체화하여, 인·의·예·악仁義禮樂을 버릴 때, 완전히 깨달은 사람은 온전한 것과 같은 고요함과 명료함을 얻을 것이다."《장자·천도天道》)

체도합일體道合一, 이천합천以天合天

　표면적으로 장자의 도 이론은 예술과 동떨어져 보이지만, 실제로는 예술의 본질을 설명하고 시각화하는 데에 기여한다. 예술가가 장자를 읽지 않고 단지 후세의 문론文論이나 화론畵論에서만 문구를 뽑아 사용한다면 그 근원이 어디인지 알 수 없을 것이다. 장자가 광활한 하늘이라면 왜 대나무 줄기를 통해 하늘을 보겠는가? 장자가 고요한 대지라면 굳이 송곳으로 땅을 측량하겠는가? 다음 두 이야기에서 장자는 가장 명확한 진리를 설명하기 위해 능숙한 수레공과 재경梓慶을 각각 언급한다. 이야기 자체가 매우 설득력 있으므로 따로 근거를 입증할 필요는 없다. 능숙한 수레공이 제환공이 읽는 성인의 책을 "쓰레기"라고 비웃었다. 그는 자신이 만든 수레바퀴를 통해 도(율법)에 대한 깨달음을 얻었기 때문이다. "수레바퀴를 느슨하게 깎으면 굴대가 헐거워져 견고하지 못하고, 빨리 깎으면 빡빡해서 굴대가 들어가지 않는다." 원본에서 '甘'은 '느슨함'을 의미하고, '苦'는 '빡빡함'을 의미한다. 마찬가지로 '徐'는 원래 '느림'인데, 반면 '疾'은 '빠름'을 의미한다. 그러므로 "너무 헐겁지도 않고 너무 끼지도 않게 하는 것은, 손의 감각에 의하여 마음의 호응으로서 결정되는 것이다." 더 정확히 말하자면, "너무 빠르거나 너무 느리게 작업하지 않고 완벽한 템포를 아는 것이다. 지식은 말로 다 할 수 없다. 나는 그 일에 일가견이 있다."《장자·천도天道》이것은 도에 대한 형언 할 수 없을 정도의 깊은 이해이다. 여기서 "재능數"은 일반적인 기술이나 비례 감각이 아니라 우주에서 가장 미묘한 측정의 명령을 지칭한다. 이와 같은 체도의 경지 體道合一는 자손에게 물려줄 수도 없고 후대에 전할 수도 없는 것이다.

장자는 《달생達生》편에서 능숙한 나무 조각가 재경梓慶이 쇠북을 만드는 이야기를 들려준다. 재경이 나무 조각으로 북 받침대鐻를 만들자 그것을 본 구경꾼들이 귀신의 솜씨 같다고 모두 놀랐다. 노魯나라 제후가 그것을 보고 놀라 그 기술에 대해 물었다. 재경이 말했다. "신은 한낱 목수인데 무슨 기술이 있겠습니까? 비록 그렇기는 하지만 한 가지 말씀드릴 수 있습니다. 신이 바야흐로 북틀을 만들려고 하면, 절대로 정신을 흐트러뜨리지 않도록 조심합니다. 반드시 재계齋戒하여 마음을 가라앉히는데, 사흘을 재계하면 상賞이나 벼슬에 대한 생각이 없어지고, 닷새를 재계하면 비난과 명예 또는 기교나 서투름에 대한 생각이 없어지고, 이레를 재계하면 사지와 몸조차 망각하게 됩니다. 이렇게 되면 완전 무심의 상태가 되어 나라의 조정도 안중에 없고, 그 기술에 전념하여 외부 간섭을 없앨 수 있습니다. 그러면 숲에 들어가 나무의 타고난 본성을 살피고, 모양과 크기에서 가장 적합한 재목을 찾아, 마음속으로 구상을 하고 작업을 시작하는 것입니다. 그렇지 않으면 일을 시작하지 않습니다. 곧 나무의 천성과 나의 천성이 합치되어야, 만든 북받침 대가 신의 경지에 이르게 되는 것입니다. 그 이유는 이와 같습니다."

예술가가 자신에게 쌓인 모든 오염과 찌꺼기를 깨끗이 씻어내면, 그는 더 이상 개인의 득과 실을 따지지 않고, 호의나 굴욕을 걱정하지 않는 영역으로 들어간다. 그는 기술과 기교를 완전히 무시하고, 사지와 몸도 모두 잊어버려서 더 이상 흰 비단이 보이지 않고 손이 더 이상 먹물을 적신 붓을 느끼지 않는 마음의 상태에 도달하게 된다. 그가 무엇을 그리든, 그것은 자연의 생명력과 아름다움으로 가득 찰 것이다. 그가 그림에서 보는 것과 그가 마음에 품고 있는 것을 붓의 힘으로 포착하는 것은 마치 재경의 이야기에서처럼, "북틀을 구상하고 나서 그다음 시작하는 것이다." 이처럼 대상을 사실적으로 묘사할 수 있는 능력은 비범한 예술가에 의해서만 달성될 수 있다. 재경이 북틀을 만드는 과정, 그의 영적 여정, 그의 정신적 집중과 필수적인 생명력의 배양, 그리고 더 중요한 것은 그의 "이천합천以天合天"의 정신 상태이다. 이 모든 것들은 《달생》편에서 말한 "새로 새를 기르는" 수행을 포함하여, 모든 성공적이고 훌륭한 창조물은 모두 자연의 법칙을 따라야 하며, 수단과 법칙이 하나 되고 동일해야 한다. 그런 이해가 없으면 예술가는 붓을 내려놓는 편이 낫다.

당나라의 장언원張彦遠이 남긴 기록에 따르면, 필굉畢宏은 장조張璪가 그림을 그릴 때 "기이하게 독호禿毫만을 사용하고, 혹은 손으로 견소絹素를 더듬었다."라고 했다. 즉, 장조는 그림을 그릴 때 어떤 수단도 가리지 않았다는 것이다. 그의 상상력이 그에게 영감을 준 것을 묘사할 수 있는 한, 그는 뭉툭한 붓이든 심지어 손가락, 손바닥으로 그림을 그리는 것도 아랑곳하지 않았다. 필굉이 장조에게 스승이 누구냐고 물었다. 장조는 "외부로는 자연을 스승으로 삼았고, 내적으로는 스스로 깨달은 바"라고 대답했다. 여기서, "자연"과 "자신의 이해"는 떼려야 뗄 수 없는 하나의 개념이다. "자신의 이해"는 "자연"을 말하는 또 다른 방식인 하늘에 기원을 두고 있다. 그러한 이해는 바로 장자의 본질인 "이천합천以天合天"의 개념에 있다.

당나라 작가 부재符載는 장조가 소나무를 어떻게 그렸는지에 대해 다음과 같이 묘사하고 있다.

천재적이고 상상력이 풍부한 장 씨에게 갑자기 영감이 떠올랐고,

그 놀라운 그림을 그리기 위해 재빨리 하얀 생사포를 달라고 요청했다. 흥분해서, 주인은 그의 팔을 들어 환호했다. 그때 좌석에는 24명의 문인들이 모여 있었고, 그의 좌우에 옹기종기 서서 그의 솜씨를 지켜보았다. 원 중앙에 다리를 꼬고 앉은 장 씨는 자신의 그림을 바라보며 깊은숨을 쉬기 시작했다. 그가 그림을 그리기 시작했을 때 그 광경은 번개가 치고 돌풍이 하늘로 휘몰아치는 것처럼 그저 놀라울 따름이었다. 한동안 그는 붓을 격렬하게 원을 그리며 팔을 좌우로 빠르게 흔들었다. 그의 붓은 온몸에 먹물을 뿜으며, 손바닥은 먹물을 쪼개어 뒤섞인 무늬와 이국적인 모양을 만들었다. 모든 것이 완성되었을 때 가파르고 뾰족한 바위, 맑고 깊은 물, 그리고 아름다운 구름을 배경으로 비늘 모양의 줄기를 가진 소나무 그림이 나타났다. 장 씨는 붓을 내려놓고 똑바로 서서 마치 뇌우가 그친 듯 침착하게 주위를 둘러보면서 모든 것을 본래의 모습으로 드러냈다. 관부 장공의 예술은 단순히 그림의 창작이 아닌 진정한 도의 경지이다. 일단 그가 그림을 그리려하면, 우리는 그가 궁극적으로 심오하고 신비로운 것을 목표로 기교를 거부할 것임을 안다. 물질세계에 대한 진정한 이해는 시각과 청각적 인상이 아니라 마음속에서 얻는다. 따라서 예술가가 그의 마음속으로 개념이 형성되면 마치 신성한 힘에 의해 영감을 받는 것처럼, 생명력이 자연스럽게 흐르는 매우 독특한 작품을 만들 수 있다. 예술가가 편협하게 득실을 고민하고, 제한적이고 얄팍한 이해로 아름다움과 추함을 판단한다면, 안절부절못하고 끝없이 주저할 것이다. 이는 회화에 관한 한 전혀 쓸모없는 태도이므로 단호하게 버려야 한다!

보다시피, 장조 회화의 첫 번째 원칙은 물질세계에 대한 완전한 정복(시각적, 청각적 인상)을 거부하는 것이었다. 그리고 마음의 깊이에서 비롯된 내적 이해에 의존하는 것이었다.(물질세계에 대한 진정한 이해는 마음에서 비롯

됨) 동시에 그는 세속적인 기술을 피하고 그의 그림에서 심오하고 신비로운 것을 복원했다. 그렇게 함으로써 그는 진정으로 하늘과 땅의 영에 잠기고 참된 것을 엿볼 수 있었다. 그런 이천합천以天合天을 이룰 수 있는 사람이야말로 참으로 비범한 예술가들이다. 반대로, 의심과 의혹에 사로잡혀 자발적이고 자유분방하게 붓을 놓을 수 없고, 불순한 생각과 기회주의적 충동으로 가득 차 모든 움직임에서 과도하게 계산하는 사람들은 예술의 진정한 적이다. 의심할 여지없이 그들의 작품은 인류 문명의 혹과 종기에 지나지 않는다. 장자는 모든 거짓과 위선의 숙적이었고, 진실과 장엄한 성품의 헌신적인 아들이었다.

해의반박解衣般礴, 불위물역不爲物役

장자가 본 것처럼 오색의 변화를 다했다고 해서 아름다운 것이 아니며, 오음의 신묘함을 다했다고 해서 아름다운 것이 아니다. 이것은 모두 사람들의 "사소한 지식小識"과 "보잘것없는 행동小行"이며, "사소한 지식은 덕을 해치고, 사소한 행동은 도를 해치기" 때문에, 그것들을 지도 원칙으로 삼아서는 안 된다. 장자는 오직 한 종류의 예술가만을 인정했다. 바로 자유로운 감정, 완전한 득실의 초월, 탁월하고 당당한 태도, 현재와 과거를 초월한 시각, 공리적인 관념의 부재를 지닌 예술가이다. 그들에게 예술은 명성과 관직을 추구하기 위한 수단이 아니라 도道와의 완전한 합일을 보여주는 상징이었다. 그들이 추구한 바는 굴원屈原이 풍자한 "홀연히 쫓고 쫓기는" 비속한 마음가짐이 아니라, 아무것도 의지하지 않고 아무것도 바라지 않는 영역, 즉 다시 말해 철저한 무구無求의 상태이며, 그것은 일종의 취객이 경험하는 자아도취이다.

도연명이 창조한 캐릭터 오류五柳 선생은 "항상 술 취하기를 기대하며 배불리 마시고, 일단 취했다 하면 그는 잠시도 지체하지 않고 일어나 그 자리를 떠났다." "항상 문장을 지어 스스로 즐기면서, 자신의 뜻을 나타냈다." 그는 그런 예술가였다.

《전자방田子方》에서 장자는 비슷한 자질을 가진 사람에 대해 이야기를 기록했다. 송宋 나라 원공元公이 나라의 지도를 그리려고 화가들을 불러 모았다. 화가들이 모두 모여, 읍하고 서서 명을 받고, 붓을 빨고, 먹을 갈고 있었다. 어찌나 많이 모여들었던지 몇몇은 들어가지도 못하고 밖에서 기다렸다. 한 화가가 늦게 도착했는데, 늦었음에도 불구하고, 여유로운 걸음으로 명을 받고 읍하지도 않은 채, 그대로 안으로 들어갔다. 송나라 원공은 사람을 시켜 그를 살펴보도록 하였다. "그는 입고 있던 옷을 벗어 방바닥에 던져 놓고 앉아 벌거벗은 채로 그림을 그리고 있습니다.(해의반박解衣般礴)"라는 보고가 올라왔다. 원공은 "됐다. 그가 바로 진짜 화가로다!"라고 말했다.

이 화가의 "서두르지 않고 여유로운" 모습이 얼마나 평온하고 한가로운가! 그 "벌거벗고 다리를 꼬고 앉아" 있는 그의 평정은 마차에서 떨어진 술 취한 사람의 평정과 이 얼마나 비슷한가! 자연의 품으로 돌아가기 위해 벌거벗은 몸을 함으로써 화가는 옷과 의식(다른 사람들처럼 거기에 서 있지 않음)을 포함하여 세상의 모든 피상적인 것을 쓸어버렸다. 자연 속에서 자유로운 영혼이 솟아오르게 하는 동시에 윤리와 의례의 틀에서 몸도 해방시켰다. 그 순간, 예술가는 천지의 영에 잠기는 자신을 발견하게 될 것이다. 예술의 본질은 우주와의 통일성, 만물의 고요하고 조화로운 근원으로의 회귀, 모든 인간의 독창성과 교활함을 버리는 데 있다. 이것이 바로 "박朴"과 "졸拙"이 중국의 서화 예술에서 항상 최고의 경지로 삼는 근본적인 철학적 토대가 된다.

석도石濤는 《화어록畵語錄·원진장遠塵章》에서 "물질에 집착하면 반드시 속인들과 어울리게 될 것이고, 물질적 이득에 대한 욕망에 사로잡히게 되면 틀림없이 정신적으로 고생하게 될 것이다. 피상적인 그림만 그리기 위해 열심히 작업을 한다면, 그는 분명히 그의 경력을 망치게 될 것이다. 전통적인 관습에 얽매어 그림을 그리면, 그는 분명히 예술적 발전을 구속받게 될 것이다. 이런 편협된 사람들은 득이 없이 손해만 보기 때문에 만족감을 찾을 수 없다. 반면에 나는 물질적 이익에 대한 생각 없이 자연의 이치에 따라 행동함으로써 영적인 만족을 누리며 예술적 영감을 얻는다." 석도의 관점에서 회화는 육체적·정신적 노력의 산물이 아니며 "자연의 흐름에 따라 행동하는"것은 욕망이 없는 존재의 상태이다. 이것은 육체와 영혼의 결합, 즉 "이천합천以天合天"과 "새가 새를 기르는 방식으로 새를 기른다."라는 사상에 입각한 세계관을 반영하는 훌륭한 예술 이론이다.

석도가 칭찬한 예술가는 신안新安의 오자吳子와 같은 사람이었다. "영감이 떠오를 때마다 술을 몇 잔 마시고 머리를 풀어헤치고 비명을 지르곤 했다. 그는 엄청난 양의 먹물을 준비하고 종이를 다 쓸 때까지 그렸다." 이 묘사는 당나라 시인 회소懷素의 《자서첩自敍帖》을 떠올리게 한다. "갑자기 세 번 다섯 번 소리를 질러대고, 벽 가득히 천만 자를 그려낸다." 이 "광규狂叫"와 "절규絶叫"는 그의 맹렬하고 거친 외침이 예컨대, 영광과 굴욕, 칭찬과 비난, 명예와 금전적 보상, 원칙과 기준, 의례와 의식 같은 인간의 정신을 가두는 온갖 족쇄를 끊어 버렸기 때문에 세속적이고 천박한 취향을 가진 사람들에게는 끔찍할 것이다. 이러한 외침은 자연으로의 복귀를 갈망하는 열렬한 노래와 세속과 천박함과의 완전한 단절을 선언하는 것이다. 이 외침은 인간의 삶을 덮고 있는 성가신 안개를 걷어내고, 인간 정신에 대한 제약과 족쇄를 없애고, 예술 혁신의 오랜 침묵을 깨고 예술가들을 움직이게 했으며, 자신이 얻은 것을 자부하는 예술가들을 부끄럽게 한다. 예술의 세계는 위선자들과 교양 없는 사람들을 위한 낙원이나 허세를 부리는 사람들을 위한 정원이 아니다. 오히려 이곳은 술 취한 예술가와 자유분방한 학자들의 천국이다. 진정한 깨달음을 설명하기 위해 장자의 용어를 빌리자면, 그들은 "소요逍遙(자유롭고 속박이 없는 것)", "구간苟簡(검소하고 단순하게 사는 것)", "불화不貨(사사로운 이익을 추구하지 않는 것)"라고 말할 수 있다. 다른 말로 하면 그들은 순수하고 자유로운 성향을 타고났으며, 종종 영혼의 영역을 탐구하는데 빠져든다. 그들은 피상적이고 사치스러운 것에 반대하며 평범하고 소박한 삶을 산다. 그들은 결코 그들 자신이 필요로 하는 것이 없도록 물건을 내놓지 않는다. 그들은 순수하고, 개성적이며, 자유분방하고, 제약이 없고, 속박이 없는 존재이다. 그들의 인생 경로는 장자가 말한 대로, "진정한 본성을 찾는 여행 采眞之游"이다. 그들은 인간 세상을 응시하며 자연에 의해 처벌받는 사람들이 명성, 명예, 권력에 인해 고통 받는 것을 본다. 왜냐하면 그들은 "이런 것들을 움켜잡으면 잃을까 두려움에 떨고, 이를 잃으면 슬퍼한다." 인류는 영원한 두려움과 슬픔, 혼란 속에서 영원히 버둥거리며 견뎌야 하는 추악한 수렁이다.

제**8**장

노자와 장자의 차이점

장자와 그의 책에 관해 우리가 알고 있는 것은, 노자와 책《노자老子》만큼 불확실하거나 난해하지 않다. 사마천의《사기史記》에는 장자에 대해 다음과 같이 간략하게 기록되어 있다. "장자는 몽蒙 지방 사람으로, 이름은 주周이다. 주는 일찍이 몽 지방의 칠원漆園이라는 고을에서 관리를 지냈는데, 양혜왕梁惠王, 제齊나라 선왕宣王과 동시대 사람이었다." 그의 신상에 관해서는 "죽을 때까지 벼슬하지 않고 내 뜻을 즐겁게 하고자 한다."라고 언급했다. 전국시대에는 칠기 공예가 고도로 발전했다. 그 시대의 고분에서 발굴된 칠기는 2000년이 지나도 썩지 않고 그 색과 빛깔을 그대로 유지하고 있다. 그러나 "옻칠 제작 감독蒙漆園吏"이라는 직책은 칠기 보관이나 칠기 생산을 담당하는 하급 관리였으며, 이것이 장자의 생애에서 최고의 직책이었던 것 같다.

"몽" 현이 정확히 어디에 있는지는 지금까지도 정설이 없다. 출생지에 관해서도 논쟁이 있어, 일부는 그가 전국 시대 송宋나라 사람이라고도 하고 또 초楚 나라 사람이라고도 하며, 심지어는 제齊 나라, 노魯 나라 출신이라고도 한다. 현재는 송宋 나라 출신이라는 설을 따르고 있다. 또한 장자《우언愚言》에 나오는 제왕의 연대를 가지고 사마천의《사기史記》를 교정하려는 의견도 있었지만, "우화"는 심오한 사상을 설명하기 위한 것으로, 역사학자들에게 연감을 제공하지는 못한다. 또한 "우언"을 역사적 사실로 근거를 삼아 "우언"을 교정하려는 의견도 있지만, 이는 《장자》의 의도와 상반되며, 다소 현학적이며 비현실적인 면이 있다. 현재로서는 장자의 생졸 역시 대략적으로 기원전 369년에서 기원전 286년 사이로 추정할 수 있을 뿐 맹자와 거의 동시대에 활동했다고 알려져 있다.

《사기》에서는 장자의 성격에 대해 다음과 같이 묘사하고 있다. "장자는 글과 말을 잘 다루고, 사물과 이치를 비유하여 설명하며, 유가와 묵가를 비판하기에 능숙했다. 당시의 유명한 학자들도 그의 논리에 대적할 수 없었다. 그의 말은 흐르는 물처럼 끊임없이 솟아오르고, 바람처럼 자유롭게 휘날려 글을 쓰지 않고서는 자신의 마음을 표현할 수 없는 성격이었다. 당시의 권력자들은 그의 자유로운 사상과 비판적인 태도를 인정하지 못했다." 그 의미는 장자는 자유롭고 풍부한 문체로 자신의 말을 구사하며, 유학과 묵학 두 학파에 대해 맹공을 퍼부었고, 당대의 학식이 높았던 뛰어난 학자들조차도 그의 비난을 피할 수 없었다. 그러나 장자의 글은 힘차고 구속받지 않으며, 그의 생각과 감정은 자유롭게 흘러나왔지만, 오직 자신의 즐거움만이 목적이었기 때문에 어떤 통치자도 그를 중용할 수 없었다는 것이다. 이어 사마천司馬遷은 다음과 같은 이야기를 전하는데,《사기》는 단순히 "과거와 현재의 역사적 변화의 메커니즘을 이해하고, 독자적인 세계관에 입각한 사상의 유파를 세우려는" 위대한 역사서일 뿐만 아니라 민담으로 전해지는 화려하고 웅장한 문학의 걸작이기 때문에 구두 문학의 침투도 배제하지 않았다. 《사기》에는 다음과 같은 일화를 소개하고 있다. "초楚나라 위왕威王은 장자의 엄청난 재주를 듣고 사신을 보내 그를 방문하게 하고, 장자에게 천금을 주고 맞이할 터이니 재상이 되어 달라고 요청했다. 그러자 장자가 웃으면서 말했다. '금화 천 닢은 큰 돈이고, 재상은 높은 자리임에 틀림없습니다. 하지만 당신은 제사 때 희생되는 소를 보지 못했습니까? 몇 해 동안 잘 먹이다가 수놓은 비단옷을 입혀 태묘에 들여보냅니다. 그때 소가 후회하며 자유로운 돼지가 되고 싶다고 한들 무슨 소용이 있겠습니까? 나를 더 이상 모욕하지 말고 돌아가 주십시오. 이 더럽고 초라한 곳에서 뒹글더라도 나랏일에는 매이지 않을 것입니다. 죽을 때까지 벼슬을 하지 않고, 내 마음대로 살고자 합니다."

비록 이 이야기가 사실이 아닐지라도, 《장자·열어구列御寇》편에 두 가지 유사한 이야기가 나온다. "어떤 왕후가 장자를 재상으로 초빙하였더니 장자는 그 사자에게 대꾸하여 말했다. '당신도 태묘太廟의 제사 때 희생으로 바쳐지는 소를 보았습니까? 무늬를 수놓은 비단을 입고, 건초와 콩을 먹으며 지내지만 막상 제사 때 끌려가 태묘에 들어갈 때가 되면 비록 어미 잃고 잘못 먹는 송아지가 되고자 한들 그것이 가능하겠습니까?'" 다른 버전은 《장자·추수秋水》편이다. "한때 장자가 복수濮水에서 낚시를 하고 있었는데, 초왕이 대부大夫 두 사람을 보내 장자에게 관직을 맡기고 싶다는 뜻을 전했다. 장자는 낚싯대를 쥔 채 돌아보지도 않고 말했다. "내가 듣기에 초나라에는 죽은 지 이미 3천 년이나 된 신령스러운 거북이 있는데, 왕께서는 이것을 상자에 넣고 비단보로 싸서 나라의 묘당廟堂 안에 모셔 놓았다지요. 이 거북은 죽어서 뼈를 남긴 채 귀한 대접을 받기를 원했겠습니까 아니면 살아서 진흙 속에서 꼬리를 끌며 다니기를 바랐겠습니까? 두 대부가 대답했다. "그거야 살아서 진흙 속에서 꼬리를 끌며 다니기를 원했겠지요." 그러자 장자가 말했다 "그러면 어서 돌아가십시오. 나도 진흙 속에서 꼬리를 끌며 자유로이 살려고 합니다." 분명히 서한西漢 시대에는 장자의 책이 널리 퍼져 있었고, 서로 다른 필사본들은 각각 장점을 가지고 있었다. 사마천은 이러한 필사본들을 종합적으로 정리하여 《사기》에 수록한 것으로 보인다. 이러한 이야기들은 허구일 가능성이 높음에도 불구하고, 장자의 성격을 생생하고 정확하게 묘사하고 있다.

위나라와 진나라 때는 형이상학이 유행했고, 《장자莊子》에 주석을 단 사람들이 우후죽순으로 등장했다. 《진서晉書·곽상전郭象傳》에 따르면, 그러한 주석들이 수십 개에 달했다고 한다. 《한서漢書·예문지藝文志》에 따르면 《장자》는 52편으로, 이는 한나라때 통용된 판본을 가리킨다. 여기에는 《장자》 및 《장자후해莊子後解》와 《장자약요莊子略要》 등 3편의 부록이 포함되어 있다. 따라서 《장자》의 고대 원본은 실제로 49편이다. 이 중 1/3은 "기이한 설화를 창안한 몇몇 별난 학자"에 의해 쓰였다. 《산해경山海經》, 《점몽서占夢書》와 비슷한 수준이며 문장도 조잡하고, 장자의 중심 사상과는 크게 반했다. 곽상은 그의 주석본인 《장자》에서 결정적으로 이 장들을 삭제했고, 오늘날 전해지는 곽상의 주석본 33편 《장자》가 곧 정본이 되었다. 우리가 이야기하고 있는 장자도 주로 이 판본에 근거한다.

《장자》의 《천하天下》편은 춘추전국시대의 다양한 사상 학파의 이론적 핵심을 매우 명료하고 분별력 있게 설명했다는 점에서 장대하고 기개가 뛰어난 문장이다. 또한 공정한 시각에서 그 시비를 논하고 있어, 접근 방식이 매우 정확하고 신중한 태도를 지니고 있다. 문장의 구조가 정교하고 혁신적이며, 설명이 풍부하고 논리적으로, 《천하天下》편은 《장자》 전체의 내용을 요약한 개요라 할 수 있다. 분명히 이 문장은 장자 자신이 쓴 것이 아니라 그의 무리에서 나온 뛰어난 제자가 쓴 것으로 보이며, 《장자》의 문체에 대한 평가는 문론에 가깝고 매우 정교하다.

내가 보기에 그의 비범한 재능과 자유분방하고 거침없는 글쓰기로 인해, 장자는 독자들에게 "갈댓잎처럼 조그만 조각배를 띄워 가는 대로 맡겨 두어, 만경창파의 망연茫然함을 헤엄치는 것처럼" 의도 하지 않은 방향으로 흘러가는 기세를 가지고 있다. 그는 웃고, 욕하고, 하고 싶은 대로 써 내려가는 듯한 자유분방함을 가지고 있다. 예나 지금이나 현자나 명사나 모두 그의 손아귀 안에 있다. 이러한 이유로 장자의 글은 이해하기 어려울 수 있다. 그의 그런 해학적인 묘문이 때로는 당신을 마치 안개 속에 쌓이거나, 결코 빠져나올 수 없는 신비로운 미로에 갇힌 듯한 인상을 준다. 그러나 장자의 글을 주의 깊게 음미하다 보면, 또한 지극히 즐거운 경지가 있다. 제멋대로 써 내려간 것은, 마치 큰 먹물을 휘두른 문인화를 감상하는 것과도 같다. 정교한 문장들은 너무 매혹적이어서 당신의 감각을 압도할 것이다. 당신도 모르는 사이에 장자의 화려함에 감탄하며, 장자의 위대한 철학 사상에 빠지게 될 것이다. 이러한 경험은 황홀한 혼수상태에서 깨어나거나 술에 취한 상태에서 몸과 영혼이 융합되는 것, 또는 아름다움에 정복되는 것과 같다. 우리가 화려한 조각, 흠잡을 데 없는 아름다움을 목격했을 때, 또는 호화로운 연회에서 산천수나 고급 와인을 즐길 때와 비슷하다. 그것은 잊을 수 없을 만큼 짜릿한 영적 향연이다.

장자는 노자의 가르침에 감탄했지만("그는 노자의 풍류를 듣고 기뻐했다."), 그는 결코 노자의 무리는 아니다. 장자는 노자의 넓은 시야를 이어받으면서도 노자의 심오함을 피했기 때문이다. 노자는 장자가 공유하는 신비로움을 좋아했지만, 장자의 유머 감각이나 풍자 본능은 갖추지 못했기 때문이다. 장자는 재치가 넘쳐 고대 철학을 위한 정교한 설명을 거부했다. 심지어 그의 마음속 가장 깊은 곳에서 노자의 진지한 지적 논거의 타당성에 의문을 품고 있을 때에도, 그것에 대한 언급을 자제했다. 예를 들어 노자는 우주의 기원을 공식화하기 위해 논리적 추론을 했지만, 장자는 이 문제를 거창하게 바라보지 않았다. 헤아릴 수 없는 우주에 대해 장자는 그의 태평하고 절제된 성격에도 불구하고 영원한 동경과 감탄을 보여주었다. 그의 넓은 도량 안에서 경외심을 불러일으키는 외침을 내뱉었다. "성인은 천지 사방의 밖에 있는 것에 대하여는 살피기만 할 뿐 그것에 대해 논하지 않는다. 성인은 천지 사방의 안에 있는 것에 대해여는 논하되 어떤 판단도 내리지 않는다."《장자·제물론齊物論》 그는 끝없는 논쟁에 휘말리기를 원하지 않았다. 왜냐하면 "시작이 있었고, 시작 전에 이미 시작이 있었고, 시작이 되지 않았던 그 이전도 있을 것이다. 있는 것이 있고 없는 것이 있다면, 일찍이 있고 없는 것도 없었던 적이 있을 것이며, 있고 없는 것도 없었던 그전도 있을 것이다. 그렇게 되면 갑자기 없는 것이 존재하게 되는데, 그때도 있고 없는 것 중에 과연 어떤 것이 있고 어느 것이 없었는지는 알지를 못한다."《장자·제물론齊物論》 우주의 시작은 분명히 있었을 것이다. 하지만 그 시작 전에는 무엇이 존재했을까? 그리고 그 전의 시작은 무엇이었을까? 그리고 그전에 무엇이 일어났을까? 훨씬 더 이른 시작이 있었을 것이다. 우주에는 존재가 있었고, 그전에는 존재하지도 않았다. 하지만 그 비존재 이전에 무엇이 일어났을까? 그 이전에 존재와 비존재가 존재했을 것이고, 그 이전에 그 존재와 비존재가 존재하기 훨씬 이전부터 시작되었을 것이다. 이것은 끝이 없는 추론에 관한 주제이다.

이러한 끝없는 질문을 의식적으로 질문함으로써 문제의 본질을 파악하려고 한다면, 세상의 한계를 넘어 우주밖에 서게 된다. 명확한 해답을 찾으려다가 결국 혼란에 빠지고, 사소하고 세속적인 혼란에 빠지게 된다.

장자가 "하늘과 땅이 서로 공존하고 만물과 자아가 하나가 되는" 상태에 이르렀을 때, 가장 큰 혼돈이 생기고, 가장 큰 혼돈이 위대한 지혜와 근접한 끝없는 혼돈의 경지에 이르러 가장 큰 각성이 이루어진다. 돔과 우주 그 자체이다. 우주 자체에 근접하면 어떤 경지일까? 장자는 무명인無名人을 통해 "조물주"의 동반자가 되어 "아득히 높이 나는 신성한 새를 타고 세상六極의 한계를 벗어나 어디에도 없는 땅을 탐험하고 싶다."《장자·응제왕應帝王》라고 말했다. 그곳은 "절대적으로 고요하고 적막하며, 시작도 끝도 없고, 의지할 곳도 없는 곳이다."《장자·재유在宥》(태양의 운행처럼 시작이 없는 곳; 모든 사물이 서로 구별되지 않는 곳) "보편적인 기준에 부합하면" 자신의 존재를 잊게 되기 때문에 모든 것은 구별할 수 없다. 그 곳에서 가장 큰 것은 "추호의 털끝"인 반면, 가장 작은 것은 태산泰山이며, 가장 장수한 것은 단명한 피에타이고, 가장 단명한 것은 장수한 팽조彭祖이다. 왜냐하면 당신이 인간 존재의 유형적 형태를 여전히 유지하고 있을 때는, 단지 구체적인 수량으로 사물을 계산해야 하기 때문이다. 그러나 그 분별없는 경지에서는 어떤 현상도 언어로 표현될 수 없고 어떤 실체도 성찰을 통해 이해될 수 없다. 그렇다면, 세상의 모든 측정 기준이 무슨 의미가 있겠는가? 자신의 존재조차도 잊은 마당에 무슨 정밀하고 세밀한 비교가 있겠는가? 우주는 형태가 없기 때문에, 당신이 우주와 하나가 될 때, 당신의 육체는 어디에서 찾을 수 있는가? 장자가 말했듯이, "형식이 없는 것은 숫자로 나눌 수 없고, 측정할 수 없는 것은 열거할 수 없다."《장자·추수秋水》 다시 말해서, 우리는 무형의 사물을 계산할 수도 없고, 무한을 숫자로 측정할 수도 없다. 고대인은 가죽의 모양을 설명하기 위해 "거친粗"이라는 단어를 사용했고, 내면의 본질을 설명하기 위해 "정제된精"이라는 단어를 사용했다. 그러나 아무 데도 없는 "원시적인" 장소에서, "생생한 상상력을 가진" 사람들의 "조잡함"이나 "생생한 상상력을 가진" 사람들의 "정교함"은 아무 의미도 없다. 무형의 것들과 무한한 우주는 "표현할 수도 없고, 상상할 수도 없는" 것이기 때문이다.《장자·추수秋水》

사물은 외모와 본질의 차이가 없을 뿐만 아니라 사물에 대한 옳고 그름도 구별 할 수 없다. 장자의 표현대로, "모든 사물은 그것이 아닌 것이 없고, 이것이 아닌 것이 없다. 그것은 이것으로부터 파생된 것이고, 이것은 또한 그것에서 비롯된 것이다. 삶이 있으면 죽음이 있고, 죽음이 있으면 삶이 있다. 가능성은 불가능으로 이어지고, 불가능은 가능성으로 이어진다. 옳음은 그릇될 수 있고, 그름은 옳을 수 있다. 그러므로 성인은 이 같은 상대적인 것에 의지하지 않고, 하늘의 이법에 비추어 본다. 이것이야말로 진정 옳음에 의지하는 것이다. 이것은 또한 그것이고, 또한 이것이다. 이것도 옳고 그름을 가지고 있고, 그것 또한 옳고 그름을 가지고 있다."《장자·제물론齊物論》세상의 모든 것들, 즉 크거나 작거나, 아름답거나 추하거나, 살아있거나 죽거나, 옳거나 그르거나, 사랑하거나 미워하거나, 슬프거나 기쁜 것은 모두 상대적이지만 다른 점은 없다. 그것은 이 일에서 파생된 것이고, 이것은 그 일에서 파생된 것이다. 그리고 새로운 탄생이 새로운 죽음을 의미하고, 새로운 죽음도 새로운 탄생을 의미한다. 긍정은 부정을 의미하고, 부정은 긍정의 의미이고, 옳은 것은 잘못에서 나오고, 잘못은 옳은 것에서 나온다. 이것이 저것이고 저것이 바로 이것이다. 이 관점에서 보면, 옳고 그름은 인간에 의한 인위적인 구별일 뿐, 본래부터 그런 것은 아니다. 옳고 그름의 구별은 자연의 하나라는 통일 원칙에 반하는 인간의 판단 결과이다. 자신이 주관적인 관점에서 판단을 내릴 때 그리고 그 자신의 미적 기준에 기초할 때, 아름다움과 추함의 개념은 사물 그 자체를 위해 만들어진다. 앞서 언급했듯이 장자는 사물의 차이를 인식하지 못하고, 더 자세히 설명한다. "과연 이것과 저것은 존재하는 것일까? 아니면 이것과 저것은 없는 것일까? 이것과 저것이란 상대적인 개념이 없는 것을 도추道樞라고 한다. 이 진입점에 도달하는 것이 우주의 무한한 변화에 적응하는 열쇠이다."《장자·제물론齊物論》다시 말해서, "이것"과 "저것"이 정말 있을까? 아니면 "이것"과 "저것"은 없는 것일까? "이것"과 "저것"은 실제로 서로 상반되는 것이 아니며, 이것이 도를 이해하는 열쇠이다. 이 도의 요점은 마치 속이 빈 원통과 같으며, 그 안에 서 있으면 도의 움직임을 완전히 깨닫게 된다. 원의 중심에 서 있으면 주변 환경이 균일하고 변화가 없는 것을 알 수 있다. "진입의 핵심은 장자가 우주를 설명할 때 만든 용어이다. 개념을 이해하게 되면 곽상이 말하는 "옳고 그름은 없다."라는 말을 따를 수 있다. 그러한 이해를 갖는 것은 당신에게 모든 종류의 옳고 그름을 다룰 수 있는 수단을 제공한다. 옳고 그름의 변이는 무수히 많고, 따라서 그것들에 대한 반응도 무궁무진하다.

제9장

장자의 인생 경험

꿈에 대한 담론에서 삶과 죽음에
대한 완전한 이해까지

꿈은 단순히 철학적인 주제일 뿐만 아니라 문학적인 주제이기도 하다. 장자의 작품에서 꿈은 평범한 것이 아니다. 그것은 우주의 태초와 연결되어 있으며, 세상의 득실과 불행을 잊게 해 준다. 또한 장자가 추구하는 진정한 깨달음의 최고 형태의 아름다움과 기쁨을 궁극적으로 연결하는 다리이기도 하다. 꿈의 경계는 장자와 이 세상의 모든 것이 공존하는 무한의 문에서 그리 멀지 않다. 그곳에서 장자는 천지만물과 함께 살아가고 있다. 장자가 바위에 기대어 잠이 들었을 때, 나비 한 마리가 생동감 있게 날아올랐다. 그러자 장자는 다음과 같이 말했다.

어느 날 장주莊周는 자신이 나비가 되어 꽃밭을 훨훨 날아다니는 꿈을 꿨는데, 스스로 기분이 좋아 자신이 장주인 줄 몰랐다. 그러다 문득 깨어보니 틀림없는 장주임을 깨달았다. 장주는 자신이 꿈속에서 나비가 된 것인지, 나비가 꿈속에서 장주가 된 것인지 알 수 없었다. 장주와 나비는 반드시 분별이 있을 것이니, 이러한 변화의 과정을 이른바 물아의 변화物化라고 한다.《장자·제물론齊物論》

꿈 속에서 나비는 편안하고 행복하다. 그것은 나비의 마음에서 우러나온 느낌이었다. 장자의 우화에는 모든 벌레, 곤충, 매미, 비둘기 및 굴뚝새가 생동감이 넘친다. 그들은 자연스럽게 태어나고 자연스럽게 죽는다. 그들의 삶은 자연스러운 과정이다. 꿈에 대한 그의 담론에서, 장자는 생생한 꽃과 푸른 잔디 위를 춤추는 나비를 얼마나 부러워했는지 모른다! 꿈에서 깨어난 그는 너무나도 경탄한 나머지, 이 꿈의 경지를 잃고 싶지 않아 세상에 전례 없는 천재적인 질문을 던진다. 이 얼마나 기발하면서도 모순되는 질문인가? 장주가 꿈속의 나비인가 아니면 나비가 꿈속의 장주인가?

꿈은 이때부터 중국의 시인과 철학자들에게 영원한 화두가 되었고, 천재들은 모두 꿈과 깊은 인연을 맺었다. 예를 들어 이백李白은 꿈속에서 천모天姥산을 노닐고 시를 썼다. 그가 산봉우리와 계곡 사이를 유람하는 동안, 원숭이의 해맑은 울음소리와 천상의 수탉 울음소리를 들었다. 범들은 비파를 타고 봉황이 수레를 끌고 신선들이 내려오는 모습을 보았다. 그 얼마나 즐거웠던가! 꿈 속에서만 경험할 수 있는 놀라운 광경이었다. 하지만 홀연히 꿈에서 깨어났다. "혼이 떨리고 정신이 흔들리며 깜짝 놀라 잠에서 깨어나 깊게 한숨을 쉬었다. 깨어나 보니 오직 베개와 이불만이 눈 앞에 있을 뿐, 꿈속의 안개와 장밋빛 구름은 모두 사라지고 흔적도 없었다." 그 꿈은 이백으로 하여금 삶의 진리를 완전히 깨닫게 해주었다. "인간 세상 쾌락 또한 이와 같거늘, 옛부터 모든 일은 동으로 흐르는 물과 같아, 그대 이별하고 가면 언제 다시 돌아오리, 흰 사슴 푸른 계곡에 풀어 놓고 기르며, 언제든 사슴 타고 명산을 찾아가리, 어찌 머리 숙이고 허리 굽혀 권문귀족 섬기며, 내 마음과 얼굴 찌푸리게 하겠는가."《이백李白·몽유천모음유별夢遊天姥吟留別》 장자와 이백의 관점에서 보면 중요한 것은 꿈을 현실화하고, 현실을 꿈으로 바꾸는 것이다. 그러면 필연적으로 인생에 대해 이렇게 해석하는 것은 인생이 꿈과 같다는 것이다. 그러나 장자는 다른 장에서 한 걸음 더 나아가, 인생은 꿈보다 못하며, 깨어있을 때의 맑은 정신은 어리석은 자만에 불과하다고 주장했다.

장오자長梧子와 구작자瞿鵲子의 대화를 통해, 《장자》는 꿈을 꾸는 것이 깨어 있는 것보다 더 큰 즐거움을 가져다준다고 설명한다. "인생의 기쁨이 미혹일 수 있다는 것을 어찌 알겠는가? 죽음의 공포가 영원한 고향도 모른 채 이 세상에 좌초된 젊은이와 같은 문제임을 어찌 알겠는가?"《장자·제물론齊物論》만약 우리가 삶이 단지 꿈일 뿐이고 따라서 옳고 그름, 불행과 행복, 흥망성쇠, 영광과 치욕에 대한 명석한 각성이 필요하지 않다는 것을 인식한다면, 이 꿈은 다름 아닌 장자의 나비의 꿈과 이백의 천모산의 꿈처럼 자유로운 꿈이 된다. 장오자는 또한 "사람들은 꿈을 꾸고 있는 동안 자신이 꿈을 꾸고 있다는 것을 알지 못한다. 꿈을 꾸는 동안 어떤 사람들은 심지어 다시 꿈을 꾸기도 한다. 깨어난 후에야 그것이 꿈이었다는 것을 깨닫는다. 더 큰 깨달음을 얻은 후에는 자신의 인생조차 정교한 꿈에 불과하다는 것을 깨닫는다. 어리석은 자들만이 자신이 깨달았다고 생각하며 몰래 섣부른 판단을 내린다."라고 말했다. 꿈속에 처하고 또 꿈을 점지할 수 있을 때, 그것은 진정한 큰 꿈이라고 할 수 있다. 오직 큰 지혜와 큰 깨달음을 가진 자만이 그것이 큰 꿈이라는 것을 알지만, 미련한 자는 오히려 스스로 깨어있다고 생각하기 때문에 영원히 인생의 번뇌에서 벗어날 수 없다. 여기서 큰 깨달음을 얻은 자는 인생을 꿈속에서 꿈을 꾸는 큰 꿈으로 여기고 있으니, "진정한 자유와 행복을 얻을 수 있다大知閑閑"고 말할 수 있다.

"생은 죽음만 못하다.生不如死". "죽음을 돌아보지 않고 받아들이는 것"은 장자의 생사관生死觀에 대한 극적인 주장이지만, 동시에 삶을 꿈으로 바라보는 그의 관점을 더욱 명확하게 보여주는 말이다. 장자가 초楚 나라를 방문했을 때, 속이 빈 해골을 발견했다. 해골은 바짝 말라 모양만 남아 있었다. 장자가 말채찍으로 이 해골을 치면서 말했다. "그대는 삶의 욕망을 지나치게 추구하다 도리를 잃어 이리 죽었습니까? 아니면 나라를 망하게 하여 도끼로 목을 치는 형벌을 당해 이리 되었습니까? 아니면 부모처자에게 치욕을 남기는 게 수치스러워 자살을 했습니까? 아니면 굶주림과 추위로 죽었습니까? 아니면 수명이 다해 죽었습니까? 해골은 아무 말도 하지 않았고, 장자는 어찌할 바를 몰라 망설이다가 결국 해골을 품에 안고 돌아가 베개 삼아 잠들었다. 밤중에 해골이 장자의 꿈에 나타나 말했다. "아까 당신이 한 말은 변사처럼 훌륭하지만, 당신의 주장을 보면 삶은 짐이라는 것이고, 사람이 죽으면 그 모든 짐은 없어진다는 것이지요. 당신은 죽음의 즐거움을 알고 싶지 않습니까?" 장자가 말했다. "그렇습니다." 해골이 말했다. "죽은 후에는, 위로는 왕도 없고 아래로는 신하도 없습니다. 또한 사계절의 변화에 대비하여 수고하는 일도 없습니다. 단지 천지 자연의 긴 시간을 봄가을로 삼아 자유롭게 지내니, 이곳에는 천하를 다스리는 왕의 즐거움보다 더 큰 즐거움이 있습니다." 장자가 해골의 말을 믿지 못하고 물었다. "내가 생명을 관장하는 신령에게 당신의 육체를 살아나게 하고, 뼈와 살과 피부를 회복시켜, 부모·아내·친구·이웃과 다시 만날 수 있게 해달라고 하려는데 살아나기를 원하십니까? 해골은 심히 화를 내며 말했다. "내 어찌 이 즐거움을 버리고서 다시 산 사람의 고된 삶으로 돌아갈 수 있겠습니까!"《장자·지락至樂》 이 해골이 장자에게 전하는 메시지는 다음과 같다. "삶은 고통과 번뇌로 가득 차 있다. 반면에 죽음은 이러한 고통에서 벗어나 평온을 찾을 수 있는 기회이다." 즉, 죽음은 고통이 아니라 몸과 지성에 구속되지 않는 기쁨, 영원한 기쁨이다.

장자는 이처럼 완전히 참된 행복을 깨달을 수 있었다. 평온하고 넓은 마음으로 세상을 거닐며 인간 세상의 거짓과 속임수에 얽매이지 않았다. 장자는 모든 공리주의적 가치를 뒤로하고 자연이 준 가장 놀라운 생명력을 받아들였고, 그는 진리만이 무한한 것임을 깨달았다. ("도는 본래 구별이 있지 않다." 《장자·제물론齊物論》) 그러나 인간의 영혼과 자연은 둘 다 경계가 없었다. 우리 모두는 자연의 변화에 순응해야 한다. 왜냐하면 자연에 있는 하찮고 망각된 생명체가 삶이 여정에서 우리의 안내자가 될 수도 있기 때문이다. 한 번은 장자와 혜시惠施가 호濠라는 강의 다리 위를 거닐고 있을 때였다. 다리 아래의 맑은 물에 피라미들이 유유히 헤엄치고 있는 것을 보고 장자는 "저것이 바로 물고기의 즐거움일세."라고 말했다. 그러자 혜시가 대답했다. "자네가 물고기가 아닌데, 어찌 물고기의 즐거움을 안단 말인가?" 장자가 "자네는 내가 아닌데, 무슨 근거로 내가 물고기의 즐거움을 모른다고 하는가?"라고 반박했다. 혜시가 또 대답했다. "나는 자네가 아니니, 물론 자네의 속내를 알지 못하지만, 자네도 물고기가 아니니 물고기의 즐거움을 알 수가 없는 것이 당연한 것 아닌가?" 그러자 장자가 말했다. "다시 원점으로 돌아가 보세. 자네가 나를 보고 '어떻게 물고기의 줄거움을 아는가'라고 물었다는 것은 이미 내가 그것을 안다는 것을 전제하고 나에게 질문했다는 것일세. 나는 그것을 이 호강 위에서 알았네."《장자·추수秋水》 비록 이 논쟁이 매우 재치 있고 흥미롭기는 하지만, 그 깊은 의의는 논쟁 자체에 있는 것이 아니라, 두 가지 지혜가 있다는 사실이다. 하나는 동심童心의 체물로 자연과 경계가 없는 전형적인 장자의 지혜이며, 하나는 천지의 도를 이해하지 못하고, "마치 한 마리 모기나 등에가 윙윙거리는 것 같다."《장자·천하天下》는 전형적인 혜시의 사고방식이다. 실제로 혜시는 토론에 매우 능숙했고, 그의 지혜는 장자의 지혜에 미치지 못했지만, 그날 호강에서의 토론 자체는 비겼다. 전국시대 변증가名家들은 《장자·천하天下》편에서 그들에 대해 다음과 같이 논평했다. "그들은 다른 사람들의 생각을 더 인상적으로 꾸미기도 하고, 다른 사람들의 견해를 바꾸기도 한다. 그들은 말로써 상대방을 능가할 수 있었지만, 상대를 확실하게 설득할 수는 없었다." 호강의 다리 위에서 논쟁하는 혜시의 방식도 바로 그런 예에 불과하다.

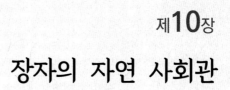

제10장
장자의 자연 사회관

자연에 순응하고 인위적인 것을 반대한다

이 세상에서 자연스러운 것은 모두 합리적이며 위대한 아름다움이 깃든 곳이다. 반대로, 인위적이고 세련된 것은 모두 자연에 위배되는 것이며 아름답지 못하다. 장자가 자연 상태에서 본 준마는, 서리와 눈 속에서 갈기가 펄럭이고, 튼튼한 다리로 걷고, 배고프면 풀을 뜯고, 목이 마르면 물을 마시고, 기분이 좋으면 발굽을 박차며 뛰어오른다. 그러나 세상에 말의 상相을 잘 보기로 유명한 백락이라는 사람이 나타나자 "스스로 말을 잘 다룬다."라며, 말에 낙인을 찍고, 털을 깎고, 발굽을 다듬고, 굴레를 씌우고, 고삐와 띠를 메고는 마구간에 몰아 넣었다. 그러자 말들 가운데 열 두어 마리나 죽어 버렸다. 게다가 말을 굶기고, 목마르게 하고, 달음박질하다 갑자기 멈추게 하고, 여러 가지 마구로 보기 좋게 다듬어 주었다. 앞에는 고삐와 재갈이 있어 거추장스럽게 되고, 뒤에는 채찍과 회초리 위협이 있었다. 그러자 말들이 절 반 이상 죽어버렸다.《장자·마제馬蹄》 말은 본디 대자연의 총아로, 본질적으로 특권을 가진 동물이다. 그것은 늠름하고 기백이 있으며, 발굽을 쓸어 올리는 봄바람처럼 빠르기 때문에 나는 것처럼 보인다. 그들은 자유롭고 만족스러운 삶을 살고 있다. 백락과 같은 사람들의 굴레와 구속이 필요가 없다. 마찬가지로 도자기를 만드는 능숙한 장인은 규칙과 틀에 맞게 물건을 만들고, 나무를 다루는 능숙한 장인은 원하는 대로 적절한 모양으로 목재를 자른다. 그러나 이는 모두 흙과 나무의 본성을 거스르는 행위이며, 천하를 다스리는 사람 또한 이와 다르지 않다.

자연의 법칙과 속성에 순응할 때만이, 우리는 정체를 피할 수 있고 사물의 자연스러운 흐름을 얻을 수 있다. 물질 세계는 끊임없이 변화한다. 인간이 자신의 의지를 자연에 강요하려 할 때, 생명은 곧 쇠퇴하고 죽음을 맞이하게 된다. 장자가 바라던 이상화된 자연은 통합적이고 조화로운 전체여야 하며, 거기에는 어떠한 살생도 존재하지 않는다. 한때 조각릉의 밤나무 숲에서 장자가 새총을 들고 까치를 쏘려 하자 까치는 사마귀를 삼키려 했고, 사마귀는 매미를 잡으려고 했다. 일련의 약탈 시도에서 장자는 인생이 실제로 "본질을 무시하고 이익을 추구하는 행위"《장자·산목山木》라는 것을 깨달았다. 밤나무 숲에서의 이러한 경험은 장자를 사흘 내내 먹지 못하게 했다. 이것은 그에게 참으로 우울한 경험이었다! 그의 자연 이상과 사회 이상은 자신의 이상에 반하여 살육을 시도했기 때문에 자연과 사회의 현실로부터 반격을 받았다. 이상과 현실, 이상과 행위의 괴리는 역사를 통해 무수한 비극의 근본적인 원인이 되어 왔다. 당신이 자연의 생명체를 해치고 싶지 않더라도, 당신의 사랑하는 것을 자연에 강요한다면, 대자연은 당신이 자연 그대로의 특성과 법칙을 여겼기 때문에 여전히 불쾌해하며 스스로를 시들어 죽게 함으로써 당신에게 복수할 것이다. 장자는 "내 방식대로 새를 키우는 것"이 아닌, "새를 새대로 키우는 것"이라는 원칙을 제시했다. 그는 예전에 바닷새 한 마리가 노나라의 변두리로 날아왔는데, 노군이 그것을 매우 좋아하여 종묘의 "태옥" 향연으로 먹이를 주고, 구소의 음악을 연주하며 즐겁게 해주었다고 말했다. 그러나 그 바닷새는 근심과 슬픔에 잠겨 먹지도 마시지도 않았다. 장자는 바닷새를 깊은 숲에 둥지를 틀게 하고 강호를 떠돌게 하여 그 천혜의 본성으로 돌아가게 해야 한다고 말했다.

장자의 마음에서 자연의 존재는 어떠한 가식도 없는 진실眞이다. 둥근 물체는 나침반으로 정의할 필요가 없고, 정사각형 물체는 정사각형 자로 측정할 필요가 없으며, 함께 결합된 물체는 풀과 옻칠로 접착할 필요가 없으며, 연결된 물체는 밧줄로 묶을 필요가 없다. 따라서 천하의 모든 것은 저절로 태어나고는 스스로 태어난 이유를 알지 못하며, 저절로 얻고는 스스로 얻은 이유를 알지 못한다."《장자·변무駢拇》천지 만물의 성장과 소득은 천연의 도道에서 비롯된 것이지, 인위적인 의지의 결과가 아니다. 장자는 오리의 짧은 다리를 예로 들며 길게 만들지 못한다고 했다. 마찬가지로 학의 긴 다리도 짧게 만들 수 없다. 그렇게 하는 것은 두 경우 모두 그들에게 근심과 고통을 안겨 줄 것이다. 이것은 2300년 전 장자의 명언이지만 인류는 지금까지 그의 메시지를 듣지 못한 것 같다. 잘못된 힘과 지식에 의존하여 이미 다리가 6개인 닭을 복제해 냈다. 이런 사소하지만 무시무시한 지식은 비논리적이고 가증스러운 세상을 낳을 것이고, 각국의 법률, 윤리 및 도덕계 인사들의 반발을 불러일으키게 될 것이다. 클론 기술의 발달은 인류의 근간과 만물의 존재를 완전히 파괴할 것이기 때문이다. 만물의 질서가 무너지는 것은 곧 멸망의 전조이다. 20세기 마지막 날에 인간은 "사소한 지식間間小知"으로 인해 얼마나 많은 자연의 규칙을 어겼는지, 얼마나 많은 자연의 법칙을 훼손했는지 깊이 반성해야 한다. 우리는 관대하고 조화로운 관계를 추구해야 한다. 그래야 우리는 21세기에 온갖 꽃으로 뒤덮인 지구를 만들고, 위기와 증오로 가득 찬 세상을 평화로운 마을로 변화시킬 수 있을 것이다. 이것이 시급한 문제이다. 왜냐하면 만약 인류가 그들의 의지로 끈질기게 버틴다면, 대자연의 무자비한 보복에 직면하게 될 뿐만 아니라 우리 스스로의 발명품에 의해 파괴될 것이다. 원자폭탄과 수소폭탄은 인류의 궁극적인 창조물이며, 이러한 창조물들이 판을 칠 때 지구는 몇 분 안에 황폐하고 추악한 모래와 불모지가 될 것이다.

성인의 가르침과 지혜를 버리고 자연으로 돌아가라

장자의 인류에 대한 희망은 여기에 그치지 않았다. 그가 보기에 인류 문명의 모든 진화는 자연에 대한 배신이었다. 그의 철학 사상은 인간의 지혜와 문명을 철저히 반대했는데, 그가 본 모든 인류의 죄악은 인간 지성의 발달에서 비롯되었기 때문이다. 인간이 원시적 혼돈의 상태로 돌아가고 그들의 정신이 아직 계몽되지 않은 순결의 상태를 유지하는 것이 그의 바람이었다. "그러므로 우리가 성인의 가르침을 없애고 지혜를 버리면 큰 도둑이 사라지고, 옥을 버리고 진주를 깨면 도둑이 다시는 없고, 부적을 태우고 옥새를 부수면 백성들이 순박해지고, 말斗을 쪼개고 저울을 부러뜨리면 사람들이 더 이상 흥정을 하지 않을 것이다. 세상에 성인이 정한 법을 모두 없애 버리면, 사람들은 정의를 서로 논하게 될 것이다. 육률을 어지럽히고, 피리와 거문고를 불태우고, 사람의 귀를 봉해 버리면, 세상 사람들의 귀가 비로소 밝아질 것이다. 화려한 문체를 없애고, 오색을 버리고, 이주의 눈을 붙여 버리면, 세상 사람들의 눈은 비로소 밝아질 것이다. 먹줄과 갈고리를 부수고 곱자나 나침반을 버리고, 공수工倕의 손가락을 부러뜨리면, 세상 사람들이 본래의 재주를 가지게 될 것이다."《장자·거협胠篋》 그러므로 "대교약졸大巧若拙"이라고 하는 말이 있다. 완벽한 솜씨는 오히려 서툴러 보인다. 증삼曾參과 사추史鰌의 효도를 없애고, 양주楊朱와 묵제墨制의 유창한 입을 막고, 인仁과 의義를 버리면, 사람들의 덕德이 통일되어 도道에 합당하게 된다.

이것은 완전히 반문명적인 선언이다. 장자의 관점에서 볼 때 인류의 무한한 욕망은 성인과 서민, 현자와 어리석은 자 간의 분열의 결과이며, 물질적 번영과 무역의 부상에서 비롯되었다. 악사 사광師曠의 귀를 막아야 인간의 청각이 회복되고, 독수리처럼 예리한 이주離朱의 눈을 감아야 인간의 시각이 자연으로 돌아간다. 유능한 장인의 손가락을 부러뜨려야 인간의 지혜가 회복된다. 증삼, 사추의 행적을 없애고, 양주, 묵자의 설변을 막고, 성인이 인의를 버려야, 천하의 덕행을 더욱 하나로 합칠 수 있다. 요컨대, 모든 인류의 지혜와 사회의 진보가 인류에게 가져다준 것은 자연적인 본성의 상실이었다. 따라서 장자는 이러한 현실을 혐오하며, 완전히 뿌리뽑고 없애야만 한다고 주장했다. 장자의 수사학이 그토록 격렬하고 과장된 표현으로 가득 찬 이유는, 그보다 덜한 어떤 것도 그의 메시지를 충분히 전달하지 못할 것이기 때문이다. 그의 사상은 경각심을 일깨우는 경세의 명언이 될 수 있다.

장자는 옛날 사람들이 매듭을 지어 기록을 남기고, 누추한 곳에서 생활하고, 단반을 대충 차려입고, 풍속이 소박한 상고 시절을 동경했는데, 그때의 삶은 조용하고 경건하고 조화로왔다. 그러나 문명이 발달함에 따라 손 그물, 활과 화살, 석궁, 유선 화살 등의 광범위한 사용은 새를 공포에 떨게 했다. 낚시 미끼와 갈고리, 그물과 덫은 물고기를 겁주어 쫓아버렸다. 울타리, 그물, 올가미의 광범위한 사용은 짐승들을 거칠고 마구 날뛰게 했다. 사람들은 성공과 명성을 쫓아 그들의 고향을 등지고 마을을 떠났다. 지배층은 더 이상 도의 교리를 따르지 않아 위선과 궤변이 널리 퍼졌다. 세상은 혼란에 빠졌고 행복과 안정은 더 이상 유지될 수 없었다. 장자의 말처럼, "위로는 해와 달의 광채가 흐려지고, 아래로는 산사의 기운이 쇠약해지고, 가운데로는 사철의 변화가 무너지고, 살아 숨 쉬는 벌레나 날아다니는 새는 모두 본래의 본성을 잃어버렸다."《장자·거협胠篋》

장자의 이상향은 사람들이 모두 천지대덕을 공유하고, 농사를 지으며 음식을 직접 재배하고, 천을 짜던 무지와 무욕의 시대이다. 산에는 길이 없었고, 강과 호수에는 배와 돛이 없었다. 당시 성인의 인·의·예·악은 통일된 본성에 반하여 사회질서의 총체적 붕괴를 초래했다. 장자의 견해에 따르면 술 그릇은 나무의 순수함(그것들이 만들어진)을 파괴했고, 규장圭璋은 (그것들이 만들어진) 백옥白玉을 파괴했으며, 인의는 인간의 본성에서 벗어난 예악을 타락시켰다. 요컨대, 장자가 눈을 감고 깊은 명상 속에서 들은 자연의 소리는 종소리와 북소리보다 더 경이로웠다. 석양의 화려함과 비가 온 뒤의 무지개는 조각된 대들보와 칠해진 서까래보다 더 아름다웠다. 뜰에서 추는 팔일무八佾舞는 자연에서 벗어난 가식에 불과했다. 반면, 세상에서 가장 유연하고 우아한 춤사위는 백조의 비상, 나비의 춤, 물속을 헤엄치는 물고기의 춤이다. 그는 "모든 만물이 자연에서 무리 지어 살기를 바랐고, 풀과 나무가 무성하게 자라는 동안 새와 짐승도 번성하기"《장자·마제馬蹄》를 바랐다. 사람과 자연이 조화롭게 지내며, 사람과 사람 간에는 "무리를 짓지 않고 하나로 함께 하는 것一而不黨"이라는 원칙을 소중히 여겼다. 다시 말해, 사람들은 이기적인 길에 빠져들지 않고 동일한 미덕과 도덕적 행동을 유지함으로써 본래의 순수한 성품을 유지했다. 이 상태를 장자는 "천방天放"이라고 불렀다. 장자는 인류에게 큰소리로 외쳤다. "원시 시대의 정직과 단순함은 성인의 인의仁義에 의해 완전히 파괴되었다. 이 얼마나 가증스러운 범죄인가!"

성인의 가르침과 지혜를 버리고 자연으로 돌아가는 것이 장자 사상의 핵심이다. 모든 통치자들은 자연의 법칙을 따르고, 인간 본성의 진위를 보존해야 한다. 장자는 무위이치無爲而治의 사회적 이상을 "만족과 관용在宥"이라고 불렀다. 진정한 통치자는 어떤 모습이어야 하는가? 장자는 우리에게 다소 낭만적인 묘사를 했다. 세상을 다스리고 평화롭게 만드는 구체적인 방법이나 체계적인 가이드라인은 없지만 대신 이러한 사람은 고상한 태도와 감정적 자유, 지혜를 넘어선 투철한 순수함을 가지고 있다. 옛날 요수蓼水에 천근天根이라는 사람이 이름 없이 떠도는 한 무명인을 우연히 만나 천하를 어떻게 다스려야 하는지 물었다. 이에 무명인이 다음과 같이 대답했다. "속된 질문으로 내 평온한 마음을 괴롭히지 마십시오. 나는 조물주와 짝을 지어 둑을 타고 세상六極 밖으로 나가 아무것도 없는 곳에서 머물 준비를 하고 있습니다." 무명인은 떠나려는 순간, 천근에게 이렇게 말했다. "당신의 마음을 담담한 곳에 노닐게 하고, 기를 적막한 곳에 부합시켜, 자연에 순응하고 사사로운 것을 용납하지 않으면, 천하가 다스려집니다."《장자·응제왕應帝王》 이러한 담담함淡漠·자연스러움自然·무사심無私이 아마도 장자가 세상을 다스리는 가장 단순하고 고귀한 기준일 것이다. 장자는 하늘과 땅을 예로 들어 무위無爲를 이렇게 설명했다. "하늘은 무위하여 맑고, 땅은 무위하여 든든하다. 그 둘이 무위로써 서로 합쳐질 때 만물이 모두 변화해 나온다."《장자·지락至樂》 장자의 무위사상은 당연히 무소불위無爲不爲의 사상을 담고 있지만, 장자는 노자처럼 책략을 위한 요구가 아니었다. 그러나 장자에게 있어서 "무위無爲"는 그 자체로 자유롭고, "무불위無不爲" 역시 자유로운 것으로, 일종의 음유한 계략을 포함하지 않는 것이 그들 사이의 근본적인 차이점이다

그렇다면 장자 "무위"의 본질은 무엇일까? 장자보다 더 깊게 인생을 통찰한 철학자는 없었다. 전국시대의 혼란 속에서, 장자는 난세에서 목숨만 부지하기를 원했다. 장자는 제자백가학諸子學, 특히 유교에 대한 비판과 거부는 그의 타고난 고결함에서 비롯되어 세상에 굽신거리기를 원치 않았고, 권력자의 부역을 원하지 않았다. 이것은 그의 진정한 자긍심의 구현이다. 그는 자신이 철저한 무위, 명예와 부, 그리고 겉치레와 사치로부터 완전히 벗어나기를 원했다. 장자는 다른 사람들이 일세一世에 간절히 바라는 것을 모두 어리석

고, 우스꽝스럽고, 저속하고, 비열한 것으로 여겼다. 그는 물질적 욕망 없이 그 천수를 지켜 진정한 본성을 유지하는 것이 가장 큰 기쁨이자 최고의 행복이라고 믿었다. 《장자·인간세人間世》에서 제齊 나라에 파견된 석石이라는 목수에 대한 이야기를 전한다. 그가 곡원曲轅에 도착했을 때, 그는 산꼭대기에 우뚝 솟은 거대한 떡갈나무를 보았다. 그 크기가 너무 커서 수천 마리의 소를 그늘지게 할 정도 였지만 목수는 그 나무를 보지도 않고 거의 신경을 쓰지 않았다. 제자가 목수에게 이렇게 기묘한 나무를 왜 쳐다보지도 않느냐고 묻자, 목수는 "저 나무는 버려진 나무이기 때문에 배를 만들면 금방 가라앉고, 관으로 쓰면 빨리 썩고, 그릇으로 만들면 금세 부서지고, 문을 만들면 수액이 나오고, 기둥으로 사용하면 좀이 씁니다. 이것은 아무짝에도 쓸모가 없기 때문에 그처럼 오래 살 수 있는 것입니다."라고 말했다. 그날 밤 이 떡갈나무가 장인의 꿈에 나타나 말했다. "나는 오랫동안 쓸모없는 존재가 되기를 바랐습니다. 죽을 고비를 몇 번 넘겼지만, 이제야 쓸모없음이라는 가장 큰 용도를 얻게 되었습니다. 만약 내가 쓸모있는 존재였다면, 이렇게 오래 살 수 있었을까요?" 떡갈나무는 쓸모없음이라는 것이 그 가장 큰 용도라고 여겼는데, 이 가장 큰 용도는 바로 오래 사는 것이다. 그러나 결국, 장자는 후세의 불로장생만을 추구한 도가의 말류와는 달랐다. 그에게 있어 생과 사는 하나이고 같았기 때문에 영원한 생명을 진지하게 추구한다. 수명과 죽음은 더욱 그러할 것이다. 그렇지 않았다면, 그의 아내가 죽었을 때, 그는 어떻게 대야를 두드리며 노래를 부를 수 있었겠는가? 장자는 삶과 죽음에 대한 철저한 이해를 가지고 있었고, 삶에는 항상 시작과 죽음을 맞이할 때가 있다고 믿었지만, 삶의 기쁨이 모든 생명체의 타고난 본성의 일부라는 것을 알고 있었다. 그렇지 않고서야, 호강의 다리 위에서 물고기의 즐거움을 어떻게 알 수 있었겠는가? 수면의 잔물결과 하늘의 구름처럼 장자의 생각은 이해하기 어렵지만 고전 철학의 근원이 되어 끊임없이 흐르고 있다. 유연한 것의 본질을 파악하려면 유연한 방법을 써야 한다. 예를 들어 우리가 장자의 또 다른 이야기를 접하면, 우리는 장자의 "무용해도 영생할 수 있다."라는 설에 대해 의문을 제기하게 된다. 장자는 산림을 거닐다가, 하늘을 가릴 정도의 큰 나무를 보았다. 벌목꾼은 그 나무를 베지 않고 지나갔다. 장자가 그 이유를 묻자, 벌목꾼은 그 나무는 "쓸모가 없다."라고 말했다. 그래서 장자는 "이 나무들은 쓸모가 없어서 자연히 천수를 다할 수 있는 것이다!"라고 말했다. 그리고 나서 장자는 산에서 내려와 친구의 집에 머물렀다. 그의 친구는 저녁 식사로 거위를 잡아 술과 함께 음식을 차렸다. 친구의 아들이 물었다. 거위 한 마리는 울고 한 마리는 울지 않는데, 먼저 어느 거위를 잡아야 합니까? 친구는 "울지 않는 놈을 잡아라."라고 말했다. 후에 장자의 제자가 스승에게 도를 물었다. "어제 산 속의 나무는 쓸모가 없어서 그 천수를 다했고, 오늘 주인의 거위는 쓸모가 없어 죽임을 당했는데, 이를 어떻게 설명하시겠습니까?"

장자는 자신의 사상이 단순한 이야기로 설명될 수 없다는 것을 알고 있었다. 그래서 그는 고대 성인의 말을 차용하여 중언重言으로 삼고, 천지 만물에 기탁하여 비유寓言를 들고, 그의 타고난 성정대로 흘러나오는 가벼운 말卮言들로 고언하였다. 우리는 《장자》의 모든 명제를, 그의 유연성과 일치하는 방식으로 다루는 법을 배워야 한다. 장자는 후대 사람들이 자신의 사상을 이해하는 데 어려움을 겪을 것이라는 것을 알고 있었다. 그래서 그는 같은 문제에 대해 여러 번 설명하고, 여러 각도에서 분석하고, 찬반 양론을 제시하였다. 이것으로도 여전히 부족하다면, 그는 모든 문제를 해결하기 위해 유덕하고 모든 것을 포괄하는 "자연自然"에 의지했다. 인간의 혼란, 고통, 사소한 계산, 손익, 주고받기 등은 인간이 삶과 생각에서 항상 거꾸로 매달려 있기 때문이다. 장자의 사명은 인간을 머리는 위로, 발은 아래로 하여 본래의 직립 자세로 회복시키거나 자연의 초기 상태로 되돌리는 것이었다. 쓸모없는 나무와 울지 않는 거위는 둘 다 쓸모가 없었지만, 하나는 본연의 삶을 살게 되었고 다른 하나는 죽임을 당했다. 역설은 장자의 무위설의 기초를 흔들지 못했다. 왜냐하면 장자의 설은 피상적인 우화보다 훨씬 더 심오한 철학적 개념이기 때문이다. 장자는 자신이 "재목과 재목이 아닌 중간에 놓여 있다."라고 말했고, 그는 인간이 사물에 얽매이는 (삶과 죽음에 대한 지나친 중시를 포함) 이유는 비천하는 용과 동면 중인 뱀처럼 자연의 초기 상태로 돌아갈 수 없기 때문이라고 믿었다. 그것들은 사물에 대해 얽매이지 않는다. "그들은 때에 따라 변화하지만, 결코 의도적으로 행동하지 않는다." 그리고 "모든 것을 조화롭게 측정한다." 유일한 기준은 우주의 위대한 조화이다. 그 아득한 우주의 초기 단계에서 사람들이 외부의 것을 쫓지 않고 내쫓을 수 있었던 것은, 바로 "도와 그 속성의 영역"으로 알려진 유소有巢와 신농神農의 원리였다. 장자의 철학 체계에서 "도와 그 속성의 영역"은 무無의 고향, 경계가 없는 들판, 그리고 무한에 이르는 문, 곧 자연이다. 이러한 상태에서 "재목材"과 "재목의 아닌 것不材"의 구별도 가장 중요한 점이 아니다. 왜냐하면 두 조건 모두 훨씬 크고 비활성화된 우주로 용해될 것이기 때문이다. 따라서 "유용材과 무용 不材" 간에 대한 장자의 입장은, 자연 상태의 진보와 후퇴를 위한 길을 열었을 뿐만 아니라, 그의 인생 철학에 대한 약간의 융통성의 여지를 남겼으며, 나의 행장行藏이라는 인생 태도에 대한 최고의 철학적 해석을 제공한다.

궁극적 추구, 자연으로의 회귀

장자는 천지의 대덕을 유지하고 자연의 위대한 아름다움에 완전히 전념하면서, 모든 인간의 간교함 혹은 문명의 진보에 대해 본능적으로 저항하는 태도를 취했다. 왜냐하면 장자가 보기에, 이러한 진보는 갈수록 대도大道와 동떨어져서 인간성의 이화는 모든 악의 근원이었기 때문이다.

《장자·천지天地》편에 따르면, 자공子貢은 한수漢水변에서 한 노인을 만났다. 그 노인은 토기 항아리를 사용하여 채소밭에 물을 주고 있었다. 그는 힘들게 열심히 일했지만 자공이 보기에는 비생산적인 작업이었다. 자공은 노인에게 두레박틀을 이용하면 훨씬 효율적으로 밭에 물을 줄 수 있다고 말했다. 그러자 노인은 기계를 이용하게 되면 기계에 대하여 마음을 쓰게 되고, 기계에 마음을 쓰게 되면 결국 정신을 집중할 수 없고, 도道는 그런 마음속에 머물 수 없게 된다면서, 기계를 쓸 줄 몰라서가 아니라 그것을 사용하기에는 부끄러워 그렇게 하지 않을 뿐이라고 말했다. 첨단 생산 도구를 사용하는 것은 장인에게 가장 부끄러운 일이었다. 자공은 자괴감에 빠져 공자를 보자 그간의 일을 털어놓았다. 공자는 자공에게 그 노인은 혼돈씨의 교리를 신봉하는 사람이라고 알려주었다. "마음은 생사처럼 맑고 희며, 자연 본연의 소박함처럼 공허하고 활동적이지 않고, 정력과 정신이 충만하면서도 그 본성을 인식한다."라고 설명했다. 다시 말해, "순결素"에 대한 완벽한 이해로 무장한 교리를 믿는 사람은 자연 그대로의 상태로 돌아가 자연의 정신을 보존하려고 할 것이다. 그런 사람을 어떻게 이해할 수 있겠는가?《장자》에 나오는 중언重言은 대부분 공자의 입을 빌려 유가의 학문을 비판하고, 또한 공자의 입을 빌려 스스로 부끄러워하며 장자의 학문과 노자의 말씀을 높이 평가한다. 따라서 장자는 형체를 개의치 않는 철학자이다. 그의 "터무니없는 말", "황당한 말", "막연하고 근거 없는 말"은 모두 논의를 극단으로 몰아가는 목적을 가지고 있다. 그렇지 않으면 사람들을 놀라게 하고 각성시키는 데 아무 소용이 없을 것이다.

그러므로 장자는 사람이 본래의 성품을 유지하고 자연 상태를 유지할 수 있다면, 세상의 통치는 불필요한 것이라고 여겼다. 요堯왕이 천하를 다스리니 백성들이 환호했고, 하夏나라 걸왕이 폭정을 일삼으니 백성들이 고통과 슬픔에 빠졌다. 어느 통치 방식도 백성들이 평온을 얻지 못했다. 현자와 도적의 출현은 모두 본래의 본성이 타락했기 때문이다. 장자가 말했듯이 "천지는 위대한 아름다움을 지니고 있으면서도 말하지 않고, 사계절四時은 명확한 법칙을 지니고 있으면서도 따지지 않으며, 만물萬物은 생성의 원리를 지니고 있으면서도 설명하지 않는다. 성인聖人이란 천지의 아름다움을 근원으로 삼고 만물의 이치에 도달한 사람이다. 그러므로 성인은 무위無爲하며, 위대한 성인은 무모한 일을 하지 않는데, 천지의 이치를 달관하기 때문이다."《장자·지북유知北游》 즉, 불필요한 행동을 하지 않고 무모하게 행동하지 않음으로써 자연의 법칙에 순응하는 것이 성인의 본분이다. 자연의 변화는 결코 머무르지 않으며, 진부하지 않고, 사계절 내내 운행하며, 각각 순서를 얻는다. 그렇다면 대도大道란 무엇인가? 장자가 말했듯이, "어두컴컴하여 없는 듯하면서도 존재하고, 자욱한데 형체가 없으면서도 신령스러운 것이 도이다. 만물은 도에 의해 자라고 있지만 알지 못한다. 이것을 근본이라고 말하는 것이며, 이것에 의해 자연을 달관할 수가 있는 것이다."《장자·지북유知北游》즉, 모호한 것은 혼돈과 무지 속에 자신의 존재를 숨기지만 때때로 그 존재를 알린다. 생생한 활력이 보이지 않을 때에도 그 정신은 거기에 있다. 만물이 자라고 번성하지만 그들은 이 자연적 과정에 대해 아무것도 모른다. 이것은 우주의 도道, 만물의 근원, 덕의 근원, 위대한 아름다움의 기초를 포함하는 만물의 기초이며, 장자 철학의 궁극적 추구이다.

도에 대한 이해는 순전히 지성의 영역에 속하고, 이는 마치 맑은 바람이 하늘을 지나고 흐르는 시냇물이 땅을 적시는 것과 같다. 수사적 향상이나 방어가 필요 없는 완전히 자연스러운 과정이다. 일단 그것이 글로 공식화되거나 말로 표현되면, 곧 속세와 접하게 되어 혼란에 빠진다. 장자는 사람들이 항상 만물을 교화시키고 천하를 구제하려고 생각하는데, 이렇게 함으로써 그들이 혼돈스러운 우주의 본질에 접근할 수 있다고 생각하지만, 사실 "그런 사람들은 사물의 외형에 집착하여 우주에 미혹되고, 태초의 도를 알지 못한다."《장자·열어구列禦寇》라고 말했다. 이와는 대조적으로 진정한 깨달음을 얻고 덕이 있는 사람은 그런 것을 시도하지 않는다. 대신 그들의 정신은 우주의 태초로 되돌아갈 것이다. 그 곳은 텅 빈 공허의 세계이고, 그 생명은 마치 맑은 물이 사라져 형체가 없는 것과 같다. 그 빛은 오히려 태초의 청정함 속에서 반짝인다. 이것은 감각으로는 분별할 수 없는 영역이지만, 지성으로는 알 수 있고 이해할 수 있는 영역이다. 그것은 장자가 상상했던 평온하고, 자연스러우며, 무위한 경지이다.

《장자》에서 언급한 남백자기南伯子綦는 진정으로 깨달음을 얻은 성인이다. 안석에 기대어 앉아 말을 잊은 채 도를 깨닫는 과정을 되새기던 남백은 육체가 마른 해골 같았고, 그의 마음은 타버린 재와 같았다. 비록 그는 한때 산속의 동굴에서 살았지만, 위대한 학식 중 한 사람이라는 그의 명성은 자자했다. 그는 자신의 행동을 반성하고 난 후, 비록 세상 사람들의 미혹과 본성의 상실을 비탄하면서도 자신도 비탄할 대상임을 깨달았다. 더 나아가 이 비탄하는 사람을 비탄하면서도 남백자기는 꾸준히 수련을 진행하여 점차 저속하고 시끄러운 속세를 초월했고, 그의 마음은 날이 갈수록 "죽은 잿더미처럼"《장자·서무귀徐無鬼》 평온한 경지에 이를 수 있었다. 여기에서 "죽은 잿더미처럼 느껴지는 마음"이라는 문구는 영혼의 궁극적인 고요함을 묘사하기 위해 사용되었는데, "물처럼 고요한 마음"이라는 구절과 유사하다. 이는 외부 현실에 의해 마음이 움직이지 않는 상태를 말한다. 단 한 번의 흔들림이나 동요도 없는 완전한 침묵이다. 설결齧缺의 이야기와 관련된《지북유知北遊》의 기록이 있다. 설결이 피의被衣에게 도道를 묻자, "만약 당신이 온 정신을 집중하고, 마음을 수렴하면, 하늘과 땅의 정신이 당신에게 머물 것이다."라며, "위대한 덕은 당신을 위해 화려함을 발산할 것이고, 위대한 도는 당신의 마음에 머무를 것이다."라고 말했다. 다시 말해서, 신비로운 도는 굉장한 아름다움을 발산하고 당신의 마음속에 머물 것이다. 설결은 그의 말을 반쯤 듣기도 전에 잠들어 버렸다. 피의는 매우 기뻐하며 노래를 부르며 홀연히 사라졌다. "그의 몸은 마른 나무 그루터기 같았고, 마음은 타버린 잿더미 같았으며, 그의 지식은 견고하고 진실하지만, 그는 그의 지성을 자랑하지 않는다. 그의 마음은 흐릿하고 어두우며 그에게서 단 한 마디의 조언도 들을 수 없다. 그는 어떤 사람인가? 남백자기처럼 설결은 바싹 마른 나무 그루터기와 타버린 잿더미처럼 보였다. 얼마나 경이롭고 심오한 삶인가! 이러한 정신 상태를 벗어난 모든 인위적인 생각과 행동은 "미덕을 해치는 사소한 지식과 도를 해치는 사소한 행동"과 다를 바 없다. 장자의《선성繕性》에 나오는 "물질적 추구에 자신을 잃고, 저속함에 자신의 진정한 본성을 잃은" 사람처럼 거꾸로 매달려 있는 사람들이다. 대체적으로 볼 때, 이러한 인간의 본성을 잃어버린 역사는 오래되었다. 하夏·상商·주周 이래로 세상 사람들은 모두 물질을 위해 본성을 바꾸었다. 소인은 이익을 위해 몸을 바치고, 선비는 명예를 위해 희생했고, 대부는 가문을 위해 몸을 바치고, 성인은 천하를 위해 자신을 희생했다. 이 네 부류의 사람들은 모두 다른 직업과 명성을 가지고 있었지만 한 가지 공통점이 있었다. 모두 인간의 본성에 해를 끼치지 위해 자신을 희생했다는 것이다.《장자·변무駢拇》

같은 장에서 장자는 자신을 희생함으로써 인간의 본성을 잃는 과정을 설명하기 위해 두 가지 예를 들었다. 장臧과 곡谷이라는 두 노예가 주인의 양을 치는 데, 장臧은 책을 읽고 곡谷은 주사위 놀이를 하며 시간을 보냈다. 두 사람 모두 양을 잃어버렸다. 그들의 행동은 달랐지만, 양떼를 잃은 것은 동일했다. 장자는 또 백의佰夷와 도척盜跖을 예로 들었다. 전자는 주周나라의 기장을 거절하고 수양산에서 굶어죽었지만, 후자는 사익을 구하다 동릉산東陵山에서 죽었다. 그들은 다른 이유로 죽었지만, 그들이 자초한 해악은 같았다. 그들은 둘 다 목숨을 바치고 본성을 파괴했다. 장자의 관점에서 보면, 백이와 도척의 본성을 상실한 방식에는 별 차이가 없다. 이 경우 군자와 소인은 하나이고 동일하며, 인의를 위해 목숨을 바치는 자와 이익을 추구하는 자도 마찬가지이다.

《장자莊子》에서 한때 작은 나라에 적은 백성들이 살고, 이웃 나라와 마주보며 닭과 개 짖는 소리가 들리지만, 백성들은 죽을 때까지 서로 왕래하지 않는다는 《노자老子》의 소국과민小國寡民을 인용하기도 했다. 그러나 장자가 진정으로 원했던 소박한 고대로의 회귀는 인간이 금수와 모든 만물 사이에서 완전히 망각한 상태로 욕망도 없고, 행방도 모호하며, 어디로 가고 있는지도 모른 채 금수와 나란히 살던 시대였다. 그러한 상태에서 인간과 자연은 하나의 이음매 없는 존재로 수련되어, 의례·음악·인의의 세뇌로부터 완전한 자유를 얻었다. 그 지극한 즐거움의 정원에서 사람들은 "음식을 먹고, 배를 부풀리고 이리저리 노닐었다."《장자·마제馬蹄》 즉, 이 사람들은 맛있는 음식을 먹으며 장난을 치고, 부끄럽거나 어색함을 모른 채 배가 부르면 산과 숲을 헤매며 노는 것이 얼마나 행복한 삶이었는가! 아, 이것이 다름 아닌 상고上古시대 혁서赫胥씨의 왕국이 아니던가!

백락(2015)

제11장

장자의 유교 비판

유교와 장자 갈등의 본질: 허위와 진실

장자의 책은 유교에 대한 비판이 매우 날카롭고 격렬하다. 그 중에서 중언重言, 치언卮言, 우언寓言이 겹쳐 나오고, 그 문장은 종횡으로 펼쳐져 있어 우주관과 인생관이 대결이라고 할 수 있다. 처음 읽은 후에 사람들은 그것에 대해 완전히 납득하지 못할 수도 있지만, 더 깊이 생각해 보면 그것이 꽤 일리가 있다는 생각이 들 수도 있다.

장자의 우주관은 원의 중심점에서 출발하여, 거대하고 신비로운 도의 "무궁지문"을 체득하고, 무한한 자연을 관찰하고 이해할 수 있는 파노라마적인 관점을 제공한다. 반면에 장자의 인생관은 무소불위의 자연과 하나가 되고, 만물과 일체가 되어, 당신의 몸을 보양하고養生, 생명을 보존하고保生, 생명을 온전히 살고全生, 천수를 다하는 것이다盡年. 그것은 완전한 무위無爲·무용無用·무공無功·무명無名을 추구하는 것이다. 따라서 중국 역사상 가장 철저한 반유교 학파는 장자의 학파라고 할 수 있다. 왜냐하면 장자는 그 비판에 있어서 흔들림 없이, 엄격하고, 통찰력이 있으며, 날카로웠기 때문이다. 장자는 예술적 기질이 풍부한 사람이었다. 그의 언행은 때로 무례할 정도로 자유분방했다. 이는 그가 혼란스러운 세상에서 살아남기 위해, 그리고 세상에 알려지기를 바라지 않았기 때문일지도 모른다. 결국 이것이 그의 인생철학 전부였다. 지난 2300년 동안, 장자의 인생 철학은 중국 문화에 심오하고 지대한 영향을 미쳤다. 특히 중국 예술의 발전에 기여한 공로는 이루 헤아릴 수 없을 정도다.

《인간세人間世》에서 장자는 초나라의 미치광이 은둔자 접여接與의 이야기를 기록하고 있다. 접여가 공자를 만났을 때, "지금 춘추의 난세에 사람들이 복을 짓지 못하고 재앙을 피할 줄 모르며, 덕을 품고 있는 듯한 공자마저도 이 쇠락한 지역인 초나라에 왔다."라고 했다. 그는 공자에게 "자신의 미덕의 원칙을 거들먹거리며 퍼뜨리지 말 것", 즉 마치 하늘에서 내려온 것처럼 남에게 미덕의 원칙을 설파하지 말 것, "사람들이 따라야 할 땅에 길을 긋는 것"처럼 인간의 행동을 통제하기 위한 규칙과 규범을 세우지 말 것을 충고했다. 장자가 보기에 세상은 이미 쇠퇴해버렸고, 공자의 이상은 이미 무너져 유교가 도덕적 타락의 거센 물결을 막을 수 없다는 것이다. 이는 장자가 공자를 비판한 비교적 객관적인 부분이다. 여기서 말하는 공자의 덕은 장자의 천지대덕天地大德이 아니라 인의仁義를 말한다.

《장자·덕충부德充符》에서 절름발이인 숙산무지叔山無趾의 말을 빌려 공자를 비판한다. "하늘은 덮어주지 아니함이 없고, 땅은 실어주지 않는 것이 없습니다. 나는 선생님을 천지天地로 여겼는데, 오히려 당신이 이렇게 될 줄은 전혀 예상치 못했습니다." 공자는 공손히 예를 갖추어 그의 비판에 귀를 기울였다. 숙산이 노자에게 공자와의 만남에 대해 이야기하자 노자는 왜 삶과 죽음이 하나이며, "옳음可"과 "그름不可"이 하나라는 진실을 공자에게 알리지 않았느냐고 물었다. 숙산이 대답했다. "하늘이 그를 벌하려 한다면, 무슨 해결책이 있겠습니까?" 즉, 무지의 말은 공자가 하늘의 벌을 받고 있기 때문에 그가 할 수 있는 것은 아무것도 없다는 것이다. 이야기의 요점은 공자가 천지의 대덕을 갖추지 못했기 때문에, 겸손함에도 불구하고 만유의 도를 알지 못했다는 것이다.

장자는 《장자·대종사大宗師》에서 공자의 입을 빌려 삶과 죽음이 하나임을 깨달은 맹손재孟孫才를 찬양했다. 맹손재는 생사일여生死一如를 깨달은 사람으로, 어머니가 돌아가셨지만 눈물도 흘리지 않고, 상복을 입고 슬퍼하지 않았다. 장자에 따르면, 공자는 맹손재가 "삶이 어디서 왔는지, 삶이 어디로 가는지 알려고 하지 않았으며", 삶과 죽음이 하나라는 개념을 수용했기 때문에,

우리 모두가 잠든 사이에 이 사람은 완전히 깨어있었다고 말했다. 맹손재의 관점에서 보면 "변화하고 있는 지금 어찌 변화하기 전의 상태를 알겠는가? 변화하고 있지 않는 지금 어찌 변화한 후의 일을 알 수 있겠는가?" 이것은 그가 자연의 지속적이고 미묘한 변화에 순응하고 방임하지 않는 의식을 가졌음을 보여준다. 그러므로 공자는 맹손재가 "자연의 변화와 삶과 죽음의 순환을 이해하고, 자연의 고독한 공허함과 일체가 되는 경지에 이르게 된 것이다."라고 믿었다. 다시 말해서 맹손재는 자연의 법칙에 굴복하고, 생사의 중대한 문제를 뒤로 미루었다. 그래서 그는 우주와 하나의 존재로 통합될 수 있었고, 마침내 고요한 무無의 영역에 도달할 수 있었다.

《장자莊子》에서 공자조차도 자신이 천의에 의해 벌을 받는 죄인이라고 생각했다. 특히 《대종사大宗師》편에서는 제자 자공이 비웃음을 당하는 일화를 통해 이러한 사상을 잘 보여준다. 자상호子桑戶가 죽은 후, 그의 가장 친한 친구인 맹자반孟子反과 자금장子琴張이 "당신은 이미 자연으로 돌아갔지만, 우리는 아직도 인간의 모습으로 살아있네."라는 노래를 지었다는 설이 있다. (당신은 순수한 본래의 모습으로 돌아갔지만, 나는 형체가 있어 여전히 사람으로 남아 있다.) 자공이 크게 놀라서 그들에게 물었다. "도대체 왜 주검 앞에서 노래를 부르는가? 이것이 예 인가?" 하지만 노래하는 이 두 사람은 정작 예의를 모르는 사람은 자공이라고 비웃었다. 자공이 돌아와서 공자에게 그 일을 고하면서 물으니, 공자는 자공에게 "이 두 사람은 우주 조물주와 짝을 지어 천지의 혼원 지기를 떠돌던 사람들로, 간과 담의 존재를 잊고, 귀와 눈의 존재를 부정했다."면서, 마치 궤양과 종양처럼 그들의 내장과 외장을 모두 버리기를 원했다. 그들은 "속세의 소란 밖에서 정처 없이 떠돌아다니며, 무위無爲의 세계에 소요逍遙한다." 다시 말해서 그들은 속세의 예로써 사람들의 이목을 끌려고 하지 않았다. 장자는 공자에 대한 비판에서 종종 공자 자신의 말을 인용하여 조롱과 비난의 대상으로 삼았다. 동시에 공자는 장자 자신의 주장을 반박하기 위해 항상 상대방으로 등장하는 혜시惠施와는 달리, 자기비판과 자기 반박의 기질을 가진 사람으로 묘사되었다.

《장자·어부漁父》편에서는 공자가 겪었던 네 번의 큰 좌절을 이야기한다. 공자는 노魯나라에서 두 번이나 홀대를 당했고, 위魏나라에서는 족적을 깎이고, 송나라에서는 그늘과 피난처로 찾던 나무가 베이고, 진陳나라와 채蔡나라 사이에서 오도 가도 못하게 발이 묶였다. 이러한 굴욕적인 경험에 크게 당황한 공자는 지혜로운 어부에게 조언을 구했는데, 어부는 그에게 "진정한 자아를 신중하게 보존愼守己眞하지 못하고, 소박한 순수함을 잃었기 때문"이라고 말했다. 어부는 "인의 도덕의 세계를 세심히 따지고, 같음과 다름의 경계를 분명히 살피고, 고요함과 움직임의 변화를 관찰하며, 주고받는 것의 한계를 명확히 하고, 좋고 싫음의 감정을 잘 다스리고, 기쁨과 분노의 과잉을 조화시켜야 한다."라고 말했다. 즉 다시 말해서, 이러한 개념들(인과 의, 유사점과 차이점, 움직임과 고요함, 주고받는 것, 호불호, 기쁨과 분노)에 끝없이 빠져들었고, 그 과정에서 진정한 인격을 잃었다는 것이다. 대신 해야 할 일은 "공명 따위의 외부적인 것들을 다른 사람에게 돌려주는 것"과 "이러한 얽매임에서 벗어나는 것이다." 즉, 자신이 소유하지 않은 외부 요소를 다른 사람에게 돌려준다면, 무엇이 자신에게 짐이 되겠는가?

마찬가지로 《장자》에서 공자가 노자에게 인의仁義에 대해 묻는 대목도 공자의 자책임을 보여준다. 노자는 공자에게 이렇게 대답했다. "풀을 뜯을 때 왕겨가 눈에 들어오면 사물을 구별하지 못할 수 있다. 모기에 물리면 밤새도록 잠을 잘 수 없을 것이다. 마찬가지로 인과 의는 인간의 마음에 큰 혼란을 초래할 수 있다. 그대가 천하 사람들로 하여금 자연의 순박함을 잃지 않게 하려면, 산들바람처럼 자연스럽게 행동해야 한다. 도망자를 찾기 위해 북 치듯이 인의를 소리 질러 팔고 떠벌려야 할 것이 뭐 있는가? 샘이 마르면 물고기들은 입에 거품을 물고 서로를 촉촉하게 적시려고 한다. 이것을 "인"과 "의"의 행위라고 할 수 있지만, 만약 물고기가 "서로 잊을 수 있는" 강이나 호수로 돌아간다면, 누가 이런 행동을 할 필요가 있겠는가?" 장자의 말처럼 "물고기는 강이나 호수에서 서로를 잊고, 사람들은 도의 영역에서 서로를 잊는다."《장자·대종사大宗師》 즉, 대도의 영역에서는 물고기와 사람이 각각 제자리를 찾을 것이다. 물고기는 더 이상 서로를 적실 필요가 없고, 사람들은 인의를 옹호할 필요가 없다. 또한 "더 이상 겸손하게 미덕의 원칙을 퍼뜨리고, 사람들이 따라야 할 길을 땅에 그릴 필요가 없다." 공자는 노자를 만난 후 진짜 용을 본 것 같다며 다음과 같이 말했다. "오! 용이여. 정말 아름다운 광경이도다. 원소가 모이면 용의 몸을 이루고, 흩어지면 하늘에 떠 있는 화려한 구름이 되었다. 그것은 운기를 타고 천지 간에 몸을 가누고 음양 지간을 약동한다." 공자의 설명이 믿기지 않은 자공은 직접 가서 보기를 원했다. 그러나 이번에는 노자가 공자가 현자로 여겼던 삼황오제三皇五帝에 대해 더욱 맹렬히 비판했다. "삼황 오제가 천하를 실효적으로 다스렸다고 하지만, 다스렸다는 것은 명분일 뿐, 어지럽기가 그지없이 심했다. 삼황의 지혜는 위로는 해와 달의 밝음을 어지럽히고, 아래로는 산천의 정기를 갉아먹었으며, 가운데로는 사계절의 운행을 무너 뜨렸다. 다시 말해서 그들은 자연이 의도했던 것과 정확히 반대되는 방식으로 통치했다. 그 지혜는 전갈이 쏘는 침보다 더 독하고 사악했지만, 그들은 스스로를 현자라고 여겼다. 이 어찌 부끄럽지 아니한가? 그들은 수치심도 없던가!"《장자·천운》 면전에 둔 그 호된 꾸지람에 자공은 부끄러움을 금치 못했다.

장자는 "이 세상에서 성인이 죽지 않는 한 큰 도둑도 사라지지 않는다."라고 생각했다. 모든 인류의 물질과 정신 문명의 진화에는 그에 상응하여 약탈자가 나타나는데, 예를 들면 인의仁義로 시폐時弊를 교정하려고 한다면, 인의도 동시에 절취당하게 된다. "허리띠 갈고리를 훔친 자는 죽임을 당하지만, 나라를 훔친 자는 제후가 되는"《장자·거협胠篋》 사회에서 인의는 결국 후문侯門으로 귀속되는데, 이것이 바로 도둑의 후문이다. 전성자田成子가 제군을 죽이고, 제나라의 정권을 빼앗아 그 '성지법聖智法'까지 훔쳤으니, 나라를 훔친 자가 바로 인의를 훔친 자가 아니었던가. 만약 보옥을 던져 버리고 구슬을 부술수 있다면 도둑은 더 이상 일어나지 않을 것이며, 부새를 깨 버려야 백성들이 소박함을 회복하며, 됫박을 부수고 저울을 분질러야 백성들이 다투지 않을 것이며, 천하의 성법聖法을 없애야 백성들이 비로소 의논할 수 있게 될 것이다. 귀를 어지럽히는 오음五音, 미혹의 오색五色을 모두 멸종시켜야 사람들의 귀와 눈이 밝아진다. "인의"가 천하에 행해질 때에는 세상에 선한 사람은 적고 악한 사람은 많은 법이니, 성인으로서 천하를 이롭게 하는 일은 적고, 천하를 해롭게 하는 일이 도리어 많은 법이다.

장자는 말했다. 이 난세에 학살당한 자들의 시신이 겹겹이 쌓이고, 족쇄를 찬 자들이 군중 속에서 서로 밀치락달치락하고, 고문당한 자들이 슬픔에 잠겨 서로를 응시하고 있을 때, 나는 이 "성지聖智"들이 바로 그 쇠사슬과 족쇄의 양 쪽을 연결하는 나무꽂이일 것이라고 생각했다. "인의仁義"가 바로 그 족쇄에 채워진 구멍과 쐐기였다면, 증삼曾과 사추史鰌와 같은 성인은 하걸夏桀과 도척盜跖의 효시일 뿐이다. "아! 심하도다! 그들이 부끄러움도 모르고 수치를 알지 못함이 심하도다!"《장자·재유在宥》 가슴을 치고 발을 구르며 장자가 했던 이 말에서 우리는 장자가 얼마나 극도로 원망하고 분노했는지 상상할 수 있다. 그러므로 장자의 관점에서 볼 때, 성인의 가르침을 버리고 지혜를 거부하는 것은 본래의 단순함을 되찾기 위한 필수적인 전제인 것이다. 먼

문명의 여명기에 인류는 나무 위에 집을 짓고 젖을 먹고 배를 채우며 살았다. 그들은 인의仁義의 신성함이나 예법禮法의 필요성을 느끼지 못했다. 그 당시 인류는 초목과 함께 금수와 섞여 살며, 성인에게 "덕으로써 남 대하는 일"을 가르칠 필요가 없었고, 사람들에게 해야 할 일과 하지 말하야 할 일을 알려주는 "덕의 원리를 오만하게 퍼뜨리는"것이 필요하지 않았다. 사람들에게 어떤 길을 가야 할지, "그들이 따라야 할 땅에 길을 긋는" 현명한 왕이 필요하지 않았다. 당시 인류는 기교도 위선도 없는 원시 상태로 살았다. 위대한 도는 시작도 끝도 없는 모호한 방식으로 운영되었지만, 사람들은 인의로 인해 해를 입지 않는 자연의 풀과 개처럼 살고 번식했다. 당시에는 "의례禮"가 없었고 "진리眞"만 있었을 뿐이었다. 왜냐하면 "의례"는 도를 버리고 세속적인 반인류법이 도입된 후 탄생한 괴물이었기 때문이다. 이 괴물이 버려진 후에야 인간은 하늘에서 "진리"를 얻을 수 있었다. "의례와 의식은 속세의 산물이고, 참된 도는 자연이 부여한 것이다."《장자·어부漁父》

장자는 요순의 역사적 과오가 우주의 시작에서 자연적 통일을 소홀했기 때문이라고 믿었다. 선과 악, 현명함과 부당함을 함부로 분별하는 것은 천하의 대란을 일으켰고, "머리를 빗기 전에 솎아내고間髮而櫛", "밥을 짓기 전에 쌀알을 세는數米而炊"등 요순법에 대한 과도하고 자질구레한 규정은 대도의 원칙에 어긋나 아무런 이득도 주지 못했다. 반대로 현명하고 유능한 사람을 발탁하면 사람들 간에 서로 알력이 생기게 마련이다. 지혜롭고 유능한 자를 등용하면 자연히 속임수와 도둑질로 이어질 것이다. 심지어 "아들이 아버지를 죽이고 신하가 왕을 암살"하는 참극도 일어난다. 장자는 증오가 상상할 수 없는 결과를 낳을 것이라고 예언하면서, "대 혼란의 근본 원인은 요순시대에 생겨난 것이다. 천 대에 걸쳐 사람들은 서로를 잡아먹게 될 것이다."《장자·경상초庚桑楚》라고 말했다. 이것은 장자가 선왕에 대한 기본적인 평가이다.

이뿐만 아니라 공자는 선왕을 본받으려 했는데, 이는 장자가 용납할 수 없는 일이었다. 이는 원숭이에게 주공의 우아한 옷을 입히거나 동시효빈東施效顰처럼 "주제를 모르고 맹목적으로 따라 하다 도리어 추해지는 꼴"《장자·천운天運》이라고 말했다. 미인 서시西施는 길을 걸을 때마다 가슴 통증으로 얼굴을 찌푸렸는데, 이것은 자연스러운 반응이라 그 인상이 그래도 아름다웠지만, 동시東施는 찌푸린 얼굴이 피상적인 행동으로 몰래 따라 한 것이기 때문에 추녀의 작태가 그대로 드러나니 어찌 아름답다고 말 할 수 있겠는가? 장자는 또한 주周와 노魯나라를 배와 수레로, 과거와 현재를 육지와 물에 비유하면서 주나라 때에는 배를 물 위의 운송 수단으로 사용했다고 말했다. 오늘날 노나라에서는 수레가 육상 수송에 사용되었다. 그러나 "배가 육지로 밀려나면", "취급하기 어려워지고 효과가 없어질 뿐만 아니라", "우리 자신에게도 반드시 재앙이 돌아오게 될 것이다." 이는 장자가 선왕을 본받는 것을 철저히 부정하는 부분이다. 앞 부분에서는 선왕이 이미 큰 혼란의 근원임을 주장했고, 이 부분에서는 선왕이 큰 혼란의 근원이 아니더라도, 설사 서시처럼 아름답다하더라도 혁서씨 시대의 법칙을 따르는 것은 절대통하지 않는다는 것이다. 장자의 말에 "인의仁義를 위하여 도덕道德을 멸하는 것은 성인聖人의 잘못이다."《장자·마제馬蹄》 여기서 장자가 말하는 도덕은 천지의 대도지덕大道至德이고, 인의는 대도를 버리고 흥행한 속세의 위선을 일컫는 말이다. "성인聖人"(이 단어는 장자서에서 일반적으로 부정적인 의미로 사용 됨)은 어려운 가운데 산을 옮기는 힘을 발휘하여, 큰 어려움 속에서 "인을 옹호"하고, 큰 어려움 속에서 "의를 증진 하는 것"을 뜻하였으나, 세상에는 의심과 불안이 생겨났다. 그들은 "재미를 위해 음악에 빠졌고, 의례를 위해 정교하고 시험적인 규칙을 세웠다." 이에 천하의 갈등 대립도 맞물려 생겨났는데, 이것이 바로 성인의 인의예악이 사회에 끼칠 수 있는 부작용이다. "인의를 높이 내세워 천하 사람의 마음을 위로하려 했다. (중략) 이것 또한 성인의 허물이다."

성인은 이처럼 사회의 순박한 기풍을 문란하게 하고, 인류의 천부적인 참된 본성을 손상시키는 한편, 뻔뻔스럽게도 인의의 깃발을 높이 내걸고 천하의 인심을 달랜 것은 더 큰 죄가 아닐 수 없다. 《장자·도척》은 역사적으로 장자의 제자가 쓴 작품으로 여겨져 왔지만, 그럼에도 불구하고 이 작품은 웅장하고 아름다운 글이며, 장자의 사상을 이해하는 데 중요한 단서가 될 수 있다. 이 글의 문체는 장자의 내편과는 완전히 다르다. 장자의 문체는 깊이 있고 풍부하며, 방대한 지식을 담고 있다. 《사기》에서 말한 것처럼, 장자는 "글을 잘 엮고, 사물에 빗대어 감정을 표현하며 유교와 묵가의 사상을 비판했다." 장자는 자신이 세상의 중심에 서서 자연의 섭리를 꿰뚫어 보고 있다고 생각했다. 그는 우주, 인생, 사회, 역사를 자유롭고 거침없는 말로 분석하고 비판했다. 이 모든 것이 흔들리지 않는 평온한 방식으로 표현된다고 생각했다. 이러한 이유로 그는 이 혼란스러운 세상에서 굳이 꼿꼿이 앉아 형식적으로 논하는 것은 의미가 없다고 믿었다. (사람들은 물질적 관심사에 길을 잃고, 희망이 없었으며, 형식적이고 엄숙한 스타일의 담론을 채택하는 것은 비생산적이다.《장자·천하天下》) 따라서 장자의 글은 "비록 괴이하고 꾸밈이 많지만 흐름이 자연스럽고 손상되지 않으며", "비록 엇갈리고 기이하지만 흥미롭고 묘하게 아름답다." 다시 말해, "기묘한 이야기를 만들어 낼 수 있었던 괴짜 학자들"에게는 상상조차 할 수 없는 우아하고 웅장한 독특한 양식이기 때문이다. "약간의 호연지기만 있어도, 어떠한 상황에 부닥쳐도 태연할 수 있고, 끝없이 자유로이 거센 바람을 타고 천리를 날아갈 수 있다."라는 소식의 시를 연상시키는 자유분방한 사고방식이 논리의 이성적 자유에 구애받지 않고 그대로 반영돼 있다. 이에 반해, 《도척盜跖》은 직설적인 어조로 핵심을 꿰뚫어보고 거침없이 논한다. 마치 아무도 없는 곳에서 말하는 것처럼, 탐욕스러운 소유욕을 가진 사소한 유학자들이 보고는 두려워하고 듣고는 도망치게 할 정도이다. 이러한 문체는 전국戰國시대부터 전한前漢 시대까지 전술가들 사이에서 흔히 볼 수 있는 문체였기 때문에, 그 당시 어떤 유능한 고수들에 의해 쓰인 것으로 보이며, 장자의 책에 덧붙여진 것으로 보인다.

《장자長子》에는 유교에 대한 비판이 비일비재하다. 예를 들어 《인간세人間世》에서 접여接興가 공자를 조롱하는 이야기, 《덕충부德充符》에서 숙산무지叔山無趾가 공자를 공격하는 이야기, 《대종사》에서 자공子貢을 조롱하는 이야기 등이다. 기타 외편의 《변무駢拇》, 《마제馬蹄》, 《거협胠篋》, 《재유在宥》, 잡편의 《경상초庚桑楚》, 《어열구列御寇》, 《서무귀徐無鬼》 등은 유교에 대해 온갖 욕설과 비난, 풍자를 다 퍼붓는 듯하다. 가장 직접적이고 날카로운 공격은 《도척盜跖》에서 발견되며, 《마제馬蹄》가 그 뒤를 잇는다.

《도척盜跖》에는 두 명의 전형적인 인물을 형상화했다. 하나는 명석하고 입심이 좋은 위선자 공구孔丘이고, 다른 하나는 "마음은 샘처럼 솟아나고, 뜻은 바람처럼 휘날리는" 도척盜跖이다. 이 글은 공자와 도척의 형 유하혜柳下惠의 대화로 시작된다. 공자는 도척이 천하를 횡행하면서 제후들을 침범하고 포악한 행동을 일삼고 있다며, 유하혜가 "세상에서 가장 재능 있는 학자 중 한 명"으로 알려졌음에도 불구하고, 그 아우를 훈계하여 올바른 길로 인도하지 않았다고 나무랐다. "나는 선생이 부끄럽습니다. 그러니 내가 선생을 대신하여 그를 만나 설득해 보겠습니다."라고 공자가 제안했다. 동생을 너무 잘 아는 유하혜는 공자에게 도척은 여간한 사람이 아니기 때문에 이 생각을 포기하라고 권했다. "육체의 강건함은 어떤 적이라도 막아내기에 충분하며, 언변은 자기 잘못을 꾸며대어 변명하기에 충분합니다. 상대가 제 마음에 들면 기뻐하지만, 제 마음에 거슬리면 욕지거리로 남을 어렵지 않게 욕보입니다. 선생께서는 절대 가면 안 됩니다." 공자는 유하혜의 간청을 무시하고, 방문길에 올랐다.

당시 도척은 갑옷을 벗은 채 쉬고 있었고, 사람의 간을 잘게 썰어 간식으로 먹고 있었다. 공자는 위선적이고 거짓된 태도를 보이며 수레에서 내려 앞으로 나아갔다가, 먼저 걸음을 옮긴 뒤 자리에서 몇 걸음 물러나 도척에게 두 번 절했다. 공자의 행동은 도척의 호감을 얻지 못했다. 그리고 공자에게 "너는 말을 만들고 이야기를 지어내어, 함부로 문왕文王이다 무왕武王이다 하며 칭송하고, 머리에는 나뭇가지처럼 장식이 많은 갓을 쓰고, 허리에는 죽은 소의 옆구리 뱃가죽으로 만든 허리띠를 차고 다니면서, 수다스레 잘못투성이의 유설을 지껄여대고, 밭을 갈지 않고도 먹고, 옷을 짜지 않고도 입는다. 게다가 입술을 놀리고 혀를 움직이면서 제멋대로 시비선악善惡是非의 기준을 만들어 천하의 군주들을 미혹시킨다."라고 하며 위선자에게 떠나라고 명령했다. 공자는 이러한 폄훼에 당황하지 않고, 오히려 그의 외모·학식·용맹·덕을 찬양하기 시작했다. "키는 여덟 자 두 치(1.89m)나 되고, 얼굴은 건강한 빛을 발하며, 눈은 밝고, 입술은 붉게 물들어 보이며, 이빨은 가지런히 늘어선 하얀 조개인듯하며, 목소리는 황 종소리 같습니다." 공자는 도척이 남쪽을 향해 왕이 될 수 있다고 생각했다.

다음으로 공자는 귀족이 거느릴 수 있는 존귀함과 10만 명이 거주하는 수백 리의 영토로 그를 유인했다. 그러나 공자가 내세운 모든 아첨과 유혹은 도척으로부터 맹렬한 비난을 받았다. 둥지를 틀고 신농씨 세상이 되어서는 "사람들이 자기의 어머니는 알아도 아버지는 알지 못했으며, 크고 작은 고라니와 사슴과 함께 나란히 살았다. 스스로 밭을 갈아 농사지어 먹고, 스스로 베를 짜서 옷을 짓고, 그들은 결코 서로를 해칠 생각을 하지 않았다." 이것이 천지대덕天地大德이 가장 잘 운영된 전성기였다. 그러나 황제黃帝가 통치한 이후 세상 풍속은 점점 나빠져갔다. 지덕至德을 시행하지 못하여 치우蚩尤와 탁록涿鹿의 들판에서 싸운 전투는 백 리의 지역을 피로 물들게 했다. 요와

순이 천자가 되자 여러 신하의 지위를 만들어 상하 차별을 확립했고, 요堯·순舜·탕湯·무武왕 이후로는 모두 난세의 무리들이었다." 그러나 "당신(공자)은 여러 나라의 군주들을 혼란스럽게 하여 호의와 부를 얻기 위해 허세를 부리고 위선적인 행위를 했다. 그대보다 더 큰 도적질이 없는데, 세상 사람들은 어찌하여 그대를 일러 도적놈 구丘라고 부르지 않고, 도리어 나를 도척이라고 하는가?"《장자·도척盜跖》 그리하여 도척은 공자의 위선을 벗겨내고, "대도大盜"의 본모습을 드러내게 했다.

이어서 도척은 공자가 문무의 도道를 펼치기 위해 제후들을 찾아다녔지만, 곳곳에서 좌절하는 모습을 일일이 들먹였다. 그는 노魯나라에서 두 번 유배당했고, 위衛나라에 머무르는 것이 금지되었고, 제齊나라에서 궁지에 몰리고, 진陳과 채蔡사이에서 좌초되어 "천하에 몸 둘 데가 없었다." 게다가 공자의 대제자 자로子路가 위나라의 군주를 죽이려다 실패하여 동문에서 육장으로 토막나 환난을 당했으니, "자로의 끔찍한 죽음에는 공자의 책임이 있다."는 것이다.

그리고 나서 도척은 역사 속의 성인들과 재능 있는 대신들에게 다시 화제를 돌렸다. 황제는 천지의 대덕大德이 부족했기 때문에, 치우蚩尤와 탁록涿鹿의 들에서 싸웠고 백 리를 피로 물들였다. 요왕은 자비롭지 못하였고, 순왕은 효심이 없었으며, 우왕은 반신불수가 되었고, 탕왕은 그의 군주를 유배시켰으며, 주왕은 상나라 걸왕을 처벌하기 위한 전쟁을 이끌었고, 주문왕은 율리에 갇혔다. 그들은 모두 자신의 본성을 배반하였으므로, 그들의 행동으로 명성을 얻지 못하고 오히려 부끄럽게 여겨야 했다.

세상에 소위 현사賢士라고 하는 백이伯夷, 숙제叔齊, 포초鮑焦, 신도협申徒

狹, 개자추介子推, 미생尾生등 여섯 사람은 인간의 진정한 가치인 인간의 본성을 어기고 목숨보다 명예나 절개를 중시했다. 세상에 소위 충신忠臣이라고 하는 강에 빠진 오자서伍子胥, 장을 꺼내어 바친 비간比干과 같은 사람은 모두 충성을 다했지만, 그들의 충성은 어리석었고, 따라서 천하의 웃음거리가 되었으니, 또 무엇이 귀중할까?

도척의 유창한 언사, 단도직입적인 주장, 가차없는 공격 앞에서 공자는 거의 무방비 상태였고, 아첨과 환심을 사려는 그의 말은 반박되고 거부당했다. 결론적으로 도척이 공자에게 말하기를, "만일 당신이 나에게 귀신과 영혼에 대해 알려주고자 한다면 아는 것이 없지만, 인간사에 대해 말한다면 내가 당신보다 더 잘 알고 있다. 이제 내가 당신에게 사람의 성정에 대해 이야기해 주겠다. 눈은 좋은 빛깔을 보려 하고, 귀는 좋은 소리를 듣고 싶어 하며, 입은 좋은 맛을 보려 하고, 기분은 만족을 바란다. 그러나 사람의 수명은 기껏해야 백 년, 중간 정도로는 80살, 밑으로 가면 60살이다. 그것도 병들고 여위고 죽고 문상하고 걱정거리로 괴로워하는 것을 빼고 나면 그 가운데 입을 벌리고 웃을 수 있는 날은, 한 달 중에 불과 사오일밖에 지나지 않는다. 하늘과 땅은 영원하지만 인간의 삶은 제한되어 있어, 이 유한한 육체를 무궁한 천지 사이에 맡기고 있기란 준마가 좁은 문틈을 뛰어넘는 순간만큼 짧다. 만약 누군가가 삶에서 즐거움을 찾지 못하고 그의 천수를 다하지 못한다면, 그는 도에 통달하지 못한 사람인 것이다."

도척이 말했다. "네가 말하는 것은 모두 내가 버린 것이다. 빨리 꺼져라! 당신의 미덕의 원칙은 무모하고, 비뚤어지고, 반인륜적이며, 기만과 위선, 가식으로 가득 차 있으며, 인간의 본성을 보완하는 데 아무 쓸모도 없다. 더 이상 이런 헛소리는 집어치워라!" 공자는 공포에 질려 허둥지둥 도망쳤다. 그는 고삐를 세 번이나 놓쳤고, 얼굴은 잿빛이 되었다. 유하혜를 다시 본 그는 이 경험이 "사람이 아픈데도 없는데 뜸질을 한 격"이라고 했고, 도척과의 만남은 호랑이 수염을 잡아당긴 셈이니, 간신히 호랑이에게 먹힐 뻔한 것을 가까스로 모면한 것이라고 말했다.

내가 굳이 《장자·도척盜跖》의 이야기를 장황하게 인용한 이유는 장자의 반유교적인 기본 내용을 모두 담고 있고, 정확하게 겨냥하고 있기 때문이다. 장자의 관점에서 볼 때 유교의 인·의·예·악은 인간의 본성에 어긋나는 것이었고, 따라서 위선적이고 기만적일 수밖에 없었다. 유교의 궁극적인 목적은 높은 지위와 큰 부를 얻는 것이었다. 황제와 요순 이후의 소위 모든 성인들은 선과 악, 미덕과 부덕을 구분함으로써 천하를 크게 어지럽혔다. 공자와 그의 제자들은 선왕의 통치 원칙을 장려했지만, 그들의 노력은 매번 좌절되었다. 그들은 여기저기서 쫓겨나거나 부딪히고, 심지어 죽임을 당하기까지 했다. 유교 비판의 핵심은 그 원칙이 역사 원리에 어긋난다는 사실을 인식하는 것이다.

장자의 관점에서 공자와 도척은 한 치의 차이도 없이 하나이며 동일하다. 그들은 모두 인간의 본성에 반하고 있음을 기본으로 삼는다. 도척의 유교에 대한 비판은 반인륜의 한 학파를 이용하여 다른 학파를 공격했기 때문에 서로 다를 바가 없었다. 《장자·재유在宥》에서 장자의 견해처럼, 소위 현자 증삼曾參과 사추史鰌는 하夏의 걸桀과 도척의 전령에 불과했다. 《도척盜跖》에서는 공자를 "도구盜丘"라고 불렀지만, 그는 인간의 간을 먹는 도적이라는 것을 부인하지 않았다. 그의 불만은 사회의 평가가 불공정하다는 것이고, 공자가 자신보다 더 큰 도둑이라는 것이었다. 장자의 논법으로 미루어 볼 때, 그는 두 가지 악 중에서 덜 나쁜 것을 선택하는 경향이 있기 때문에, 그는 도척을 어느 정도 존중한 것이 분명하다. 도척을 통해 장자는 공자를 구제할 수 없는 "흉악한 범죄자"라고 불렀다.

《장자長子》의 도척 이미지는 미적 대상 중 하나이다. 한편으로는 잘 생기고, 호방하고, 자유분방한 반면 눈치가 빠르고, 말솜씨가 있으며, 논쟁도 빠르다. 그는 겉으로는 겸손하지만 속으로 속셈이 가득 한 공자와는 비교할 수 없다. 장자는 공자와 도척이라는 한 쌍의 전형적인 인물들을 통해 덕과 악은 하나이고 동일하며, 마찬가지로 아름다움과 추함도 하나이고 동일하다는 기본 원칙을 설명했다.

춘추전국春秋戰國시대에 주周나라는 급격한 쇠퇴기에 접어들었다. 속국들이 지배권을 놓고 경쟁하는 동안, 전략가들과 로비스트들의 수요는 늘었다. 장자는 공자의 로비 활동을 비판하는 데는 아이러니컬한 면이 많았지만,《열어구列御寇》에서는 한 걸음 더 나아가 유교 로비스트들을 "말뚝새끼"라고 풍자했다. 송宋나라의 사신인 조상曹商은 진나라에 출사하여 진나라 왕으로부터 몇 백대의 마차를 하사받았다. 송나라로 돌아온 조상은 장자에게 자신의 업적을 자랑하며, 자신의 운에 맡겨 허름한 골목에 살았을 때는 다른 사람들과는 비교가 안 됐지만, 그가 로비에 성공하여 100여 대의 마차를 보상받았을 때, 이제는 그와 견줄만한 사람이 거의 없다고 말했다. 이 말을 비웃으며 장자가 말했다. "진왕秦王이 병이 나서 의사를 불렀는데, 종기를 터뜨리고 부스럼을 없애준 사람에게는 수레 한 대를, 치질을 핥아 고쳐 준 사람에게는 수레 다섯대를 준다고 했다. 치료해 준 부위가 아래로 내려갈수록 수레를 더욱 많이 얻는 것이니, 그대는 아마도 진왕의 치질이라도 핥아주었는가?" 그게 아니라면 어떻게 수레를 그렇게 많이 얻었단 말인가?" 장자가 진秦나라를 섬긴 대가로 큰 부를 얻은 자들을 얼마나 경멸했는지 알 수 있다.

장자가 보기에 유림들이 아무리 유세 계획을 세우고, 홍보를 하고, 어떤 진영에든 파고들어 호감을 구하였든, 그들의 학설이나 가르침은 끊임없이 쇠퇴했다. 이것은 역사적인 필연이었다. 《장자·전자방田子方》에서 장자는 노나라 애공魯哀公과의 만남에 대해 이야기한다. 주공께서 물으셨다. "어찌하여 우리 나라에는 많은 유학자들이 있는데, 그대의 사상을 연구하는 유학자는 극히 드뭅니까?" 장자가 대답했다. "사실 노나라에는 유학자들이 거의 없습니다." 이에 애공은 "우리나라에서는 유복을 입은 사람이 많은데, 어떻게 그런 사람이 거의 없다고 말할 수 있겠습니까?" 장자는 이렇게 대답했다. "유자가 둥근 모양의 갓을 쓰는 것은 하늘의 때를 안다는 뜻이고, 모난 모양의 신을 신는 것은 땅의 모양을 안다는 것이고, 오색의 실에 결을 꿰어 차는 것은 일에 다다를 때 결단한다는 뜻이라 하였습니다. 그러나 군자로서 참으로 도를 가진 사람은 꼭 그러한 옷을 입지 않고, 그러한 옷을 입었다 하여 반드시 그 도를 아는 사람은 아닙니다. 내 말을 믿기 어려우시다면, 나라 안에 포고를 내어보면 어떨까요? 그 포고의 내용은 '도道를 모르면서 이런 옷을 입는 자는 모두 사형에 처한다.'라고 말입니다." 애공이 그 법령을 내린지 닷새 만에 노나라에서 유복을 입은 사람이 사라졌다. 그런데 그곳에 유일하게 유복을 입은 한 남자가 애공의 문전에 서 있었다. 애공이 국정에 관해 묻자, 그는 도도하게 논하며 모르는 것이 없었다. 장자가 말했다. "이 노나라에 유자라고는 오직 한 사람뿐입니다. 공께서 유자가 많다고 하신 말씀은 틀린 말이 아닙니까?"

장자는 우리에게 유교가 쇠퇴하는 참담한 운명을 생생하게 묘사했을 뿐 아니라 유교 비판에 대해 체계적인 공격을 가했다. 왕충王充의 《문공問孔》이나 《자맹刺孟》과는 달리 사소한 문제에 초점을 맞춘 그의 비판에서, 유교에 대한 장자의 체계적인 공격은 규모가 크고 광범위했다. 지배적인 관점에서 볼 때, 장자는 다양한 사상 학파에 대해 통렬한 견해를 가지고 있었고, 그의 비판은 날카롭고 가차 없었다. 가장 큰 피해를 본 것은 당연히 유가였다. 그러나 장자는 유교가 한대 이후 대세를 이루며 점차 제자백가 중 유일하게 존중받는 학문이 되었고, 백가가 폐지되어 지배자들에 의해 배척당하는 것을 예견했을까? 여기에는 장자의 학파도 포함된다.

제12장

장자의 완전한 만족의 영역

대도大道와 지덕至德을 지닌 천지天地

위대한 깨달음을 얻은 장자는 궁극적으로 무無를 추구하기 위해 대도大道를 행했다. 명예·부귀·사회적 지위 등 외적인 모든 것을 무시하고, 기쁨·노여움·슬픔·행복·탐욕·분노·집착을 없애고, 인의와 예악의 모든 얽힘으로부터 벗어나기를 바랐다. 복이 없다면 어찌 화를 말할 수 있겠는가? 화를 보지 못한다면 어찌 복이 있을 수 있겠는가? 장자는 "도道는 사소한 행위가 아니며, 덕德도 본디 사소한 지식이 아니다."라고 했으며, "사소한 지식은 덕을 해치고, 사소한 행동은 도를 해친다."라고 가르쳤다. 위대한 도와 최고의 덕에는 필연적으로 진정한 지식과 고귀한 행동이 수반된다. 그러나 여기서 후자는 세상을 다스리고 천하를 평정하거나 만국을 정복하고 모든 땅을 차지하려는 전략을 가리키는 것이 아니라 완전한 만족과 무아지경 상태로 고요하게 앉아 있음을 말한다. "움직이는 것이 무엇인지 모르고, 행동하는 것이 어디로 가는지 모르며, 몸뚱이는 시든 나뭇가지와 같고 마음은 불 꺼진 재와 같은" 상태이다.《장자莊子·경상초庚桑楚》

완전한 만족은 자연의 법칙에 순응하는 것을 의미하며, 우주는 무한하고, 해와 달은 밝고, 별은 무수히 많다. 천체의 운행, 만물의 생성 또한 모두 그것에 따라 크게 이루어진다. 완전한 자족이란 어떤 것에 의존하지 않고, 어떠한 추구도 없이, 어떠한 기대도 하지 않고, 그들 스스로 존재하는 것을 의미한다.

천지의 위대한 아름다움에 대해서는 말할 필요도 없다. 계절의 변화에 대해 논할 필요가 없다. 만물의 탄생과 죽음의 순환에 대해서는 말할 필요가 없다. 과거 성인의 의무는 천지의 위대함, 만물을 다스리는 최고의 법, 무위無爲를 통한 통치, 결코 자연에 자신의 의지를 강요하지 않는 것이었다. 사계절의 순환은 논의할 필요가 없으며, 만물의 생성과 소멸은 개입할 필요가 없다. 성인은 천지天地의 정正을 따라 만물을 다스리는 이치에 이른다. 그러므로 참된 깨달음은 쓸데없이 행동하지 않고, 가장 지혜로운 사람은 무모하게 행동하지 않는다. 이것이 우주를 면밀히 살피고 나서 내린 결론이다."《장자莊子 · 지북유知北游》

완전한 만족이란 당신의 육체, 당신의 삶, 그리고 당신의 자손까지도 아무것도 더 이상 당신의 것이 아님을 의미한다. 삶과 죽음은 가장 중요한 일이지만 장자의 관점에서 인생은 마치 날쌘 백마가 문틈 앞을 지나는 것만큼 덧없는 순간이며, 생명은 번성했다가 쇠퇴하므로 그것에 집착할 필요도 없고, 죽음을 슬퍼할 필요도 없다는 것이다. 사실 죽음은 가장 큰 해탈이다.《장자 · 지북유知北游》에서 죽음이란 "활집을 풀거나 칼집을 떨어내 듯 아무것에도 얽매임이 없는 것"이라고 했다. 우리는 죽음이 지나가는 것을 한탄하거나 동정할 필요가 없다. 죽음에 대처하는 가장 좋은 방법은 귀를 막고, 이것에 대한 어떤 논쟁도 듣지 않고, 일이 자연스럽게 진행되도록 하는 것이다.

장자에게 있어서 소위 대도大道와 지덕至德은 만유의 조화이며, 그의 제자들은 이를 유교 용어로 "인仁"이라고 불렀고, 모든 상황에 순응하는 장자의 개념을 유교 용어로 "의義"라고 했다. 여기에서 인仁과 의義는 완전히 유교의 인의와는 본질이 다르다. 유가는 인의에 따라 선악을 구별하지만, 선악을 하나로 보고 같은 것으로 여기는 장자는 인의는 조화와 순응일 뿐이다. 장자는 세상이 혼란스러운 이유가 인仁·의義·충忠·악樂·예禮에 대한 편집 때문이라고 생각했다. 그는 이러한 편집이 황제, 요, 순 시대부터 인간에게 재앙을 가져다주었다고 주장했다.

장자의 마음에 가장 위대하고, 가장 성실하고, 가장 무위 무형無爲無形한 종사宗師는 바로 "도道"라고 하는 자연이었다. 그 자체로 완전히 만족하는 자연적 존재로써, 그것은 우주의 가장 근본적인 법칙을 구성했다. 내가 앞서 언급했듯이, "그것은 전할 수 있어도 받을 수 없고, 얻을 수 있어도 볼 수 없으며, 그 자체에 근거하여 그 자체에 뿌리를 두고 있어 천지가 있기 전부터 저절로 존재하여 영과 영을 부여하였다. 신들은 신비한 힘을 가지고 천지를 낳고 천지 위에 있어도 높다고 여기지 않고, 천지 아래에 있어도 낮다고 여기지 않으며, 천지보다 먼저 존재했지만 그 존재가 길지 않고 태고보다 앞선다. 그러나 그것은 상고上古보다 오래되었으면서도 늙었다 여기지 않는다."《장자·대종사大宗師》도를 이해하는 것은 장자가 그의 교리에서 우리에게 가르친 것을 실천하는 것이다.

수련의 경지 : "영녕攖寧"과 "좌망坐忘"

　무엇이 장자의 자기 수련법인가? 맑고 순수함, 평화와 고요함, 통합과 일체성, 자족을 통한 지혜의 성취, 지혜를 통한 자족의 성취, 공허함과 무위의 융합이다. 장자가 정의했듯이 소위 참다운 지혜를 체득한 진인眞人과 최고의 깨달음을 얻은 지인至人은 어떠한 잔해도 없이 완전히 순결한 영역, 지속적인 고요함과 무위의 마음에 도달할 수 있고, 우주 본체와 혼연일체가 될 수 있다. 그런 경지에 이르면, 세속적인 세상의 먼지와 소음을 멀리하고 평화로운 만족을 통해 지혜를 기를 수 있다. "마음이 안정되면 천하를 다스릴 수 있다."라는 말은 모든 마음이 외부로부터 완전히 분리되어야만 천지간 만물을 쓸어버릴 수 있다는 역설이다. 장자는 이러한 공허와 고요가 천지에 스며들어 세상 만물과 교감하는 영역을 "하늘의 지복天樂"이라 불렀는데, 이는 만유로부터 가장 광범위하고 심오한 해탈이다. 장자의 도교 실천의 방법론과 구체적인 단계를 논하는 것은 참으로 어렵다. 심지어 장자 자신도 이 과정을 "일상적인 담론을 통한 전파"로 밖에 설명할 수 없었다.

　《장자·대종사大宗師》에서 남백자규南佰子葵를 통해 여우女偊에게 도道에 대해 묻는 이야기를 다루고 있는데, 여우는 "영녕攖寧(마음의 평온을 유지함)"이란 용어를 만들어 수련의 극치를 묘사했다. 남백자규가 여우에게 물었다. "나이가 들어도 어쩜 이렇게 젊음을 유지할 수 있는가?" 여우는 "나는 도를 이뤘다."라고 대답하며, 도는 학문을 통해 얻을 수 있는 것이 아니라고 설명했다. 하지만 누군가 마음의 평화와 평온을 유지할 수 있다면, 사흘이면 천하를 잊게 되고, 7일 이면 우주 만물을 잊게 되고, 9일이면 자신의 존재를 잊게 된다. 자신의 존재를 망각하게 되면(물론 삶의 기쁨, 죽음의 슬픔과 모든 욕망을 포함함), 그는 떠오르는 태양의 맑은 광경을 볼 수 있고, 그로 인해 무소유의 경지로 들어가게 된다. 일단 그곳에 도달하면 시공간을 초월하고 생사를 초월하게 된다. 이것이 바로 "영녕攖寧"의 경지이다. 《장자·경상초庚桑楚》에서 장자는 "영攖"이라는 용어에 대해, "인간사의 이익과 손실 따위에 관여하지 말라."라는 설명을 했다. 따라서 "영녕攖寧"은 문자 그대로 혼돈과 불안으로부터 질서를 확립하여 완전한 평화와 평온에 도달하는 것을 의미한다.

또한 여우는 도를 깨닫는 과정을 묘사하기 위해 몇몇 가상의 인물을 만들었다. 그중에는 "현명玄冥(깊고 고요한 경지)", "참료參寥(텅 비어 공허한 경지)", "의시疑始(시작을 알 수 없는 경지)"가 있는데, 도를 쫓는 이 가상의 인물들은 영원한 변화의 영역에 숨어 있고, 어디에도 없는 곳에서 방황하지 않았던가?

그러나 영원한 변화의 영역과 어디에도 없는 무지無의 영역은 "무형無形"과 "무위無爲"의 동의어이다. 당신은 어떻게 도달할 수 있을까? 과연 여우의 방법만이 유일한 것인가? 장자의 거침없는 말은 전적으로 믿어서는 안 된다. 왜냐하면 그는 다른 곳에서 도교의 진정한 수련은 이러한 과정을 거치지 않아도 된다는 것을 인정했기 때문이다. 진정으로 깨달은 것은 계발할 필요가 없지만, 그 영향에서 벗어날 수 있는 것은 아무것도 없다. "물이 맑은 것은 무위하지만, 그 본성이 자연히 그렇게 만드는 것이다. 지인至人이 덕을 지니는 것도, 의식적으로 덕을 닦지 않아도 만물들이 떨어질 수 없이 화합되기 때문이다. 하늘은 스스로 높고, 땅은 스스로 두터우며, 해와 달은 스스로 밝은데, 그것들이 무슨 덕을 닦음이 있겠는가? 《장자·전자방田子方》

　분명히 장자는 자기애에 빠져 헤어 나오지 못하는 절망적인 나르시시스트는 아니었다. 오히려 그는 모든 사람들이 평화로운 고요함과 순결 속에서 위대한 도와 결합되기를 원했다. 후대에 장자의 교리를 실천한 학자는 아마도 "사람 사는 마을 가까이에 오두막집을 짓고 살았지만, 수레와 말 다니는 소리는 듣지 못했다."라고 쓴 시인 도연명陶潛 같은 은둔자였을 것이다. 《장자·칙양則陽》편의 시남의료市南宜僚처럼, "그의 명성은 사라졌지만, 그의 야망은 무한히 남아있다. 그는 입으로 말할지언정 그 마음은 결코 드러내지 않는다. 오죽하면 세상을 등지고 어울리려 하지 않겠는가. 그는 틀림없이 은둔자일 것이다." 세속에 숨어 있는 이 고상한 은둔자는 마음의 평온을 유지할 수 있는 사람이었다. "영녕" 즉, 마음의 평온을 유지 할 수 있는 사람은 부도 가난도 마음을 움직일 수 없었다. 왜냐하면 모든 것은 자연의 섭리였기 때문이다. 잠시 내게 기탁하는 것 일뿐, 외물이 오는 것을 거부할 수 없고, 떠나는 것을 붙들어 둘 수도 없는 것이다. 그러므로 높은 벼슬을 얻었다 하여 뜻을 방자히 두지 않고, 곤궁하다 해도 세속을 쫓지 말아야 한다. 그 즐거움은 같은 것이기 때문이다. 그러므로 근심은 말할 필요도 없다.《장자·선성繕性》

　장자는 또한 "도道"를 무언의 가르침이라고 했다. 다시 말해서 도를 깨달은 사람은 도저히 밝힐 수도 없고, 말할 필요도 없으며, 말하지 않는 것이 장자의 가르침을 설명하는 가장 높은 단계이다. 장자가 말했듯이, "도를 아는 사람은 말하지 않고, 말하는 사람은 알지 못한다. 그러므로 성인은 말을 하지 않고 가르침을 행한다." 도의 진정한 실천자들은 무위의 경지에 도달하기 전에 모든 허상과 거짓을 철저히 버려야 한다. 앞서 논의한 "도를 행한다는 것은 날로 덜어내는 것"이라는 개념도 같은 맥락이다.

　이제 우리는 장자의 교리를 성취하는 수행이 마음을 고양시키는 과정이라는 것을 분명히 알 수 있으며, 이로써 우리는 세상의 모든 것이 하나이며 부와 가난, 부패와 멋진 새로운 삶, 나아가 삶과 죽음까지도 아무런 차이가 없음을 철저히 깨닫게 된다. 이 사실을 깨달으면 진정으로 우주의 시작과 만물의 시초로 돌아갈 수 있다. 그 순간 어린아이의 순수함과 소박함과 같은 마음의 참된 평안과 평온을 얻게 된다.

　장자는 현자의 가르침을 빌어 현명玄冥의 이론을 확장해 "좌망坐忘"의 수련법을 제시했다. 안회가 공자에게 말했다. "저는 인의仁義와 예악禮樂을 모두 잊었습니다." 공자는 그것으로 부족하다고 생각했다. 며칠 후 안회는 "저는 좌망坐忘했습니다."라고 말했다. 공자는 그에게 좌망坐忘이 무엇인지를 묻자 안회는 "신체나 손발의 감각이 사라지고, 눈이나 귀의 작동이 멈추고, 형체가 있는 것을 떠나 마음의 지각을 버리며, 모든 차별을 넘어서 대도에 동화하는 것이 좌망입니다."라고 대답했다. 실제로 안회는 진정으로 속세의 모든 것을 초월했다. 그의 골육 지체가 망가졌고, 눈도 더 이상 맑지 않고, 귀도 더 이상 들리지 않았으며, 뼈가 부려져 지혜를 떨치고 우주 만물의 본초로 돌아갔다. "좌망坐忘"이라는 이 두 글자와 선종의 "돈오頓悟"는 같은 근원에서 비롯되었다.

　우리는 이제 장자의 교리 수행을 전체적으로 다음과 같이 요약할 수 있다. 장자의 가르침은 우주의 모든 것에 직면하여 "좌망"에서 "무소"의 경지에 도달하기 위해 맑음·순결·평화·고요함 속에서 우주의 본초로 돌아가는 것이고, 저속함과 거짓을 버리고, 위대하고 가장 존귀한 주인인 자연을 포용하여

"영녕攖寧"의 상태에서 자연과 하나가 되는 것이다. 이 순간 "타버린 잿더미 같은 마음"은 완전히 조화로운 "천상의 지복天樂"으로, 이것은 말로 표현하기 어려운 영역, 글로 옮기자마자 자기애에 빠지는 경계이다. 그러한 경계에 도달한 사람들은 장자가 진정으로 깨달은 사람, 가장 교양 있는 사람, 그리고 불멸자라고 부르는 범주에 들어갈 자격이 있다.

결국 장자는 삶 그 자체(죽음에 대한 두려움이 아니라), 삶이 자연에 순응하는 것과 거꾸로 매달리는 고통으로부터의 진정한 해탈에 큰 중요성을 부여했다. 장자는 삶을 "수나라 후작의 진주"에 비유하고, 모든 외부적인 것을 고관후록高官厚錄과 같은 보잘것없는 연작으로 여겼다. 그러므로 값어치 없는 보물인 당신의 삶을 희생시키면서 한 푼의 가치도 없는 것을 좇아가는 것은 현명치 않다. "오늘날 대부분의 저속한 군자들은 그들의 건강을 해치고 심지어는 물질적인 이익을 위해 그들의 삶을 버릴 것이다. 어찌 슬프지 아니한가? 모든 성인의 행동이란 반드시 그것을 하는 까닭과 그것을 하는 방법을 먼저 살피는 것이다. 지금 여기에 어떤 사람이 수후의 구슬로써 천 길 높이의 참새를 쏘았다면, 세상 사람들은 반드시 그를 비웃을 것이다. 그것은 그가 사용한 것이 귀한 것임에 반하여 그것으로 얻은 것은 가벼운 것이기 때문이다. 사람의 삶이 어찌 수후진주의 귀중함에 비교될 수 있겠는가?"《장자·양왕讓王》

장자가 삶을 소중하게 여겼던 것은 사실이지만, 문제는 그가 삶을 어떤 방식으로 소중하게 여겼는가 하는 것이다. 그가 소중하게 생각한 것은 자연으로 돌아가 외부의 얽힘에서 해방된 삶이었다. 그런 삶을 수나라 후작의 진주에 비유하는 것은 큰 불의가 아닐까?

제13장

예술, 상실에서 부활로

예술가와 장자의 대화

장자를 읽고 나서 다시는 아름다운 음악을 들을 수 없을까 걱정되는가? 아, 그렇다면 증자曾子가 위나라에서 노래한 "상송商頌"을 들어보라. 증자는 가난해서 옷은 닳아빠져 속이 드러다 보였으며, 안색은 굶주려 푸석푸석하게 부었고, 손발은 트고 굳은살이 박혀있었다. 사흘 동안이나 밥을 못 먹을 때가 예사였고, 새 옷을 입어본 지 십 년도 넘었다. 갓을 바로 쓰려면 갓끈이 끊어지고, 옷깃을 여미려면 옷이 찢어지고, 신을 신으려면 뒤축이 터져버렸다. 하지만 뒤축 터진 신발을 끌면서 목청껏 (시경 중의) "상송商頌"을 읊으면, "노랫소리가 천지에 가득하고, 마치 금속 악기나 돌로 만든 악기처럼 맑게 울렸다."《장자·양왕讓王》 그것은 우렁차고 맑고 튼튼하며 힘찬 대자연의 금석이 부딪치는 천상의 소리였다. 그것은 육합六合을 이룰 수 있는 넓고 웅대한 음향이었다. 그러나 이 소리를 내는 증자曾子의 삶은 결코 중요하지 않았다. 그는 자연스럽게 태어났고, 또한 자연스럽게 죽을 것이다. 그대여, 다시 한번 그 "함지咸池"의 음악을 들어 보라. 장자는 《천운天運》편에서 함지 음악의 세 가지 경지를 묘사하고 있다. 처음에는 불안하고 초조하다. 이 악장은 "사계절이 거듭되고 만물이 그에 따라 생겨난다." 그리고 나서 인간사, 천리, 도덕, 자연이 뒤섞여 다가오고, 심지어 동면하는 곤충들도 천둥소리에 잠에서 깨어난다. 그것이 바로 위험 천구할만한 경지인 이유이다. 그다음 악장은 "음과 양의 조화를 주제로 한 다양한 기교의 합동 연주로, 해와 달의 밝기로 화려하게 연주한 것이 감동적이다." 이 음악은 "영혼들과 신들은 그들의 어두운 공간에 머물고 있다. 그리고 해와 달과 별은 공전궤도에 머물고 있다." 이 보이지 않는, 만질 수도 없는, 추격할 수 없는 음악을 들으면 두려움은 점차 가라앉는다. 마지막 악장은 "나를 잊게 할 만큼 영감을 주는 음악"이다. 마치 나무의 구멍에서 아름다운 선율이 흘러나오는 것 같다. 때론 자취를 감추었다가 때론 다시 솟아오르고, 음표는 흐르고 흩어지며, 늘 움직이고 있다. 천지와 육합을 가득 채우고 감싸는 이 음악은 다름 아닌 자연 그 자체이다. 이때 당신은 마치 큰 미궁에 빠져 아리송한 기분이 든다. 이 미궁의 상태에서 우리는 도에 가까운 완전한 망각의 상태에 이르게 될 것이다. 이때 비로소 "도를 따라가다가 그것과 함께 하는" 체도합일體道合一의 경지에 이르게 된다.

《장자》는 결국 예술의 상실 속에서 진정한 예술을 발견한다. 이 진정한 예술은 불안과 두려움을 버리고 고요함에 이르고, 이 고요함과 둔함의 상태에서 진화하여 예술가들이 깨달음을 얻는 과정이다. 장자는 아무리 작은 겉치레나 위조라 할지라도 천상의 소리를 모독하는 것을 결코 용납하지 않았다. 당혹감을 느낄 때, "사소한 지식"의 상태에서 벗어나 "대단한 지식"의 천국으로 들어가는 중간에 있는 것이다. 그 감동적인 베토벤의 운명 교향곡은 영혼을 떨게 만들 수 있지만, 그것은 함지 음악의 제1악장에 불과하다. "위대하도다 장자여, 당신의 광대하고 심오한 생각은 고금을 막론하고 세상의 모든 예술가들을 오체투지五體投地로 만드는 힘을 가졌다!"

분명히 장자가 추구한 것은 인위적인 파괴를 거치지 않은 천지가 조화를 이루는 순수하고 소박한 자연의 아름다움이었다. 반면 그림이나 음악 등 인위적인 모든 창조물은 차이가 없고 획일적인 도의 영역에서 파괴된 산물이었다. 심신이 분산된 결과가 쫓음이고, 쫓음의 결과가 이득이다. 예술의 경우

이러한 이득은 예술 자체의 죽음과 다르지 않다. 앞서 언급된 장자에 따르면 만물의 탄생과 죽음이 통과하는 "천문天門"이 있다. 만물의 탄생과 죽음은 시간이 무한한 공간에서 흔적도 없이 일어났다. 이것을 "유有"라고 한다. "천문이란 무無가 머무는 곳이다." 만사 만물은 "성인들이 흔적도 없이 머무는" 이 무無에서 나왔다.《장자·경상초庚桑楚》

예술가들은 마음 그 자체일 수도 있는 보이지 않는 천문에 다가갈 때 우주 그 자체에 가까워지고, 이것은 예술의 본질에 가깝다. 그러나 대부분의 예술가들은 천문에 가까이 갈 수 없다. 그들의 마음은 비속함으로 가득 차 있기 때문에 천문을 당혹스러워하며, 대부분의 사람들은 세속적인 음악을 좋아하고, 그들의 귀는 본능적으로 고상한 음악을 거부한다. "위대한 음악은 천한 사람들의 귀에 들어가지 않고,《절양折楊》과 《황화皇莠》를 들으며 담담하게 웃는다." 장자는 또한 《천지》에서 "문둥이가 한밤중에 아기를 낳고, 허둥지둥 등불을 들어 자식을 들여다보면서, 그 아이가 자기를 닮았을까 봐 두려워했다."《장자·천지天地》라고 묘사했다. 그러나 예술계에는 적지 않은 사람들이 이 추한 사람보다도 못할 것인데, 자신들이 추악함을 어떻게 알겠는가? 설상가상으로 그들은 추악한 그들의 작품을 전면에 내세우려고 한다.

아마도 장자 자신은 예술의 화신이었을 것이다. 우리는 《장자》에서 장자와 비슷한 정신적 태도를 가진 많은 불멸자들을 보았다. 그들은 "함께 무지無知하니 그 덕을 떠나지 않았고, 함께 무욕無慾하니 이를 일러 소박素撲이라 한다."《장자·마제馬蹄》 당시에는 "억지로 노력하여 인을 행하고, 발돋움하여 의를 행하는" 성인이 없었다. 예악禮樂이 성인에 의해 나오는 것은 장자가 바라는 것이 아니다. 그러나 장자도 "노래를 하고 싶은데 노래하지 말라, 울고 싶은데 울지 말라, 기쁠 때 기뻐하지 말라."《장자·천하天下》라는 식의 "사람을 불안하게 하고, 슬프게 하는" 묵자의 고행주의에는 찬성하지 않았다. "무유無有"의 땅에서 태어난 사람들처럼, 장자는 왜 사람들이 노래하고, 울고, 음악을 연주하는지 이해했다. 장자長子가 대야를 두들겨가며 불렀던 노래들, 증자曾子가 머리를 내리기 위해 머리끈을 풀고 부르던 노래, 함지 음악에서 우리는 자연으로 돌아가는 즐거움을 느끼고 설명할 수 있는 천상의 묘음을 느끼는 것이 사실 아닌가? 우리는 장자가 예술을 비판하는 "허황된 말", "터무니없는 말"을 잊고 장자 학설의 심오한 의미를 깨달아야 한다. 장자는《외물外物》편에서 소위 "통발은 고기를 잡는 도구지만 고기를 잡고 나면 통발을 잊게 되고, 올가미는 토끼를 잡는 도구지만 토끼를 잡고 나면 올가미를 잊게 된다. 말은 뜻을 표현하는 도구이지만, 뜻을 표현하고 나면 잊게 된다. 내가 어디서 말을 잊은 사람을 만나 더불어 이야기를 나눌 수 있겠는가!"라고 했다. 우리는 장자 사상의 본질을 이해하기 위해 장자의 담론을 간과해야 한다. 그래야만 우리는 그와 대화할 자격이 있다.

이 주제에 대해 언급하는 동안 우리는 명말明末과 청초淸初 사이 화단에 등장해 중국 미술사의 최고 기봉이었던 석도石濤를 언급할 수 있을 것이다. 그의《화어록畫語錄》의 내재적 핵심은 장자의 학문과 상통한다. 그는《일화장제일一畫章第一》에서 다음과 같이 말했다. "까마득한 옛날에는 법이라는 게 없었다. 그리고 거대한 통나무, 즉 모든 가능성의 혼돈混沌은 원래 흩어지지 않는 것이다. 하지만 그것이 일단 흩어지게 되면, 법法이라는 게 생겨나게 마련인 것이다. 그런데 이때 그 법은 어디서 어떻게 생겨나게 되는 것일까? 그것은 "일 획一劃(한번 그음)"에서 비롯된 것이다. "일 획"이라고 하는 것은 뭇 존재의 뿌리요, 온 모습의 근본이다. 그 작용이 신묘神妙한 신神에게만 드러나고, 통속적 인간의 인식 앞에서는 그 작용을 감출 뿐이다. 그래서 세상 사람들이 그 일 획의 위대함을 잘 알아차릴 수 없는 것이다. 그러므로 일획의 법은 오로지 도(근원, 본질)를 체득한 주체, 즉 나로부터만 생겨나는 것이다. 이와 같이 일 획의 법을 세울 수 있는 자는 대저 법이 없음을 가지고 법이 있음을 창조하고, 법이 있음을 가지고 모든 다양한 법을 꿰뚫어 버릴 수 있는 것이다." "대개 그림이라는 것은 어떠한 경우에도 그 그림을 이해하는 자의 마음에서 나는 작용作用과 어긋날 수 없는 것이다. 일 획의 법칙이 생겨나고 서야 만물이 그 모습을 드러내게 되었다." 장자의 관점에서 보면 "분산되지 않은 태초 혼돈의 영역太朴不散"은 "무유無有"의 영역인 것이다. "법法"의 확립은 태고의 혼돈이 흩어지면서 이것과 저것, 대응, 차이가 나타나면서 생겨났다. 그러나 석도는 "법"에서 한 걸음 더 나아가 "무법無法"의 사상을 발전시켰다. 소위 "지극한 경지에 이른 사람은 마치 법이 없는 것 같지만, 그것은 법이 없는 것이 아니라 바로 법이 없는 그것을 법으로 삼을 줄 아는 지극한 법이 그 속에 승화되어 있다."라는 것이다. 여기에서 "지극한 경지에 이른 사람至人"은 장자와 강한 연관성을 불러일으킨다. 진정한 법은 "무법無法"과 "지극한 법至法"이다. 석도의 "일 획"이 "만물의 근본"이자 "현상의 뿌리"라면, "일 획"은 우주 그 자체의 정신이다. "일 획"은 모든 예술적 기법의 근원이 되는 근본적인 방법이다. 기본 자연법칙인 "일 획"은 "지극한 경지에 이른 사람"이 깨달은 "지극한 법"이며, "무법으로부터 만들어진 법"이다.

일단 예술가가 "무법이법無法而法"을 완전히 이해하게 되면, 그는 "그 붓의 묘용妙用이 신령스럽지 않은 것이 없고, 법은 꿰뚫지 않는 곳이 없으며, 이치는 스며들지 못하는 곳이 없고, 그 모습은 묘사되지 않는 것이 없다. 손으로 붓을 한번 휘두르면 산천초목이나 인간과 만물, 날짐승과 들짐승이나 초목과 연못가의 정자와 누대, 이 모든 것이 형태를 취하고 그 생동하는 힘을 발산한다. 살아 있는 것을 그림으로 옮길 때는 그 살아 있는 대상의 근원적 본질을 헤아리고, 실경을 그릴 때는 그 풍경 속에 들어있는 정취 즉, 느낌을 운용하며, 노출될 것은 확실히 드러내주고 다소곳이 숨길 곳은 감추어 준다. 사람들은 그림이 어떻게 완성될지를 알 수가 없다. 일 획의 묘용을 터득한 경지는 이와 같은 것이다." 이것이 바로 앞에서 언급한 당唐대의 장조張璪 그림의 경지이다. 소동파蘇東坡는 또한 문여가文與可의 대나무 그림을 칭찬 하면서 이 영역에 대해 논했다. "어떤 것은 너무 생생하고, 어떤 것은 죽은 것처럼 보인다. 일부는 구불구불 오므라들거나, 일부는 쭉쭉 퍼져 있으며 울 창하다. 두꺼운 줄기, 가는 줄기, 마디와 잎, 뾰족한 부분과 맥루가 수없이 변 화하면서도 중복되지 않고 각각 그 모양에 적절하게 나타났다. 그것들은 신 의 영감을 받은 것처럼 보이지만 또한 인간의 기대에 부응한다. 현명하고 합 리적인 사람들은 그들이 좋아하는 것을 많이 찾아야 한다고 생각한다."

예술가가 물질적인 근심으로부터 자유롭지 못하고 명예와 부와 동료의 압 력에 휘말릴 때, 이미 마음은 고문을 당하고 있는 것이다. 물고기를 잡은 뒤 에 어떻게 그 통발筌을 잊고, 토끼를 잡은 후에 토끼 올무蹄를 잊어버리고, 생각을 전한 후에 말을 잊어버릴 수 있겠는가? 우리는 "물고기의 통발", "토 끼의 올무", "말"을 방법의 영역으로 간주하고, "물고기", "토끼", "생각"은 방법이 없는 "무법無法"의 경지로 생각해도 무방하다. 모든 예술적 언어, 법 칙, 기교는 예술적 함의, 영역 및 매력을 생성하는 데 사용된다. 기교가 끝날 때 비로소 예술이 시작된다는 것은 틀림없는 진리이다.

명화, 명곡, 명극을 감상할 때, 여러가지 감정이 교차하며 슬픔과 기쁨이 몰려온다. 당신이 잊은 것은 분명 그 작품에 나오는 언어 그 자체일 것이고, 당신이 얻은 것은 마음의 감동일 것이다. 우리는 이것을 예술의 우열을 판단 하는 유일한 기준으로 삼을 것이다. 곡예사가 보여주는 것은 순전히 기술적 인 탁월함인 반면 뛰어난 무용가는 분명 당신의 시선을 그녀의 기교에서 벗어나 작품의 메세지에 집중시킬 것이다.

　이고선李苦禪선생과 반천수潘天壽선생의 작품을 감상할 때 전자는 우주 그 자체에 더 가깝게 끌어당길 것이고, 후자는 그의 필치와 구도에 감탄하게 만들 것이다. 이것이 두 화조화 거장의 우열을 가르는 것이다. 나는 반천수를 화산華山에 비유한 것을 후회하지 않는다. 화산은 쉽게 기묘하고 위험한 연상을 불러일으킬 수 있지만, 기암의 묘사는 중국 그림의 최고 경지를 대표하지 못한다. 나는 나의 은사 고선苦禪을 태산泰山에 비유한 것을 더 높이 평가한다. 태산은 위엄과 풍요로움, 순수함과 고요함을 갖추고 있으며, 오악의 으뜸으로 손색이 없다. 이고선의 작품은 그의 성품과 마찬가지로 자연스럽고 소박하다. 그의 작품 앞에서 당신은 "소요逍遙", "구간苟簡", "소박素朴" 등 장자가 추앙하는 경지를 느낄 것이다. 우주 자체에서 비롯된 그의 예술은 순수하고 친근하다. 그는 결코 독단적인 태도로 그의 독자들에게 "나는 누구다."라고 엄한 어조로 말하지 않는다. 그러나 그를 존경하는 사람들은 그가 천지의 위대한 아름다움의 화신이라는 것을 알게 된다. 반면에 반천수의 그림은 깊은 산속의 요새처럼 변화무쌍하다. 멀리서 보면 그 위엄에 감탄할 수 있지만, 높이 우러러볼수록 결코 그것에 가까이 갈 수 없다.

세상을 향한 경고의 말: 궁극적인 근심

　지구상의 생명의 진화와 인류 역사의 발전은 모든 면에서 만족스러울 수 없다. 인간이 새, 짐승, 초목과 나란히 살고 놀면서 음식을 즐기고, 옷을 거의 입지 않은 채 주변을 탐험하던 시절은 아마도 장자의 상상 속에서만 존재했을지도 모른다. 사실 인류 진화의 결과는 마지막 몇 군데의 순수한 땅을 거의 쓸어버림으로써 세계를 육식 동물의 천국으로 더 추락시켰다. 호주 원주민들은 본래 조화롭고 평온한 세상에서 살았다. 그곳에는 늑대, 호랑이, 표범과 같은 맹수가 없었고, 초원에 살던 동물의 60%는 새끼를 주머니에 넣고 다니는 포유류였다. 그 온순한 코알라는 술이 든 유칼립투스 잎을 씹으며 햇빛 아래 취해 잠들었다. 이제 그 초원에는 사나운 들개 떼가 배회하고 있다. 이것은 유럽 식민지 개척자들이 수 세대 전에 배에 실어 그곳으로 데려온 개들의 후손이다. 만약 자칼과 늑대가 호주에 들어온다면, 나는 초원의 조화가 백 년도 채 못 되어 완전히 파괴될 것이라고 장담한다. 문명이 발달함에 따라 인간의 독창성이 발전하여 욕망이 확장되고 수천 년을 거치면서 온갖 전쟁이 일어났다. 전쟁은 필연적으로 인간의 영혼에 심각한 오염을 초래하게 된다. 우리는 아직도 세상에서 수백 년 동안 전쟁이 없었던 곳을 찾을 수 있다. 당연히 도둑이 없고, 밤에도 문을 잠글 필요가 없다. 그곳의 사람들은 순박하고 인심이 두텁고, 호의적이며, 선량하고, 관대하다. 북유럽의 덴마크가 그러한 예이다. 하지만 텔레비전과 인터넷의 보급은 덴마크로 하여금 문화 오염의

침입을 피할 수 없게 했다. 평온한 덴마크 사람들의 마음은 진흙탕 파문에 휩싸이기 시작했고, 청년들의 자살률은 계속 증가했다. 그들의 행동은 "장수하던 노인이 오래 사는 게 지겨워지자, 비상砒霜을 입에 털어 넣었다.(살기 싫어졌구나.)"는 중국 속담을 떠올리게 한다. 텔레비전은 그들에게 밖에는 화려한 세상이 있다고 말한다. 그곳은 생동감 넘치고 흥미롭고 자극적이며, 평온과 안일은 탈출해야 할 고통이다. 이러한 비정상적인 정신 상태는 오늘날 더욱 널리 퍼지고 있다.

21세기가 도래한 지금, 세계의 이러한 맹목적인 무모함은 종식되어야 한다. 무모함의 근본 원인은 과학기술의 무한한 발전과 물질주의의 심연 확대, 심화와 같은 요인들로 거슬러 올라갈 수 있다. 인간 이성의 힘이 최소한으로 약해진 지금, 텔레비전은 악당 역할을 하고 있다. 텔레비전은 인간을 진정한 푸른 눈과 황금빛 눈동자를 가진 육식 동물로 만들고 있다. 저 턱이 툭 튀어나오고 눈매가 사나운 권투선수들을 보라. 문명화된 스포츠 규칙의 가림막 아래 원시적인 야수성을 발휘하는 마이크 타이슨이 에반더 홀리필드의 귀를 물어뜯은 순간 세상은 동요하기보다는 흥분했다. 미국의 초콜릿 제조사들은 "세기의 물림"이라고 부르며, 알맹이가 빠진 신형의 귀 모양 사탕을 출시할 기회를 잡았다. 아! 인류여, 당신은 이미 거의 구제 불능의 상태로 몰락했도다!

유소사有所思(1998)

이해되고 오해받는 장자

문명과 반문명, 계몽과 반계몽은 인류 역사에서 때로는 서로 대립하며 때로는 보완하는 대립적 통일을 이루었다. 이 둘의 합은 아마도 세계 발전과 우주의 움직임을 더 가깝게 반영했을 것이다. 장자는 인간의 "사소한 지식小知"이 우주의 "큰 지혜大知"에 반대하고, 자연의 조화로운 법칙을 교란하며, 삶의 정직함과 단순함을 파괴한다는 사실을 그 어느 때보다 분명히 깨달았다. 인간의 존재에 대한 "사소한 지식"의 위협은 《장자·응제왕應帝王》의 "일곱 개의 구멍을 뚫어 혼돈을 죽인 행위"에 대한 장자의 이야기에서 볼 수 있는데, 이는 인류 문명의 진화에 대한 무서운 전망을 예언하고 있다.

장자의 생각은 순전히 그의 경험에 바탕을 두고 있으며, 그의 "장대하면서도 예리한, 심오하면서도 구속받지 않는" 가르침 또한 경험적이고 예측 불가능했다. 결코 이성적인 지식과 논리적 추론이 아니라 장자의 교리는 삶의 심오한 인식에 대한 그의 기발한 이해에 기반을 두고 있다. 장자는 인생에서 고난을 겪었지만, 어려움을 극복하는 방법을 알고 있었다. "무아지경 상태에 앉아 있다坐忘"라는 그의 교리는 세속적인 세상에 대한 그의 완전한 경멸을 보여주었다. 장자는 모든 예법, 규범, 척도를 부정하고, 세속적인 공명과 이익을 부정하고, 자신의 육체를 포함 한 모든 외부의 것들을 부정한다. 모든 세속적이고, 감각적이고, 물질적이고, 실용적인 것은 장자에게 별로 중요하지 않았다. 장자가 무위자연의 경지에 도달했을 때, 그는 우주의 완전한 아름다움을 목격했고, 삶의 완전한 행복을 이해했으며, 결국에는 무한한 조화를 마주하게 되었다. 이 무한한 조화가 이루어지기 전에, 인위적으로 조작된 감미로운 오색, 요란한 오음은 모두 지리멸렬하고 손상되어 불협화음이 되었다.

장자의 자유는 가장 완전한 자유 상태였다. 자연과 하나 되는 그의 영역, 그의 "완전한 만족"의 여유로움은 후대 예술가들이 절대적인 마음의 자유를 얻을 수 있게 해주었다. 그러한 자유의 획득은 "표현의 자유"뿐만 아니라 "미적 자유"의 가능성을 만들어낸다. 장자의 자연과 일치하는 체도합일體道合一의 경지는 예술가들에게 비할 데 없는 모델이다. 장자는 진정한 예술 거장의 모범이 되었을 뿐만 아니라 예술 세계에서 방황하는 방탕한 사람들에 의해 그들의 귀감으로 오해받기도 한다. 장자는 지혜롭고 교양 있는 예술가들이 숭배하는 예술의 신이자, 장발의 히피들에게도 존경받는 황당한 영혼이다. 장자가 이해와 오해를 동시에 받았다는 사실은 다음 세기의 사상사에서 또 다른 경관이 될 운명이다.

제**14**장

장자의 도론

하나 됨齊一, 무차별無差別, 혼돈混沌

"도道"란 도대체 무엇일까? 노자와 장자의 도 담론의 차이점은 무엇인가? 노자는 "도라고 말할 수 있는 도는 그 자체로서 영원한 도가 아니다.道可道, 非常道"라고 가르쳤지만, "완전히 독립적이고 끊임없이 움직이는 천지만물의 근원"인 혼돈은 "형이 없는 형상無狀之狀, 실체가 없는 형상無物 之象"이라고 말했다. 보아도 보이지 않는 "이夷", 들어도 들리지 않는 "희希", 잡아도 잡히지 않는 "미微"의 실체적 메시지를 담고 있으며, 우주의 시작은 만물이 음陰을 품고 양陽을 끌어안아, 무無에서 유有가 나오고, 유무有無가 서로 살게 해주는 기氣의 조화로운 수렴이었다. 그리고 이런 일련의 논술은 노자가 도의 생성에 대해 일종의 이해와 깨달음을 가지고 있었음을 보여준다. 그러나 장자는 "도道"의 개념을 깊이 따질 필요가 없다고 생각했다. 《장자·지북유知北遊》에서, 그는 도에 대해 논하고 도에 대한 개념을 설명하기 위해 여러 인물을 고안했다. 그 첫 번째가 "노용길老龍吉"이다. 그는 매우 수양이 된 사람으로, 신농神農씨마저 그에게 "도道"를 물었다. 그러나 그는 도에 대해 "가을 짐승의 털끝, 그것의 만 분의 일도 터득하지 못했다."라고 했다. 이 추호도, 만 분의 일도 모르는 지식에 대해 차라리 혼자 간직하고 죽기를 원했다. 두 번째 등장인물은 "무궁無窮"이다. 그는 "도"에 대해 아무것도 모른다고 말했다. 세 번째 등장인물은 "무위無爲"인데, 그는 "도"를 알고있으며, "도는 존귀할 수도 있고 천할 수도 있으며, 모일 수도 있고 흩어질 수도 있다."라고 말했다. 네 번째 등장인물은 "무시無始"인데, 무시는 도에 대해 모른다고 한 무궁은 옳고, 도를 안다고 한 무위는 옳지 않으며, 모른다고 한 것은 도를 내면에 둔 것이고, 안다고 하는 것은 도를 왜곡한 것이라고 했다. 무시는 "도는 들을 수 없으니 들리는 것은 도가 아니며, 볼 수 없으니 보이는 것은 도가 아니며, 말할 수 없으니 말할 수 있다면 도가 아니다."라고 했다. "도는 물어서도 안 되며, 묻는다 하여 대답할 수도 없다." 도에 대해 질문할 필요도 없고, 물어도 대답할 필요도 없다. 도에 대해 어리석은 질문을 하고 대답하는 사람은 "도"를 알지 못한다. 그들은 "밖으로는 우주의 현상을 제대로 관찰하지 않았고, 안으로는 태초의 오묘한 이치를 이해하지 못했기"때문에, 그들은 결코 곤륜산맥을 넘거나 거대한 공허를 탐험할 수가 없었다.

　장자의 관점에서 도는 알 수 없기 때문에 도의 본질을 탐구하는 것은 불필요하고 무의미했다. 그러나 도는 "우주의 거대한 공간조차도 도의 범위를 넘지 않으며, 가을 짐승의 털이 작다고 하지만 그 또한 도에 의해 형체가 이루어 진 것이다."《장자·지북유知北遊》 게다가 도는 끊임없이 변화하는 상태에 있다. 불명확하거나, 형태가 없거나, 심지어 존재하지 않는 것처럼 보일 수도 있지만, 그 생명력은 눈에 보이지 않는 경우에도 항상 거기에 존재한다. 도의 본성에 대해 논할 필요는 없지만, 장자는 여전히 그 형용할 수 없는 상태를 우리에게 묘사해 주었다. "도는 감정과 진정성을 가지고 있지만, 아무것도 하지 않고, 육체적인 형체를 가지고 있지 않다. 그것은 전달될 수는 있지만 받을 수는 없으며, 터득할 수는 있지만 볼 수는 없다. 스스로를 근본으로 삼아 천지가 존재하기 전에 이미 저절로 존재했다. 심지어 하늘과 땅, 영혼과 신들도 거기에서 나왔다."《장자·대종사大宗師》 그러므로 우리는 도가 참으로 위대하고, 너무 위대해서 한계가 없다는 것을 안다. 그것은 또한 볼 수 없을 만큼 광대하다. "그것은 태극太極보다 더 위에 있지만 높다 하지 않고, 육극六極보다 더 아래 있지만 낮게 여기지 않으며, 천지보다 앞서지만 그 존재는 오래다 하지 않고, 태고太古보다 더 오래 되었지만 늙었다 하지 않는다."《장자·대종사大宗師》

장자는 "도道"가 시작도 끝도 없는 무한한 공간과 시간 속에 존재하며, 시간이 쉬지 않고 흐르면서 만물이 끊임없이 변화한다고 가르쳤다. 모든 것은 이유 없이 시작되고 이유 없이 끝나므로 "이처럼 지극히 작은 것으로써 지극히 무한한 것을 이해하려고 하면, 미혹되고 어지러워져 스스로 혼란에 빠지게 된다." 인간의 지혜는 보잘것없어 그 도리를 끝까지 궁구하다 보면 마음에 혼란이 생기고 아무것도 배우지 못할 수밖에 없다. 그래서 장자의 "생은 유한하고, 지식은 무한하다. 유한한 것으로 무한한 것을 쫓는다면 위태롭다."《장자·양생주養生主》라는 명언이 있다.

장자는 자신의 제한된 지혜로는 무한한 우주에 도달할 수 없다는 것을 알고 있었다. 따라서 그는 우주 창조의 궁극적인 원인은 알 수 없다는 생각을 항상 했다.《장자·칙양則陽》에서 그는 우주의 궁극적인 원인에 대해 제齊나라의 두 현자인 계진季眞과 접자接子 간의 논쟁을 언급했다. 계진은 모든 것이 어떤 지배적인 의지가 아니라 자연의 산물이라고 믿었다. 반면에 접자는 만물의 성장이 궁극적으로 어떤 의지에 의해 결정된다고 믿었다. 이 두 가지 관점 모두 장자는 편향된 자기중심주의에 빠져 있다고 생각했다. 접자의 관점은 지나치게 긍정적인 반면 계진의 견해는 허무주의적이었다. 그들의 논쟁은 "무한히 작고 무한히 크다."라는 점에 대해 다루었다. 즉, 이러한 관점은 극도로 정밀하고, 심오하며, 광대하고, 범위가 무한하므로, 지나치게 긍정적이거나 지나치게 허무주의적인 결론을 도출하게 되면, 사물에 집착함으로써 오류를 범하기 마련이다. 장자의 관점에서 우주는 시작도 끝도 없이 끊임없이 움직이는 과정이었다. "내가 만물의 근원을 찾으면 그 끝은 거슬러 올라가도 무궁하고, 만물의 종말을 찾으면 그것은 끝없이 미래로 확장된다."《장자·칙양則陽》 사실 도는 자신의 존재를 정당화하기 위해 말에 의존하지 않고 그 자체로 존재한다. 행위를 정당화하기 위해 말에 의존하는 것이다. 말로 기술할 수 있는 모든 것은 편향 될 수밖에 없다. 도는 "있다有"고도 할 수 없고, "없다無"고도 할 수 없다. "도"라는 이름은 어쩔 수 없이 그렇게 불리고 있는 것에 불과하다. 물론 장자는 노자의 관점을 계승했지만, 《노자老子》는 우주의 기원뿐만 아니라 도가 만물을 탄생시킨 과정에 대해서도 자세히 설명했다. "사물의 궁극적인 형태인 도는 말이나 침묵을 통해 전달될 수 없는 것이다. 말도 아니고 침묵도 아닌 경지에서 그런 도의 극치는 논의되어야 할 것이다."《장자·칙양則陽》

즉, 도는 우주 만물의 궁극적인 원리이다. 당신이 말을 하든 침묵을 지키든, 당신은 도를 제대로 전달할 수 없다. 말이든 침묵이든 인간의 모든 설명은 제한적이다. 따라서 이 막다른 길로 가지 않는 것이 가장 좋다.《제물론齊物論》에서 말한 것처럼, "성인은 세상의 한계 밖에 있는 사물의 존재를 알지만 그것에 대해 논하지 않는다." 장자는 이 점에 대해 사람들을 입막음하고 싶었을 뿐 아니라, 심지어 이러한 심오한 뜻을 탐구하는 생각조차 성인이 가져서는 안 된다고 생각했다. 그 이유는 우주의 만물은 하나이고 동일하지만, 언어를 통한 논쟁은 이미 우주적 통일의 개념에 완전히 반대되는 분화를 암시했기 때문이다. 장자가 성인들에게 기대한 것은 우주의 기원을 비롯한 몇몇 질문에 대한 명확한 설명이 아니라, "궁극적으로 덕은 도가 하나 되는 데서 나타나고, 말은 인간의 지혜가 꿰뚫을 수 없는 영역에서 그치는 것이 최상이다."《장자·서무귀徐無鬼》라는 깨달음이었다. 다시 말해서 덕은 결국 도와 일체 되고, 말은 인간의 지혜가 미치지 못하는 무지의 영역에서 멈추는 것이다. 심지어 "개가 잘 짖는다고 해서 좋은 개가 되는 것이 아닌 것처럼, 사람도 말을 잘한다고 해서 현명한 사람이 되는 것이 아니다."라고도 했다. 마음과 성품이 자연을 따르는 사람이 "말을 하지 않고 논증"할 수 있는 것은, 그가 무사무위無思無爲 상태에 이르렀기 때문이다. 그래서 무언가를 추구하는 것이 없고無求, 스스로를 잃어버리지 아니하며無失, 스스로를 내다 버리지도無棄 않는다. 이렇게 모든 것에 통달한 사람에게 토론이나 논쟁이 무슨 필요가 있겠는가?

장자는 《우언寓言》에서 무변론의 이론을 추가로 설명했다. "말과 조화는 일체가 아니므로 말이 없게 하라. 말없이 말을 하면 평생 말을 해도 말을 하지 않은 것과 같다. 평생 말을 하지 않는다고 해서 아무 말도 하지 않은 것은 아니다." 즉, 말을 하지 않으면 우주 만물과 하나가 되는 대도에 거할 수 있고, 우주 만물과 일체가 되는 대도가 "사물을 변론"하는 언사와 일체가 될 수 없다면, 그 말은 헛되고 논쟁은 성과를 내지 못한다. 그러므로 그러한 말은 말하지 않는 것과 같다. 항상 말하는 사람은 가치 있는 말을 하지 않고, 평생 말을 삼가는 사람은 대도와 진리를 말할 수 있다. 그렇기 때문에 오직 은밀히 말을 잊은 사람만이 마음의 뜻을 따르고, 변화하는 사물에 적응할 수 있지만, 자신의 생각을 고집스럽게 붙잡지 않는다. 장자가 말했듯이 "치언卮言이 매일 매일, 그 순간순간 나와 자연의 흐름과 조화를 이루지 못하면 어떻게 오래갈 수 있겠는가?" 여기서 "치언"은 조화롭고 명료한 기발한 생각을 말하는 반면, "천예天倪"는 자연의 조화를 의미한다. 그런 기발한 생각만이 오래도록 퍼질 수 있는데, 이것이 "말을 하지 않고 논쟁을 하라."는 현인들의 진짜 목적이었다.

왕희지王羲之는 《난정집서蘭亭集序》에서 인간의 삶과 죽음에 대해 이야기하면서, "사람의 수명은 운명에 달려 있고, 죽음은 누구에게나 피할 수 없는 종말임은 말할 것도 없다. 그래서 선인들이 이르기를, "'죽고 사는 일 역시 중요한 일이다! 어찌 슬프지 않겠는가!', 진실로 죽고 사는 것을 하나로 여기는 것은 허황되고 거짓된 것이며, 오래 산 팽조와 어려서 죽은 자를 같게 보는 것은 망령되이 만들어낸 말임을 알겠노라."라고 말했다. 두 짧은 인용문은 《장자長子》의 《제물론齊物論》과 《덕충부德充符》에서 각각 파생되었다.

장자는 우주의 모든 것이 하나이며 동일하다고 생각했기 때문에, "일찍 죽은 갓난아이보다 장수한 이는 없고 팽조도 요절한 셈이다."《장자·제물론齊物論》라는 명언을 내세웠으며, 또한 죽음과 삶도 차이가 없다고 믿었다. 그는 《덕충부德充符》에서 예를 제시했다. 노나라에 형벌로 한 쪽 발이 잘린 왕태王駘라는 사람이 있었는데, 후에 그는 유덕한 학자가 되었고, 거의 공자의 제자 수만큼 많은 제자들을 두었다. 공자의 제자인 상계常季가 스승에게 물었다. "왕태는 아무것도 가르치지도 않고, 앉아서 사람들과 국사를 논하지도 않습니다. 그런데 제자들은 그에게서 많은 것을 배웠다고 합니다. 정말로 '불언지교不言之教'라는 가르침이 있습니까? 그는 신체적 결함이 있음에도 불구하고 어찌하여 온전한 덕을 갖추게 되었습니까?" 공자가 대답했다. "죽거나 사는 것은 참으로 중대한 일이지만, 그는 이런 문제들로 흔들리지 않는다. 또한 천지가 무너져도, 장차 이에 휩쓸려 수렁에 빠지지 않을 것이다."《장자·덕충부德充符》

비록 왕희지는 죽음과 삶이 하나이고, 장수와 단명이 하나라는 장자의 견해에 동의하지 않았지만, 그는 더 깊은 차원에서 장자의 교리에 매료되었다. 내가 보기에 왕희지가 쾌락의 끝을 슬픔이라고 생각한 것은 바로 장자의 철학적 경지에 이르지 못했기 때문이라고 생각한다. 이전에 즐거워했던 것들이 눈깜박하는 사이에 옛날 일이 되었다. 만약 그가 정말로 "삶과 죽음이 하나이고", "장수와 단명이 같다."라는 사실을 이해했다면, 우리는 《난정집서蘭亭

集序》와 같은 유명한 글을 읽을 수 없었을 것이다. 이 글은 삶의 무상함을 깨닫고, 현재를 소중히 여기는 내용을 담고 있지만, 여전히 인간의 삶에 대한 집착을 벗어나지 못하고 있다. 흥미로운 점은 왕희지가 장자의 주장을 이해하지 못한 데 있다. 어떤 이론이나 생각에 대한 이해, 이해부족 또는 반대를 표출하는 것은 모두 이러한 학문이나 언어의 영향이다.

《장자》에서 사생死生에 대해 논한 곳은 한두 군데가 아니다. 그가 이 문제를 자연스럽고 구애 없이 다룰 수 있었던 이유는 그의 "제물론齊物論" 사상에 근거한 것이다. 그에게 있어서 성인(혹은 장자서에서 말하는 진인眞人, 화인化人)이 도교를 수행하는 궁극적인 목표는 무아지경 속에서 영적인 안정을 얻고, 자신을 "끝이 없는 근원無端之紀"(천지와 만물이 생기기 이전의 상태)에 머물게하여 "아무것도 없는 무변무애의 세계無何有之鄉"를 탐색하고 마침내 말 없는 무형無形과 망각의 경지에 이르는 것이다. 인간의 근심의 근원은 사물들 간의 분별에 있다. 그리고 삶과 죽음은 인생의 가장 중요한 일이다. 만약 당신이 이 문제에 대해 장자의 이해에 아직 도달하지 못했다면, 장자의 다른 가르침을 이해하는 것은 거의 불가능할 것이다. 바로 이러한 이유로, 장자는 "거꾸로 매달린 고통倒懸之苦"에서 큰 안도와 자유를 얻기 위해 삶과 죽음의 문제를 한 번, 두 번, 세 번 반복해서 이야기했던 것이다.(문제를 완전히 뒤바꾸는 것을 "도현倒懸"이라고 함)

장자의 제자가 쓴 것으로 추정되는 《지락至樂》편에는 장자 아내의 죽음에 관한 이야기가 나온다. "장자의 아내가 죽은 후, 혜자가 조문을 갔는데, 장자가 양 다리를 벌리고 앉아 대야를 두들기면서 노래를 부르고 있는 것을 보았다. 혜자가 물었다. "당신 행동이 너무 지나치지 않습니까?" 장자가 이에 대답했다. "(중략) 그 시작을 살펴보면, 본래 생명이 없었으며, 단지 생명이 없었을 뿐만 아니라, 본래 형체도 없었습니다. 형체도 없었을 뿐만 아니라, 본래 기운氣도 없었습니다. 마치 풀꽃 같은 사이에 섞여 있다가, 변하여 기운이 생기고, 기운이 변하여 형체가 생기고, 형체가 변하여 생명이 생기고, 지금 또 변하여 죽음에 이르게 되는데, 이것은 서로 어울려서 봄, 가을, 겨울, 여름의 사계절이 운행하는 것과 같습니다. 저 사람이 모처럼 자연의 거대한 방에서 편히 잠들기 위해 누웠는데, 내가 큰 소리로 운다면 나는 천명天命을 깨닫지 못하는 짓을 하는 것이니, 그래서 곡을 하며 우는 것을 그만두었습니다." 장자가 보기에 그의 아내는 원래 황홀한 상태에 존재했다. (동편에 "그 모습이 없는 듯하면서 있으니 황홀하다.", 즉 이런 상태를 가리킴) 정신도 형태도, 더욱이 생명도 없었다. 이제 그녀는 죽었고, 그것은 그녀가 자연으로 돌아가고, 형태가 사라지고, 영혼이 흩어졌다는 것을 의미했다. 봄, 여름, 가을, 겨울의 운행처럼, 그녀는 오늘 무사히 천지 우주의 거대한 방에 평화롭게 누워있다. 만약 하늘을 찌르는 듯 대성통곡한다면, 참으로 하늘의 명령을 깨닫지 못한 것이다. 그래서 울음을 그친 것이다.

죽음에 대한 더욱 멋진 설명은 《장자·열어구列御寇》에 기록된 장자의 죽음이다. "장자가 죽으려고 할 때, 그의 제자들은 정교한 장례를 치르기를 원했다. 그러나 장자는 다음과 같이 말했다. '나는 하늘과 땅을 관곽으로 삼고, 해와 달을 한 쌍의 구슬 장식으로 삼고, 하늘에 떠 있는 별들을 진주와 옥 장식으로 삼고, 만물을 저승길 가는 부장품으로 삼으려 하니 나의 장례 용품은 다 갖추어진 것이 아니더냐? 여기에 무엇을 더 보태려 하느냐?' 그러나 제자들이 말했다. '저희들은 까마귀나 독수리가 스승님을 뜯어먹을까 두렵습니다.' 장자가 이에 말했다. '땅 위에 놓아두면 까마귀와 독수리가 먹을 것이고, 땅 아래에 묻으면 개미들이 먹을 것이다. 한 무리의 먹이를 빼앗아 다른 무리에게 주는 것이다. 어째서 그리 편벽되게 생각을 하느냐!'" 장자는 여기에서 참으로 여유롭고 유머러스하면서도, 빛나는 광활한 경지에 도달했다! "해와 달은 구슬처럼 하늘에 걸려 있고, 별들은 구슬의 끈처럼 줄지어 있고, 만물이 나를 배웅하러 오는데, 내 장례 준비가 아직 갖추어지지 않았단 말이냐? 왜 이런 것들을 내 몸에 더하려 하는가!" 장자가 보기에 몸이 썩고 정신이 흩어진 시신은 더 이상 그 자신이 아니며, 따라서 까마귀나 독수리, 개미에게 먹히는 것은 오히려 자연의 순리로 돌아가는 것이라고 생각했다. 따라서 화려한 장례를 치르는 것은 오히려 자연의 순리를 거스르는 것이라고 할 수 있다.

사실 장자는 세속적인 문제에 대해 날카로운 통찰력을 가지고 있었다. 그는 과거와 현재를 돌아보며, 그 북적거리는 사람들을 보았다. 그들은 명예와 이익, 인의예지용仁義理智勇의 굴레 속에 갇혀, 고통스러운 삶을 살고 있다. 장자는 자신의 영혼이 하늘 높이 날아오르고 광활한 세상을 마음껏 누리고 싶어했다. 그는 자래子來의 입을 통해 다음과 같이 한탄했다. "무릇 대지는 육체를 주어 나를 이 세상에 살게 하고, 삶을 주어 수고롭게 하며, 늙어서 나를 편하게 하고, 죽음으로 나를 쉬게 한다. 그러므로 나의 삶을 좋은 것으로 여기는 것은 곧 나의 죽음을 잘 맞이하는 것이다. 지금 훌륭한 대장장이가 쇠를 녹여 주물을 만들려고 하는데, 쇳물이 용광로에서 날뛰며, "나는 반드시 막야와 같은 보검이 되리라."고 외친다면, 대장장이는 상서롭지 못한 쇠불이라고 생각할 것이다. 이와 마찬가지로 어쩌다가 내가 한번 사람의 형체를 지녔다고 해서, "나는 사람이다. 나는 꼭 사람으로만 살겠다."라고 한다면, 조물주는 분명히 상서롭지 못한 사람이라고 여길 것이다. 이제 천지를 커다란 용광로로 생각하고, 조물주를 대장장이라고 생각한다면, 어디로 가서 무엇이 된 들 문제 될 것이 있겠는가? 깜빡 잠들었다가 문득 깨어날 따름이다."《장자 · 대종사大宗師》

다시 말해서 대지는 나의 몸을 짊어지고, 일하게 하고, 늙어서 여유를 주고, 죽어서도 온전히 쉴 수 있게 해준다. 그러므로 나는 삶을 낙으로 삼고, 죽음에서도 기쁨을 찾는다. 숙련된 대장장이가 쇠를 녹여 주물을 만들려고 할 때, 쇳물이 펄쩍펄쩍 뛰며, 나는 모예의 명검이 되겠다고 한다면, 이 장인은 이것을 불길한 물건이라고 여길 것이다. 위대한 조물주께서 만물을 창조하실 때, 때로 인간의 형상을 무엇인가에 부여하지만, 그 사물은 "나는 사람이다, 나는 사람이다."라고 외친다면, 위대한 조물주는 그것을 불길한 징조로 여길 것이다. 현재 우주의 본체는 천지를 큰 용광로로 삼고, 조화를 제련하는 큰 장인으로 삼고 있는데, 내가 갈 수 없는 곳이 어디 있겠는가? 이 구절은 참으로 신묘하고 기묘하면서도 심오하고 통찰력이 있다. 이것은 참으로 장자의 문학적 재능이 빛을 발한 표현이다.

《장자·천하天下》편에는 도교 교리에 대한 장자 이전의 설명을 찬양하는 구절이 있다. "황홀하고 적막하여 아무 형체도 없고, 변화무상하다. 죽은 것인지 산 것인지 알 수 없으나, 하늘과 땅과 나란히 존재하고, 신명에 따라 움직여 간다. 흐릿한 어둠 속에서 어디로 가는 것일까, 황홀한데 어디로 변화하여 가는 것일까, 세상의 모든 것이 이 체계에 포함되지만 한 곳으로 귀착될 만한 것이 없다. 옛 날의 도술에도 이러한 경향을 지닌 사람들이 있었다. 장주가 그런 학설을 듣고서 기뻐했다. 그는 터무니없는 이야기와 황당한 말과 밑도 끝도 없는 언사言辭로 이따금 제멋대로 하면서도, 한쪽에 치우치지 않았으며, 진기함을 자랑삼아 그것을 내보인 것이 아니다. 그는 이 혼탁한 세상에서 바른 이야기를 하는 것은 의미가 없다고 생각해서, 치언卮言으로 자연의 끝없는 변화에 순응케 하고, 중언重言으로 진실을 깨닫게 하고, 우언寓言으로 우주의 광대함을 깨닫게 하였다. 그리하여 그는 홀로 천지의 영들과 단 둘이 소통하며, 자연 만물에 대해 함부로 대하거나 시비를 따지지 않으면서 세속과 더불어 살아갔다. 그의 저서는 비록 터무니없이 진기한 내용을 담고 있으나, 둥글게 순환하여 사물을 해치는 일이 없으며, 그 언사는 비록 들쭉날쭉하지만 수수께끼처럼 기발하여 볼 만한 점이 있다. 그는 마음에 무언가 충실하게 되면 멈출 수가 없어서, 위로는 조물주와 함께 노닐고, 아래로는 사생死生을 도외시하고, 끝도 시작도 없는 사람을 벗으로 사귄다. 도의 뿌리에 대해서는 넓고 크게 열려 있고, 심원하고 자유롭게 뻗어나갔으며, 도의 큰 줄기에 있어서는 조화롭고 적합해서 현묘한 도의 경지에까지 올라갔다고 할 수 있을 것이다.《장자·천하天下》

여기서 말하는 옛 도교의 교리는 당연히 노자의 학설을 말하며, 그는 노자의 도를 높이 평가했고 종종 그것들을 인용하고 설명했지만, 노자의 제자는 아니었다. 무엇보다도 그는 후대에 의해 "도가道家"라는 꼬리표가 붙는 것에 동의하지 않았을 것이다. 장자는 장자일 뿐이다. "천지의 영혼과 소통한다." 라는 그의 태도라면, 그는 결코 노자의 부드러운 공격과 사려 깊고 선견지명이 있는 국가 통치 전략을 고안하지 않을 것이다. 넓고 광대한 영적 세계에 빠진 장자는 "위로는 조물주와 함께 노닐고, 아래로는 삶과 죽음에 연연하지 아니하며, 우주에 끝도 시작도 없는 사람을 벗으로 삼았다." 그의 적막하고 고요한 마음속에는 옳고 그름, 아름다움과 추함, 우월함과 열등함, 좋고 싫음, 높고 낮음, 장수와 단명 등 모든 것이 존재하지 않는 큰 공허만이 존재했다. 그는 우주의 "원 중심"에 서 있는 것처럼 보였고, 우주 저편의 균형을 지휘했다. 마음이 넓은 그는 별난 사람과 추한 사람을 결코 멸시하지 않았고, 그 속에서 위대하고 진정한 아름다움을 찾았다. 영적이고 태평한 그는 우주의 모든 것이 하나이고 같다고 생각했다. 날카롭고 거만했던 그는 "세상은 어둡고 혼탁해서, 장자莊子와 대화할 수 없다."라고 생각했다. 같은 시대에 혜시惠施라는 사람이 있었는데, 재주와 기질이 방종하고 거침이 없었다. 장자莊子는 혜시의 사람됨을 비웃기도 했지만, 결국 친구로 삼을 만한 인물이었다. 심지어 장자莊子의 제자들이 다음과 같은 일화를 기록하기도 했다. 장자는 혜자의 무덤을 지나며, 따라오는 제자들에게 말했다. "옛날 초나라의 수도인 영郢에 한 남자가 있었는데, 자기 코끝에 흰 석회를 파리 날개만큼 얇게 바르고 다녔다. 어느날 장석이라는 사람에게 그것을 도려내라고 부탁했다. 이에 장석은 영의 남자를 전혀 다치지 않고 그 파리 날개만 한 백회점을 도끼로 정확하게 도려냈다. 영郢의 사람이 죽은 후, 장석은 다시는 그의 위업을 반복할 수 없었다. 그러자 장자莊子가 말했다. "혜자 선생이 돌아가신 후로는, 내가 의지할 곳이 없어졌구나. 내가 이야기 나눌 사람도 없어졌구나!"《장자·서무귀徐無鬼》

하지만 무덤 속 사람은 바로 당시 양梁나라 재상으로서 장자가 자신의 자리를 탐한다고 두려워했던 인물이다. 그러나 장자는 자신을 원추鵷鶵라는 새에 비유하며 다음과 같이 말했다. "원추는 오동나무가 아니면 머물지 않고, 연실練實이 아니면 먹지 않으며, 달디 단 샘물인 예천醴泉이 아니면 마시지도 않는다. 따라서 솔개가 잡은 썩은 쥐에는 전혀 관심이 없다." 장자의 눈에 재상의 지위는 썩은 쥐에 불과했다. 이제 옛 친구는 떠났고, 더 이상 혜자와 같은 재주를 가진 사람이 없다. 그들의 논쟁은 마치 장인이 톱질하여 백회를 도려내는 것처럼 미묘했다. 보다시피 여기에서 장자의 한탄은 그가 평생 동안 진정으로 슬퍼했던 몇 안 되는 사건 중 하나였다. 하지만 생사조차 하나로 그리고 똑같이 보는 사람이 어찌 슬픔과 기쁨을 하나로 보지 못했을까? 아쉽게도 장자 역시 결국 살아있는 사람이다! 철학적 진리 추구도 한 가지 일이긴 하나, 장자도 슬픔과 기쁨, 원망과 분노를 느꼈던 현실 세계에서 사는 것은 별개의 일이었다. 본질적으로 인간은 다차원적이다.

그의 초월적이고 비범한 사상의 도움으로, 장자는 전란 이후 황폐해진 전국 시대를 위해 태평하고 순수한 영적이고, 지적인 세계를 만들었다. 그의 천재성은 자신의 삶과 혼탁한 세상을 구분하는 것에만 그치지 않고, 방황하는 사람들을 위해 고통으로부터 벗어날 수 있는 길을 찾도록 도와주었다. 그리고 그 길은 먼 미래가 아닌 바로 우리 발밑에 펼쳐져 있다. 하지만 사람들은 쉽게 그 길을 걷지 않는다. 아니면 그들은 전혀 그 길을 갈 필요가 없을지도 모른다. 당신의 사유가 일단 그 궁극의 자유를 향한 큰 날개를 펼치면 한 폭의 자유로운 천지가 눈앞에 펼쳐질 것이다.

《소요유逍遙遊》에서 장자는 다음과 같은 이야기를 들려준다. 견오肩吾는 연숙連叔에게 접여接輿가 허풍을 잘 떨고 비이성적이라고 말했다. 그러자 연숙은 견오에게 접여가 뭘 했냐고 물었다. 그러자 견오는 접여가 다음과 같이 말했다고 전했다. "막고야산藐姑射山에 신선이 살고 있는데, 피부는 얼음과 눈처럼 희고, 몸매는 처녀처럼 날씬합니다. 그는 오곡을 전혀 먹지 않고, 바람과 이슬을 빨아들이며, 구름의 정기를 타고 비룡을 부리면서 세상 밖까지 여행합니다. 그가 정기를 한곳에 모으면 만물이 병들지 않고, 해마다 풍년이 듭니다." 연숙은 그 이야기를 들은 후, 견오를 장님이나 귀머거리보다 더 모자란 바보라고 비웃었다. 연숙은 이 막고야산에 살았던 신성한 존재를 믿었다. "만물을 하나로 만들 수 있고", "만물의 해악을 막고", "하늘에 닿는 파도의 홍수를 견디고, 금속을 녹이고, 산을 불태웠던 타오르는 태양의 열기를 이겨낼 수 있는 불사신이었다." 이렇게 위대한 사람한테 버려진 흙과 양식은 요순 같은 성인이 되기에 충분한 재료이다. 장자의 마음속에서 모든 성현의 치국治國은 군더더기이다. 신성한 존재神人를 능멸하듯 덕행을 만물과 하나로 삼아야만 말없이 가르치고 사회가 안정되고, 오곡이 풍성해지는 경지에 이를 수 있다.

멀리 떨어진 막고야산에서 온 신령한 존재는 장자가 이상화한 일종의 불사신이었다. 불멸의 경지에 도달하기 위해 장자는 《인간세人間世》에서 도교 수행의 본질을 설명하기 위해 "심재心齋"라는 명제를 제시했다. 장자는 "중언重言: 세상 사람들이 중시하는 인물의 말을 빌려 무게를 더한 말"으로 공자의 설교를 빌려 안회安回를 가르쳤다. "단식을 통한 마음의 정화齋戒淸心", 이것은 단지 세속적인 제사 의식일 뿐, "정화된 마음心齋"이 아니다. "마음을 하나로 모으고, 귀로 듣지 말고 마음으로 듣고, 마음으로 듣지 말고 기氣로 들어야 한다. 듣는 것은 귀에 머물고 마음은 사물에 응할 따름이다. 그러나 기는 텅 비어 있으므로 모든 것을 다 받아들인다. 도는 이렇게 텅 빈 곳에 깃든다. 이렇게 텅 빈 상태가 곧 마음의 재계齋戒이다." 여기에서 장자가 공자의 말을 통해 설명한 바는, "고도의 고요한 상태에 도달해야만 감각적 제약을 초월할 수 있다. "듣는 것은 귀에 머문다."라는 것은 외부의 소리가 단지 귀에만 머무르는 것을 의미하고, "생각은 마음에 머무른다"는 것은 마음의 감응이 외부 세계와 조화를 이룬다는 것을 의미한다. 넓고 광대한 영역에 이르러, 이 허공에 우주를 감싸고 있는 대도大道가 머문다. 이러한 완전히 고요하고, 공허하며, 맑은 마음의 상태를 "심재心齋"라 한다. 이러한 경지에 이르게 하는 열쇠는 만유를 포함하는 공허인 "기氣"의 존재에 있다. 이 공허함은 다시 말해, 대도大道 그 자체이다. "기氣"라는 말은 장자서에서 위대한 철학적 진리의 실체이다. 그것은 일반적인 물질적 존재가 아니라 정신과 지성의 변형이다.

장자는 그러한 공허한 마음 상태에 도달해야만 도에 대한 진정한 지식을 얻을 수 있다고 믿었다. 도에 대한 참된 지식을 가진 사람들은 우주와 일체가 되어 "지적인 만족大知閑閑"과 "감동적인 웅변大言炎炎"《장자·제물론齊物論》 방식을 나타냈는데, 이는 그들이 고요하고 근심 없는 마음을 유지하면서도 고결한 담론에 참여하고, 인상적인 지적 탁월함을 보여 줄 수 있기 때문이다. 《제물론》에서 언급한 "진정 깨달은 사람眞人"은 남곽자기이다. 그는 인간의 모든 독창성을 버리고, 자신의 존재마저 잊어버렸다. 그제야 그는 하늘이 내는 소리 "천뢰天籟"가 곧 천연 스스로 내는 소리이며, 그 어떠한 발동 자도 없다는 것을 깨달았다. 도를 추구하는 과정에서 자신을 완전히 망각할 때, 그는 "천지가 자아와 함께 공존하고, 만물과 자아가 하나의 존재가 된다."《장자·제물론齊物論》는 깨달음과 더불어 내외적인 모든 얽힘을 초월하고 자연으로 돌아갈 수 있다.

장자는 자신이 옹호하는 소요의 경지가 속세로부터 쉽게 받아들여지지 않는 다는 것을 알고 있었다. 왜냐하면 이 소요의 경계는 원래 이렇게 깊고 광대하기 때문이다. "그들은 속세를 떠나 유유히 무위자연의 세계를 소요한다."《장자·대종사大宗師》우리는 《소요유逍遙遊》의 곤붕鯤鵬이 장자 자신이라고 생각할 수 있다. "북해北海에 곤鯤이라는 물고기가 있었다. 곤은 너무 커서, 그것이 몇 천리나 되는지 알 수 없고, 날개를 힘차게 펼치고 날아오르면, 마치 하늘에 걸린 구름과 같았다."《소요유逍遙遊》에서 대붕을 비웃은 참새는 그 엄청난 크기의 필요성을 이해하지 못했다. "작은 지혜는 큰 지혜에 미치지 못하고, 작은 연륜은 큰 연륜에 미치지 못한다. 무엇으로 그러함을 알겠는가? 아침에 태어났다가 저녁에 죽는 버섯朝菌은 한 달을 알지 못하고, 봄에 태어나 여름에 죽고 여름에 태어나 가을에 죽는 쓰르라미蟪蛄는 봄, 가을을 알지 못하니, 이것이 바로 작은 연륜의 예이다. 초나라 남쪽에 명령冥靈이라는 큰 나무가 있으니 오백 년을 봄으로 삼고, 오백 년을 가을로 삼는다. 옛날 상고上古에 대춘大椿이라는 나무는 팔천 년을 봄으로 삼고, 팔천 년을 가을로 삼았다. 그런데 팽조彭祖는 지금 장수로 유독 유명하여 세상 사람들이 그와 비슷하기를 바라니 어찌 슬프지 아니하겠는가!"

장자는 자신의 학설이 상고 대춘의 수명보다 더 오래 지속될 것이라고 깊이 믿었다. 그는 팽조의 팔백 년의 삶을 궁극적인 한계로 여기는 사람들을 불쌍히 여겼다. 사실 장자의 관점에서 볼 때 이 팔백 년의 삶은 조균朝菌이나 혜고蟪蛄의 수명과 같았다. 오직 넓고 공명한 "정화된 마음心齋"을 가질 수 있을 때에만, 그는 영원 속에서 "편안한 상태로 노닐逍遙" 수 있다고 생각했다. 장자 글의 도전적인 면은 거친 말과 신랄한 변설이 아니라 거창하고 해학적인 우화를 통한 무뚝뚝함이다. 옳고 그름, 선과 악, 장수와 단명은 구별이 큰 것들이다. 득실, 대소, 장단, 아름다움과 추함은 구별이 작은 것들이다. 하지만 장자의 눈에는 이러한 구별들이 모두 존재하지 않는다. 이는 개별 사물의 차이가 "하나의 동일한齊一" 철학적 명제 하에 통일되었기 때문이다. 심지어 하늘과 땅, 모든 것을 사이에 두고, "제한 없음無封"은 분리나 경계가 없음을 의미한다. 인간 의식의 한계는 시간과 공간에 대한 우리의 집착에서 비롯된다. 우리가 특정 시간과 특정 공간의 엄격한 제한과 구속에 따라 모든 판단을 내린다면, 그것은 분명히 우리가 "사소한 지식小知間間"《장자·제물론齊物論》을 채택하여 신중하고, 깊게 그리고 철저하게 고찰하고 있다는 것을 의미하며, 결국은 우주 본체의 정신으로부터 점점 멀어지게 된다. 장자는 모든 사물은 끊임없이 변화하며 멈추지 않으며, 순간도 같은 모습을 유지하지 않는다고 생각했다. 그는 대상을 인식하는 데 있어서 지나치게 세부적인 부분에 집착해서는 안 되며, 모든 것은 상대적이며 변화만이 절대적이라고 주장했다. "사물의 역량은 무한하여 한정할 수 없다. 그리고 시간은 끝없이 무한대로 흐르고, 손익은 예측할 수 없으며, 시작과 끝은 결코 같은 방식으로 일어나지 않는다."《장자·추수秋水》다시 말해서 사물은 무궁무진하고, 시간은 시작도 없고 끝도 없고, 득실도 고정된 패턴이 없으며, 끝과 시작은 예측할 수 없다. 그러므로 지혜로운 자는 만물과 세상을 초월하여 항상 높은 곳에서 사물을 본다. 그렇다면 삶의 모든 기쁨에 설렘을 느끼거나 죽음의 모든 슬픔에 초조해하는 것은 감정에 지나치게 빠져드는 것이며, 이는 우주가 여전히 그 뜻대로 움직이고 있기 때문에 더 큰 고통을 야기할 것이다. 자연은 여전히 자신의 아름다운 소리로 가득 차 있다. 우리가 한정된 삶으로 무한한 우주를 추구한다면 우리는 쉽게 길을 잃을 수 있다. "지극히 작은 것으로 무한히 큰 관점을 이해하려고 하면 분명히 아무런 이점도 없는 혼란으로 이어질 것이다."《장자·추수秋水》

장자는 우리에게 혼돈의 안경, 미혹된 취한 눈, 드물게 얻을 수 있는 흐릿한 삶의 경지, 그리고 자연의 법칙에 따라 살아가는 생존 기술을 선물해 주었다. 지나치게 선명하게 보면 결과적으로 "사소한 지식小知間間"에 빠져 얻음과 손실에 얽매이고, 지나치게 명확하게 하면 오히려 생명의 위험에 처하게 될 수 있다. 장자는《응제왕應帝王》에서 우리에게 우화를 들려주었다. "남해의 황제는 숙儵이고, 북해의 황제는 홀忽이고, 중앙의 황제는 혼돈渾沌이다. 숙과 홀이 때때로 혼돈의 땅에서 함께 만났는데, 혼돈이 그들을 아주 잘 대접하였다. 숙과 홀이 혼돈의 은덕에 보답하려고 함께 상의하여 이렇게 말했다. "사람들은 모두 일곱 개의 구멍이 있어 보고 듣고 먹고 숨 쉬는데, 이 혼돈만은 없으니, 시험 삼아 구멍을 뚫어 주자하고는 하루에 한 구멍씩 뚫었더니 칠일 만에 혼돈이 죽어버렸다." 이 이야기의 교훈은 우리 모두에게 깊은 깨달음을 준다.

중국 역대 시인 중의 낭만파浪滿派와 시론詩論에서 말하는 경계설境界說은 감정이 고조되어 방향을 잃을 때, 막연하게 장자와 마주하게 된다. 만약 장자가 없었다면, 사령운謝靈運, 도연명陶淵明, 소동파蘇東坡는 존재하지 않았을 것이다. 이것이 과장이 아님을 증명하기 위해 여기에서 예를 들어보겠다. 장자는《덕충부德充符》에서 공자가 노나라의 왕태王駘라는 성인을 칭송하면서,

형벌로 발을 잃은 왕이 천지를 멀리하고 생사를 소홀히 할 수 있었다고 했다. 그리고 물화를 따르지 않고 자신의 취지를 지킨다는 것은 근본적으로 우주 만물이 하나라고 믿었기 때문이다. 그러므로 분화의 관점에서 보면, 몸에서 서로 이웃하는 간과 담낭이 마치 초楚나라와 월越나라만큼 멀게 보이지만, 동일한 관점에서 보면 모든 것은 하나인 것이다. 그러한 견해를 가진 사람은 어떤 소리가 그의 귀를 즐겁게 하고, 어떤 색깔이 그의 눈을 즐겁게 하든지 연연해 하지 않고, 만물을 덕으로 조화시키는데 마음을 쓴다. 여기서 귀와 눈을 즐겁게 하는 소리와 색깔은 시공간에 얽매인 "사소한 지식間間小知"을 말하며, 덕의 영역은 시공을 초월하여 만물이 하나라는 깨달음에 도달한 "큰 지혜閑閑大知"를 말한다. 소동파는 이 이치를 깊이 깨닫고, "청풍이 소슬하게 불어와 물결이 잔잔 한" 달 밝은 밤에, 황정견黃庭堅, 불인佛印과 적벽 아래서 노닐며, 자연스레 읊었다. "우리네 인생은 덧없고, 장강은 영원히 흐르는구나!" 그는 장자의 모든 것이 하나라는 "제일설齊一說"로 인간의 번뇌를 불식시킬 수 있었다. 한 번은 세상을 한탄하는 친구에게 "물과 달에 대해 생각해 본 적이 있느냐?"라고 물었다. "물은 끝없이 흐르지만 실제로는 사라지지 않고, 달은 차고 기울지만 실제로는 더하지도 줄지도 않는다. 변화의 관점에서 보면 천지간의 만물은 끊임없이 변화하지만, 정체의 관점에서 보면 우리를 포함한 모든 것이 영원하다. 또 무엇을 부러워하겠는가?" 이것은 내가 앞서《덕충부》에서 인용한 구절과 본질적으로 똑같다. 예술가가 시공간의 아집으로부터 벗어나야만 비로소 생사를 잊고, 시비를 잊으며, 사물과 자아가 교합하고, 사물과 자아가 구화되는 대화大化지경에 도달할 수 있다. 자연계의 원리에 순응하고, 마음을 자유롭게 하고, 물질적 존재를 소홀히 하는 이 영역은 예술가라면 누구나 우주의 위대한 아름다움에 접근할 수 있다는 전제로 "무한의 문으로 들어가, 경계 없는 영역을 탐험하고, 해와 달과 같은 광채를 발하며, 천지와 같은 영원을 얻을 수 있다."《장자·재유在宥》소동파는 바로 장자의 이런 철학적 감화 아래, 자신의 관직생활宦海의 부침을 냉담하게 받아들이고, 자신의 고통에서 벗어나 자유롭게 행동하고, 세상과 독립할 수 있었던 것은 아닐까?

"무궁의 문無窮之門"은 어디에 있을까? 당신의 체득과 만물이 일치하는 마음속에 있다. 그것은 공허하고 고요한 우주 그 자체이다. 또는 장자서에서 말한 소위 "기氣" 안에 있다. "경계 없는 들판無極之野"은 어디에 있는가? 회오리바람처럼 솟구쳐, 구만 리 하늘을 올라, 큰 바람을 타고 도달할 수 있는 수정처럼 맑고 푸른 하늘에 있다. 속세의 먼지를 뒤로할 때, 당신은 "짙푸른 하늘"을 보게 될 것이다.《장자·소요유逍遙遊》 너무나 푸르고, 그야말로 맑다. 여기에는 고통도 즐거움도 없다. 삶의 바람직함과 죽음의 혐오감을 잊어버릴 때, 우리는 아마도 그 상태를 영원이라 부를 것이다.

득대자재得大自在(2011)

제15장

백 개의 강이 바다로 흘러오다

장자 요약

이제, 우리는 장자의 사상을 간략하게 요약하면서 결론을 내려보자.

우주에 대한 인류의 이해는 무궁무진한 영역이다. 대롱으로 하늘을 관찰하고, 송곳으로 땅을 재며, 유한한 생명으로 무한한 우주를 향해 나아가기 보다는 "세상의 한계를 벗어난 사물의 존재를 알면서도 논의를 삼가는 성인"의 본을 따라야 한다. 장자의 불가지론不可知論은 그의 마음 깊은 곳에서 도에 대한 이해와 그의 광대하고, 심오하며, 오염되지 않은 삶에 대한 인식에서 비롯되었다.

장자의 관점에서 유가와 묵가는 논쟁에서 그들의 주장을 뒷받침하기 위해 기이한 이야기에 의존했던 별난 학자에 불과했다. 사물과 그 작동의 법칙에 대한 그들의 끊임없는 질문의 결과는 우주 자체에 대한 거부, 도와의 더 큰 일탈, 그리고 무한을 무한히 작은 시각에서 이해하려는 시도였는데, 그것은 필연적으로 허황된 것이다.

장자가 "사소한 지식間間小知"이라는 제한된 관점을 버렸을 때, 그의 "큰 지혜閑閑大知"는 그가 위대한 도의 핵심을 이해하도록 해 주었다. 이 순간, 자연히 자유로워지는 "하나의 동일한 것齊一"에 대한 생각은 우주의 궁극적인 근원으로 가는 장자의 정신적 다리가 되었다.

우주 만물의 수명, 과거와 현재, 앞과 뒤, 선과 악이라는 개념은 인류가 "작은 지식小知"을 습득한 후에야 분석하고 생겨난 것인데, 우주 만물은 이러한 구분과 대립을 넘어서는 고요하고 자연스러운 조화로운 경계에 있다. 《장자·마제馬蹄》에서 장자는 "자연과 혼연일체가 되어 한쪽으로 치우치지 않는 것을 하늘에 맡겨 내버려 둔다는 천방天放"의 개념을 언급했다. 우주의 모든 사물은 원과 비슷한 일정한 균일한 상태에서 시작하고 끝난다. 그 중심에 서 있으면 서로 다른 변형으로 이어지는 모든 것을 관찰할 수 있다.

차이가 없고, 옳고 그름이 없다는 사상은 영적 조화와 획일성을 달성하는 장자의 유일한 원칙이다. 《장자·제물론齊物論》에서 "성인은 모든 모순된 요소를 조화롭게 하고, 하늘의 자연적인 균형天鈞에 안주한다."라고 말한다. 그들이 직면한 모순과 이러한 모순은 상호 변형적이라는 것, 즉 "이것에도 옳고 그름이 있고, 저것에도 옳고 그름이 있다." 장자는 자연 만물의 차이를 "천예天倪"라고 불렀다. 그리고 성인의 사명은 "천예"를 구별하는 것이 아니라 "천예로 조화하는 것"이다.

우리가 자연과 사회를 위해 자연적으로 자유롭고 균형 잡힌 상태를 추구하고, 하늘의 균형과 자연의 균형이 하늘의 조화에 부합되도록 허용한다면(여기서 하늘의 균형과 자연의 균형은 같은 것을 말하는데, 이는 곧 조화로운 자연의 정신을 말함), 그렇다면 인·의·예·악仁義禮樂과 같은 인위적인 것이 필요할까? 엄격한 계층화와 세 가지 기본 지침과 다섯 가지 변함없는 덕목이 필요할까? 따라서 인간 사회의 큰 사회적 격변은 요순시대로부터 시작되었다. 그들의 행동은 집 주변의 벽을 무작정 부수고, 대신 그곳에 잡초를 심고,

머리를 빗기 전에 솎아내고, 밥을 짓기 전에 쌀알을 세는 것과 마찬가지였기 때문에 전혀 불필요했다. "어떻게 그런 사소한 행동이 세상에 이로움을 줄 수 있겠는가!" 장자는 유가의 국가 통치 방식을 극도로 혐오했으며, 가치 있고 재능 있는 사람들을 등용하는 것은 필연적으로 내분을 일으키고, 지혜롭고 유능한 사람을 임용하면 자연히 속임수와 도둑질을 하게 될 것이라고 주장했다. 더구나 아들이 아버지를 살해하고, 신하가 왕을 암살하고 도적질을 하는 등의 비극도 끝이 없었다. "천년 후에는 반드시 사람들이 서로를 잡아먹는 일이 생길 것이다."《장자·경상초庚桑楚》 장자서의 유교에 대한 비판은 그야말로 화를 품고 치를 떠는 수준이었음을 알 수 있다.

동시에 장자는 인간의 모든 지혜와 기술의 발명을 반대했는데, 이것들은 모두 인류의 도덕적 타락과 위선, 그리고 기만이 만연하는 온상이라고 여겼기 때문이다. 그러므로 그는 모든 옥과 진주를 부수고, 부적을 태우고, 봉인을 부수고, 자루와 철장을 부수고, 성인의 모든 가르침을 뿌리 뽑고, 악기와 화려한 장식을 파괴하고, 두곡 저울대를 부수려고 하였다. 장자는 이러한 것들이 인간으로 하여금 그 "진정한 본성"을 잃게 하기에 충분하다고 여겼다. "진리(참된 도)는 본성이 있어 바꿀 수 없는 것이다. 그러므로 성인은 천법을 따르고, 진리를 소중히 여기며, 세속의 관습에 얽매이지 않는다."《장자·어부漁父》 진리를 잃어버리면 인간의 죄악이 시작된다.

위의 "진리眞"에 대한 이해를 바탕으로, 그 동의어는 바로 장자의 책에 나오는 가상인물인, "혼돈渾沌"《장자·응제왕應帝王》, "무위無爲"《노자·지북유知北遊》, "무궁無窮"《노자·지북유知北遊》이다. 우주에 대한 "이해의 부족"은 심오하고 신비로운 도道 속에 머무는 것을 의미한다. 반면 "안다"는 것은 도와 배치된다. 장자는 도를 수련으로 얻을 수 없다고 믿었다. 하늘이 본래 높고 땅이 본성적

으로 깊은 것처럼, 성인은 "무유無有"의 고장에 깊이 숨어 있다.《장자·경상초庚
桑楚》

　　그런 성인이 현실에 과연 존재하는가? 그럴 수도 있고 아닐 수도 있다. 아
마도 그들은 우주 그 자체일지도 모른다. 장자를 읽을 때 우리는 "새로 새를
기른다."라는 그의 원리를 따라야 하며, 장자의 교리를 장자의 방법으로 이해
하려고 노력해야 한다. 우리는 "인간의 방식으로 새에게 영양을 공급"해서는
안 된다. 즉, 우리의 일상적인 방식으로 장자의 진정한 정신을 이해하려고 해
서는 안 된다. 공자는 "역경易經을 저술한 사람은 과연 어떤 고민과 근심을
겪었을까?"라고 물은 적이 있다. 어쩌면 우리 또한 "장자莊子를 저술한 사람
은 과연 어떤 고민과 근심을 겪었을까?"라고 물을 수 있다. 오직 큰 걱정과
괴로움을 가진 사람만이 그 모든 것에서 벗어나려고 할 것이다. 큰 불행과
재난에 빠진 장자는 현실에서 벗어나 완전한 평온과 안락의 이상적인 영역을
위해 노력했다. 불교의 극락과는 달리 장자의 이상적인 왕국은 천상의 음악
이나 천녀의 춤이 없는 곳이다. 사실 그곳에는 아무것도 없다. 시간도, 공간
도, 근심이나 기쁨도 없다. 그것은 "하늘의 문天門"이다. 이 문에서는 생명이
끊임없이 태어나고 죽고, 끊임없이 나오고 들어가는 문이다. 하지만 천문은
어디에 있을까? 그것은 당신의 마음속에 있다. 그러나 만일 당신이 여전히
명예와 재물같은 세속적인 것들만 추구하며 "그것들을 소유했을 때 잃을까
두려워하고, 그것을 잃으면 슬픔으로 가득 차 있다."라고 한다면, "천문은 열
리지 않을 것이다."《장자·천운天運》 닫힌 마음은 결코 "하늘의 조화"를 얻지 못
할 것이다. 장자의 "진정한 자연" 추구는 사실 심오한 삶의 경험이었다. 그는
위대하고 과묵한 아름다움은 하늘과 땅 사이에만 존재하며, 그의 불행으로부
터 벗어나는 것은 이 위대하고 완전한 아름다움의 실현에 달려 있음을 알았
다. 그는 속세의 모든 인위적이고 허세적인 아름다움을 깊이 거부했다. 이러

한 "도"에 대한 이해는 미학의 영역으로 이식되어, 중국 전통 미학에서 문론, 시론, 화론에서 진리를 추구하고, 자연으로 돌아가며, 자연적 성향과 지성을 강조하고, 이해와 비전을 중시하고, 기준이나 미사여구를 반대하는 등 여러 이론 형성의 원천이 되었다. 문예 이론에서 유교와 장자의 가치 지향은 춘추전국시대에 서로 정반대로 발전했다. 유교의 가치 기준은 항상 주류 정통으로 간주되었지만, 장자의 가치 지향은 비정통 및 비주류로 간주되었다. 그러나 장자의 학설은 그의 천재적인 통찰력과 우아한 문장력, 그리고 웅변적인 기백으로 인해 그의 불후의 문예 전당을 구축했다. 중국 고대 문론은 비록 유가의 《문심조룡》을 매우 중시했지만, 가장 빛나는 부분은 흔히 장자에게서 비롯된다. 장자는 "도道는 진정한 본성眞性에 기반하고, 문학은 도道에 기원을 두고 있다."라고 말했다. 여기서 도道는 객관적 사물을 지배하는 장자의 영적인 존재를 말하며, 장자는 이를 "천지정신天地精神"이라고 명명했다. 육조六朝시인 중 자연의 진리로 돌아간 전원 시인 도잠陶潛과 산수 시인 사령운謝靈運은 중국문학사의 효시이다. 장자 학설의 미학적 핵심은 "진리眞"가 아름다움이라는 것이다. 근대近代 저명한 문학가 왕국유가 가장 먼저 꼽은 비판 기준 역시 "진실眞"이다. 왕국유가 《인간사화人間詞話》에서 이후주李后主와 납란성덕納蘭性德에 대해 격찬한 근본은, 전자는 "아이 같은 순수한 마음"을 가지고 있었고, 후자는 "순수하고 사랑스럽기" 때문이었다. 무엇보다도 장자의 교리가 우리에게 가져다 주는 것은 철저한 해탈과 완전한 자유이다.

제16장

장자
부록

장주인가 나비인가?

여기 장자가 조용히 누워 있다. 그의 살짝 감긴 눈과 올라간 입꼬리는 그가 즐거운 꿈을 꾸고 있는 듯하다. 그는 생생한 나비로 변했다. 그러나 갑자기 꿈에서 깨어나자 그는 다시 풀숲에 웅크리고 있는 장주였다. 프로이트는 그의 꿈을 어떻게 해석할까? 나비는 초월적인 장주였을까? 그는 가난한 시골의 좁은 골목길에 살면서, 석양이 비치는 풀숲 속에서 천수를 누렸다. 그는 베옷에 짚신을 신고, 대야를 두드리며 노래를 불렀다. 그는 사람들에게 "지극한 즐거움至樂"이 어디에 있는지, 그리고 한낱 안개와 구름처럼 지나가는 버려야 할 허영심이 무엇인지를 알려 주었다. 그는 수백 개의 강이 흘러드는 광활한 바다와 같이 모든 것을 포용하는 지혜로 겸손하고 또 겸손했다. 그는 그의 길을 가는 동안 모든 것을 그저 받아들일 뿐, 아무것도 바라지 않았다. 그는 인생이 눈 깜짝할 사이에 짧고, 번성했던 모든 것이 시들고 죽는 다는 것을 알았기 때문이다.

그는 세상의 부귀영화를 헛된 꿈과 물거품에 불과하다고 여겼다. 그는 관료들의 오만함이나 전쟁의 잔혹함을 철저히 경멸하고 증오했으며, 인류의 간교함과 위선을 본능적으로 거부했다. 그는 숲을 거닐며 꽃과 풀을 아꼈지만, 명성과 부에 대해서는 무관심했고, 고립된 삶을 살기 위해 세상과의 접촉을 끊고 싶어 했다. 사람들이 모두 서로를 속이고 협박하기를 원한다는 것을 알고, 그는 그들이 서로를 잊을 수 있는 강과 호수로 돌아간 물고기처럼 살기를 갈망했다.

그는 자연스럽게 태어나고 자연스럽게 죽는다. 오고 가는 것은 모두 과정일 뿐이다. 그는 결코 삶에 집착하지 않았기 때문에 삶이 떠나갈 때 슬픔을 느끼지 않았다. 그는 물질적 소유의 부족으로 결코 괴로워한 적이 없기 때문에 그것을 추구할 필요를 전혀 느끼지 못했다. 그의 정신은 혼탁한 진흙 위를 날아다니며 형체에 얽매이지 않았다. 그는 가난의 고난을 기꺼이 받아들이며, 부자와 권력자의 명령을 받아들이려 하지 않았다. 그는 재상의 지위를 죽은 쥐로, "인의仁義"의 교리를 "뻔뻔한 거짓말"로 간주했다. 어떤 왕이 그에게 간언할 자격이 있겠는가? 어떤 높은 지위가 그를 머물게 할 수 있겠는가? 그는 그저 그 자신일 뿐, 자랑스럽고 위대한 철학자였으며, 시비곡직是非曲直과 세상의 모든 차이를 무시한 깊이 깨달은 대지자大知者였다.

장자의 글은 넓고 자유분방하며, 심오하면서도 거침이 없다. 그의 말은 그 현장에 갑자기 나타나 풍부한 생명을 가져다주었다. 그리고 그들은 그들이 왔을 때처럼 갑자기 사라졌고, 하늘 아래 맑고, 밝고, 황량한 벌판을 남겨 두었다. 장자가 세상을 떠난 지 2,300년이 지났지만, 그의 정신적 날개는 여전히 먼 옛날부터 오늘날까지 날아오르고 있다. 그것은 얼마나 넓고 찬란한 날개인가! 그는 인간의 탐욕과 잔인함의 어둠을 몰아내고, 천하를 가득 채우고 끝이 없는 맑은 기운으로 빛나고 있다. 지혜의 빛을 발하는 이 영혼의 날개는 우주의 영원한 영혼과 만물의 신비한 근원으로부터 그들의 에너지를 끌어내며 밝게 빛난다. 장자의 사상은 우리 이 위대한 민족에게 지대한 영향을 미쳤으며, 그것의 끊임없는 창조력의 계시록이 되고 있다. 특히 중국의 시와 회화에 있어서 장자는 의심할 여지없이 경건한 신이자 교주이다. 서양 시를 위한 뮤즈와 그리스 예술을 위한 아테나처럼 장자는 중국 민족 예술의 전당에 모셔져야 한다.

장자는 모든 가식적이고, 위선적이며, 거짓된 예술이 자연의 진정한 정서와 본성에 어긋난다고 믿었기 때문에, 귀를 거스르게 하는 오음과 눈을 혼란스럽게 하는 오색을 극도로 혐오했다. 색채에 탐닉하고 소리에 탐닉하다 보면, 결국 인간은 몸을 움츠리고 정신이 흐트러져 음탕해진다. 사실, 장자가 예술에 바랐던 것은, "도법자연道法自然"의 원리를 따르는 것이었다. 그는 영욕과 명리를 잊어버리고 벌거벗은 채 바닥에 앉아 그림을 그리는 "진정한 예술가"를 높이 평가하고 감사했다. 그는 머리를 풀어헤치고 "상송商頌"을 읊은 증자曾子를 더욱 극찬했다. 그의 "노랫소리는 천지에 가득 차고 금석金石 악기를 연주한 것처럼 맑게 메아리쳤다." 그것은 결코 의식이나 노래로 자신의 비위를 맞추거나 허례허식을 위한 악기 연주가 아니다. 장자의 노래 속에는 천지의 위대한 아름다움이 깃들어 있다.

여유롭고 한가로운 선 그리기 기법으로 장자의 옷 자락을 그리고, 생동감 있고 절제되지 않은 먹빛으로 장자의 머리카락과 턱수염을 칠함으로써 보는 사람들을 화려하고 지적인 꿈나라로 인도한다. 이 꿈의 경계는 장자가 자고 있던 몸 아래 거대한 바위 빛깔처럼, 푸르스름하고 윤택하며, 화면 위 모서리의 나비처럼 가볍게 떠다니고 있다. 이러한 꿈은 철학적 의미뿐만 아니라 문학적 의미에서도 풍성한 주제이다. 장자의 글에서 꿈은 결코 평범한 것이 아니다. 그것은 우주의 태초와 연결되어 있으며, 세상의 득실과 불행을 잊게 해준다. 또한 장자의 "궁극적인 아름다움至美", "지극한 즐거움至樂", "진정한 깨달음至人"의 추구와 연결되어 있다. 이 꿈의 세계는 무궁의 문에서 그리 멀지 않다. 그곳에서 장자는 천지와 만물을 함께 낳는다. 장자의 육체는 이미

깊은 산 속의 돌과 먼지에 녹아들었을지 모르지만, 한 마리 나비는 생생하게
살아 숨 쉬고 있다!

혜자惠子의 질문

아마도 신의 간섭 때문인지 기원전 370년에 혜시惠施가 태어났고, 그 이듬해에 장자가 태어났다. 이런 식으로, 철학적 논쟁의 경쟁자들은 거의 동시대에 세상에 나왔다. 사자와 호랑이의 상대는 코뿔소나 코끼리일 뿐 여우나 생쥐일 수 없다. 마찬가지로, 철학적 논쟁자에게는 가치 있는 경쟁자가 필요하다. 헤겔Hegel과 포이어바흐Feuerbach의 이론이 마르크스의 이론을 가능하게 한 것처럼, 우리는 거의 혜시가 있었기에 장자가 있었다고 말할 수 있다.

질문 하는 혜시는 말랐고, 예리했으며, 말솜씨가 유창하고, 위압적이었다. 질문 받는 장자는 천성적으로 흐트러짐이 없고, 방대한 지식을 갖추고 있으며, 호방하고, 대응이 무궁무진하다. 한때 위魏나라의 재상이었던 혜시는 격식을 차리고 자리에 앉아 위엄 있는 태도를 취했다. 자유분방하고 거침없는 장자 면전에서, 혜시는 조금도 물러서지 않았다. 장자는 재상의 지위를 썩은 쥐로 여기며 이 희귀하고 신동인 지적 토론자에게 약간 몸을 앞으로 숙이며 "맞짱" 태도를 취했다. 평소 천하무적의 웅변가로 알려져 있고, 오동나무 책상에 기대기를 좋아한 혜시는 어쩔 수 없이 말을 멈추고 신중히 따져봐야 했다.

혜시와 장자는 많은 주제로 논쟁을 벌였고, 둘 다 서로의 관점이 사회에 쓸모가 없다고 생각했다. 혜시는 장자의 주장이 "거만하고 쓸모가 없다."《장자

·소요유逍遙遊: 大而無用》고 생각한 반면, 장자는 혜시가 "편파적"《장자·천하天下: 其
言也不中》이라고 생각했다.

　　오늘의 만남은 과연 어땠을까? 호濠들보 위를 거닐고 있을 때 맑은 바람이
불어오고, 아래 잔잔한 물살 속에는 피라미들이 유유히 헤엄치고 있었다. 장
자는 그 한가로이 놀고 있는 물고기를 보고, "저것이 바로 물고기의 즐거움
일세."라고 말했다. 그러자 혜시가 대답했다. "자네가 물고기가 아닌데, 어찌
물고기의 즐거움을 안단 말인가?" 장자가 "자네는 내가 아닌데, 무슨 근거로
내가 물고기의 즐거움을 모른다고 하는가?"라고 반박했다. 혜시가 또 대답했
다. "내가 자네가 아니니, 물론 자네의 속내를 알지 못하지만, 자네도 물고
기 아니니 물고기의 즐거움을 알 수가 없는 것이 당연한 것 아닌가." 논쟁은
이 시점에서 혜시가 논쟁에서 이기는 것처럼 보이지만, 장자는 예기치 않은
반박을 했다. "다시 원점으로 돌아가 보세. 자네가 나를 보고 '어떻게 물고기
의 즐거움을 아는가'라고 물었다는 것은 이미 내가 그것을 안다는 것을 전제
하고 나에게 질문했다는 것일세."《장자·추수秋水》 이 논쟁은 그야말로 재치 있
고 흥미롭지만, 그들의 깊은 의의는 논쟁 자체에 있는 것이 아니라 두 가지
지혜에 있다. 하나는 동심童心의 체물로 자연과 경계가 없는 장자의 지혜이
며, 하나는 천지의 도를 이해하지 못하고 "마치 한 마리 모기나 등에가 윙윙
거리는 것 같다."《장자·천하天下》는 전형적인 혜시의 사고방식이다. 그러나 혜시
는 여기에서 그의 뛰어난 토론 능력을 보여 주었고, 또한 이미 형식적인 논리
를 실험하고 있었다는 것을 알 수 있다. 장자는 만물의 원리에 대한 이해에서
혜시를 능가했지만, 이 논쟁 자체는 비겼다고 볼 수 있다. 장자는 줄곧 궤변
가들의 "논변論辯"에 대해 호의적이지 못했고, 그들은 "다른 사람들의 생각
을 더 인상적으로 꾸미고, 다른 사람들의 견해를 바꾸고, 말로써 상대방을 능
가할 수는 있지만, 사람들의 마음을 설득시킬 수는 없었다."《장자·천하天下》고

생각했다. 혜시보다 약간 후대의 학자인 공손룡公孫龍은 "명가名家"로 불리며, 논리와 개념을 중시했다. 만약 고대 중국에서 "명가"가 널리 수용되었다면, 중국의 논리학은 상당한 발전을 이루었을 것이다. 그러나 이런 재능 있는 지식인들이 가치 있는 전제를 세웠음에도 불구하고, 궤변에 연루되어 오랜 역사 속에서 점차 사라져갔다는 것은 참으로 안타까운 일이다. 근대에 이르러서야 엄복嚴復이 "명학名學"(논리학)을 번역하면서 서양과학의 기초 논리학이 중국에 도입되었다.

혜시가 죽은 후, 장자는 적수가 없어 외로움에 시달렸다. 그는 혜시의 묘소를 찾아가 제자들에게 파리 날개만 한 석회가루를 코에 바른 영郢에 사는 사람의 이야기를 들려주었다. 그는 석石이라는 장인에게 도끼로 그것을 도려내라고 부탁했다. 그 장인은 "돌풍이 일 정도로 빠르게 도끼를 휘둘렀고", 상처 하나 없이 그 작은 지점을 정확하게 도려냈다. 그 남자는 전혀 당황하지 않고 그 자리에 서 있었다. 이 사실을 안 송원군은 장인 석石을 불러, "그대의 재주를 나에게 보여주시오."라고 말했다. 그 장인 석 씨는 "저는 과거에 그렇게 할 수 있었지만, 지금은 야인이 죽었으니 더 이상 적수가 없습니다."라고 말했다. 장자는 "혜시가 죽은 후, 더 이상 겨루어 볼 상대가 없으며, 나와 논쟁할 자격이 있는 사람도 없다."라고 말했다.

역사를 통틀어 발자크Balzac와 스탕달Stendhal, 그리고 휴고Hugo와 발자크Balzac처럼 잘 어울리는 적수들은 서로 존경하고 찬양했다. 때로는 장자長子와 혜시惠施, 주희朱熹와 육구연陸九淵처럼 서로 존중함에도 불구하고 서로를 비판하기도 했다. 때로는 이 라이벌들은 서로를 너무 부러워한 나머지 질투와 분노로 서로에게 상처를 주기도 했다. 오도자吳道子와 황보진皇甫軫, 안토니오 살리에리Antonio Salieri와 모차르트Wolfgang Amadeus Mozart가 그러했다. 세상에는 다양한 사람들이 존재하며, 그들은 각자 독특한 성격과 특징을 타고난다. 칭찬받을 만한 사람도 있고, 유감스러운 사람도 있으며, 경멸받을 만한 사람도 있다. 그러한 예는 역사에 많이 남아 있어, 한숨을 내쉬게 될지도 모른다.

로댕罗丹(2013)

262

　세계적인 거장 범증范曾 선생의 저서《노장심해老莊心解》와《중국화법연구中國畵法硏究》를 번역해 달라는 의뢰를 받은 날, 나는 솔직히 다소 형언할 수 없는 "흥분興奮"을 감추지 못했다. 왜냐하면 이는 인생에서 몇 번 오지 않을 최고의 기회라 생각했기 때문이다. 마치 춘추전국春秋戰國시대의 노자에 대한 사람들의 인상이 너무나 화려하고 신비로워서, 성인이 실제로 장엄한 천신天神, 즉 머리만 보이고 꼬리는 볼 수 없는 진정한 용으로 변했다는 것을 알 수 있듯, 바로 그날 느낀 나의 감정이 이와 비슷했기 때문이다.

　나는 어려서부터 동양 고전을 좋아하고, 특히 조상 대대로 서당을 운영하고 교편을 잡은 집안 가풍으로 한문에 남다른 자질이 있었으며, 중국 유학을 선택한 이유도 이를 토대로 고대부터 당대에 이르기까지 중국의 문사철文史哲을 제대로 이해하고자 했기 때문이다. 지금까지 중국의 역사와 철학, 문학에 관한 많은 책들을 읽고 연구도 했지만, 사실 이번 번역을 통해 노자와 장자에 대해 지금까지 접해 보지 못한 범증 선생만의 독특한 시각으로 그 둘의 차이를 확실히 이해하게 되었고, 노장사상(도가사상 포함)과 중국 회화 예술의 본질과 가치에 대해서도 새롭게 정립하는 매우 뜻깊은 기회가 되었다.

　나는 번역의 첫 단락이었던 이 부분을 가장 의미 있게 여러 번 읽고 음미했다.

"심해心解"는 내가 노자老子, 장자莊子를 읽고 마음으로 깨달은 바를 기록한 것이다. 형식적이고 정확한 주석도 아니고, 길고 상세한 전기도 아니다. 관심이 가는 곳마다 다른 사람들이 자세히 탐구하지 않았거나 단순히 피했던 측면에 초점을 맞추어 내 생각을 기록했다. 비록 그것이 과거나 현재의 견해와 일치하지 않을 수도 있지만, 노자와 장자에 대한 나의 분석은 때때로 모호했던 본연의 의미를 밝혀 줄 수 있을 것이다. 이것이 내가 조잡하고 제한된 이해에도 불구하고, 이 책을 구성하는 8만여 자를 쓴 이유이다.

　여기에서 나온 "심해心解"라는 단어는 매우 인상적이다. 범증 선생이 지적한 대로 "마음으로 깨달은 바"이다. 나는 이 책의 번역을 통해 마음으로 깨닫는 과정의 여정을 또한 깨닫게 되었다. 이보다 더 큰 "즐거움至樂"이 어디 있을까?

　하지만 번역의 과정은 결코 쉽지만은 않았다. 범증 선생의 언어와 사상은 매우 고차원적이면서도 내용의 깊이가 심도 있기 때문이다. 또한 국내외는 물론 예나 지금이나 노장사상에 대한 책들이 많이 출간되었고, 게다가 이를 연구한 대가들이 많아서, 사실상 각각의 주석이 다르고 해석이 다른 것도 사실이다. 이 점은 역자에게 매우 큰 부담이기도 했고, 혹여 범증 선생의 전체적 시각과 언어를 제대로 이해하지 못하고 본연의 의미를 왜곡하거나 오역하는 것을 막기 위해 많은 학자들의 책과 문헌을 고찰하고 검토하면서 한 줄 한 줄 번역했다. 특히 본문의 수많은 인용과 고사, 문론文論, 시적인 표현들은 번역의 가장 어려운 부분들이기도 했다.

하지만 번역을 하면서 끝까지 지켰던 원칙은 독자들에게 보다 쉽게 접근하고 이해할 수 있도록 번역하는 데 중점을 두었다.

범증 선생은 역자인 나에게 장자가 말한 "지락至樂"의 경지를 제대로 경험하게 해 주었다. 오랜 시간 동안 힘들고 어려운 과정이었지만, "자기 유희"에 빠지니 하루하루가 즐거웠다. 그리고 그 안에는 "열정"이 샘솟았다. 무언가를 할 때 내 것을 다 버리고서라도 그 즐거움을 누리고 싶은 마음의 상태, 그것이 "열정"이고, "지락(더 이상이 없는 최고의 즐거움)"임을 알게 되었다. 범증 선생의 부친께서도 시를 쓰고 혼자 낭독하다 상자 안에 넣어 두시고는 책으로 출간하는 것조차 원치 않았던 시인의 정신이 바로 이러한 자기 유희의 진정한 의미였을 것이다. 이번 번역은 내게 이 점을 깊이 깨닫게 해 주었다.

마지막으로 이 기회를 빌려 저자인 범증 선생께 전하고 싶은 말은 저자 자신에게는 비록 8만 자로 된 한 권의 책에 불과하겠지만, 향후 우리가 살아갈 인류 문화의 발전과 4차 산업 혁명 시대를 살아가고 있는 인류의 영적 사상의 가치를 고양하는 데 큰 역량이 될 것이라 확신한다. 이 점에 대해 나는 독자의 한 사람으로서 다시 한 번 깊은 존경과 감사를 드리며, 역자로서는 다소 미흡하고 부족한 점이 있지만 《노장심해》와 《중국화법연구》가 한국 독자들에게 좋은 영향을 줄 수 있는 책으로 출판되기를 기원해 본다.

역자 신의경

| 지은이 소개 |

범증范曾

　1938년 중국 강소江蘇 난통南通 출신으로, 널리 존경받는 중국 당대 서화의 거장이
자 국학 대사, 문학가, 시인이다.

　현재 베이징대학 중국화법연구원北京大學中國畫法研究院 원장 및 명예교수, 국립중
국예술연구원國立中國藝術研究院·남개대학교南開大學·남통대학교南通大學 종신교수,
계산서원稽山書院 및 반산서원盤山書院 산장山長등 주요 직책을 맡고 있으며, 영국 글
래스고 대학University of Glasgow, UK과 캐나다 앨버타 대학University of Alberta,
Canada 명예 문학박사이다.

　2008년 프랑스에서 "시민의 별Citizen's Star"골드 메달 수상, 2009년 유네스코 "다
문화주의 특별고문"으로 임명되어, 2010년 9월 니콜라 사르코지Nicolas Sarkozy 프랑
스 대통령으로부터 레지옹 도뇌르 훈장ordre national de la Légion d'honneur 수훈,
2011년 중국예술연구소로부터 평생 공로상 수상, 2015년 6월 3일 이탈리아 대통령 세
르지오 마타렐라Sergio Mattarella로부터 최고사령관 훈장을 수여받은 바 있다.

　범증 선생의 가문은 450년 전 중국의 영향력 있는 시인 가문으로, 그는 13대손이다.
고전에서 현대까지 중국과 서양의 역사, 문학, 철학에 정통한 범증 선생은 "고전 속으

범증范曾

로, 자연으로 돌아가다.回歸古典, 回歸自然"라는 원칙을 주창했다. 그는 "시를 혼으로 삼고, 서예를 골격으로 삼는다.以詩爲魂, 以書爲骨"라는 미학 원리를 응용해 중국 회화 발전에 커다란 공헌을 하였으며, 또한 중국 미술의 신고전주의 운동에도 앞장섰다.

중국과 서양의 학자들 가운데, 그는 그의 작품 전반에 걸쳐 웅장하고 우아한 문체를 발전시켜 중국 최고의 작가로 꼽힌다. 그는 "문화대혁명 특별자문관" 자격으로 유네스코 본부에서 "고전 속으로, 자연으로 돌아가다", "자연으로 다가가다", "근본적 지혜"라는 제목의 강연을 세 차례 한 바 있다. 1984년, 일본 오카야마 현은 범증 미술관을 설립하였으며, 그를 영예의 첫 번째 유일한 중국 시민으로 만들었다. 1986년에는 남개 대학교 동방 예술 학원 설립을 위한 건축 기금을 기부하면서 중국의 "10대 자선가"로 꼽히기도 하였다.

오랜 세월의 노고를 통해 범증 선생은 "위엄 있는 신사의 시", "중국 회화 예술", "중국 고전 산문과 역사의 우연한 연구", "범증의 시", "장자의 소박한 모습", "범증의 명화"등 150여 권의 책을 완성했다. 범증과 팔대산인의 의례적인 교감을 담은 화첩, 시와 산문집, 예술론, 강연집등 범증 선생의 저술은 160여 부에 달하며, 그 중 "노장심해", "녹관대나무"등 130여 편이 국립중앙도서관에 소장되어 있다.

범증 선생은 자화상처럼 자신을 이렇게 말한다. "그림에 심취하고, 서예에 능하며, 때로는 시와 산문을 통해 개인적인 정서를 표현하고, 세상의 변화에 대한 폭넓은 이해와 함께 역사책을 즐긴다."

| 옮긴이 소개 |

신의경 申宜暻

    1973년 제주 태생으로, 1997년 중국 베이징으로 유학을 떠나 북경대학교 문학석사 학위(비교문학) 취득, 2004년 중국 복단대학교에서 문학박사(중국현당대문학)학위를 취득하였다. 현재 제주한라대학교 교수로 재직하고 있으며, 동 대학교에서 국제교류처장, 세종학당 및 공자학원 원장, 한라·남개대학교 중국언어문화센터장을 맡고 있다.

    중국 유학시절부터 국내 주요 언론사 및 방송사의 리포터와 신문 기고를 통해 다양한 활동을 하고 있다. 또한 2017년 국내 《현대문예》를 통해 시인으로 등단했으며, 2014년, 2019년 교육부 장관상 수상, 2021년에는 중국 정부로부터 공자학원 우수 원장상을 수여받기도 하였다.

    이외, 중국 대중문화 연구를 통한 《중국영화제》, 《논어살롱》, 《공자 토크 콘서트》 등 다양한 활동을 펼치고 있으며, 각종 중국어 교재 및 전공 관련 서적을 집필하기도 하였다.

노자, 장자 마음으로 깨닫다
老莊心解

초판 1쇄 인쇄   2024년 7월   1일
초판 1쇄 발행   2024년 7월 20일

지 은 이 | 범증(范曾)
옮 긴 이 | 신의경(申宜暻)
펴 낸 이 | 하운근
펴 낸 곳 | 學古房

주   소 | 경기도 고양시 덕양구 통일로 140 삼송테크노밸리 A동 B224
전   화 | (02)353-9908 편집부(02)356-9903
팩   스 | (02)6959-8234
홈페이지 | http://hakgobang.co.kr
전자우편 | hakgobang@naver.com, hakgobang@chol.com
등록번호 | 제311-1994-000001호

ISBN 979-11-6995-496-9 93100

값 : 32,000원

■ 파본은 교환해 드립니다.